XINAN DIQU TIANRANQI CHANYE
ZHONGDUAN XIAOSHOU
QIYE WENHUA JIANSHE YANJIU

西南地区天然气产业
终端销售企业文化建设研究

曾勇　王智勇　张浩书　著

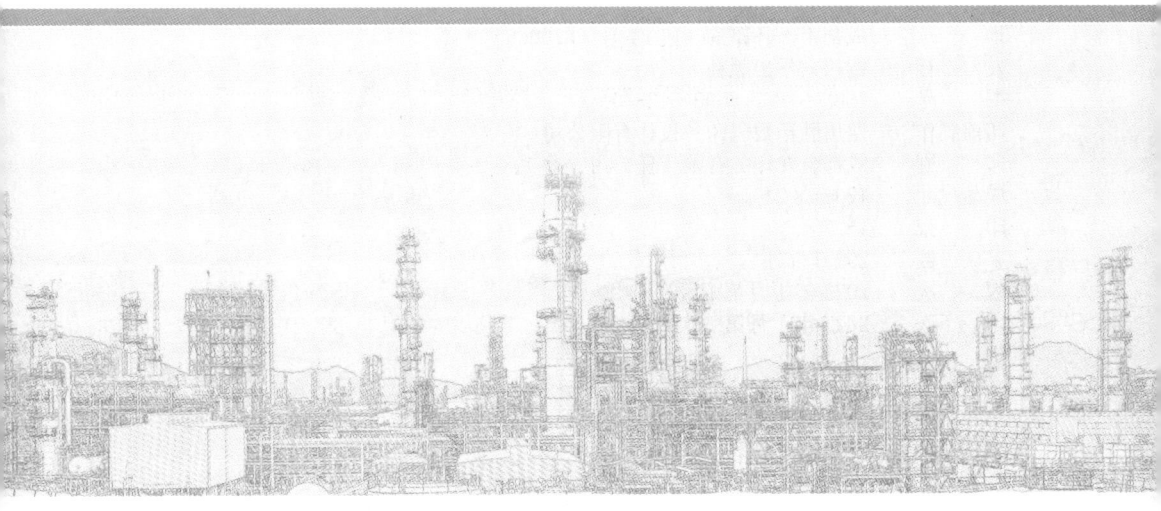

项目策划：梁　平
责任编辑：杨　果
责任校对：孙滨蓉
封面设计：璞信文化
责任印制：王　炜

图书在版编目（CIP）数据

西南地区天然气产业终端销售企业文化建设研究 / 曾勇，王智勇，张浩书著． — 成都：四川大学出版社，2021.12

ISBN 978-7-5690-5123-0

Ⅰ．①西… Ⅱ．①曾… ②王… ③张… Ⅲ．①石油销售企业－企业文化－建设－研究－西南地区 Ⅳ．① F426.22

中国版本图书馆 CIP 数据核字（2021）第 231562 号

书　名	西南地区天然气产业终端销售企业文化建设研究
著　者	曾　勇　王智勇　张浩书
出　版	四川大学出版社
地　址	成都市一环路南一段24号（610065）
发　行	四川大学出版社
书　号	ISBN 978-7-5690-5123-0
印前制作	四川胜翔数码印务设计有限公司
印　刷	成都金龙印务有限责任公司
成品尺寸	170mm×240mm
印　张	15.75
字　数	299千字
版　次	2022年1月第1版
印　次	2022年1月第1次印刷
定　价	78.00元

版权所有 ◆ 侵权必究

◆ 读者邮购本书，请与本社发行科联系。
　电话：(028)85408408/(028)85401670/
　(028)86408023　邮政编码：610065
◆ 本社图书如有印装质量问题，请寄回出版社调换。
◆ 网址：http://press.scu.edu.cn

四川大学出版社
微信公众号

前　言

　　天然气是指天然蕴藏于地下多孔隙岩层中的烃类和非烃类气体的混合物，是优质燃料和化工原料，主要成分为烷烃。天然气产业链关系国计民生。作为清洁能源，天然气能减少二氧化硫和粉尘排放量近100%，减少二氧化碳排放量60%和氮氧化合物排放量50%；并有助于减少酸雨形成，缓解地球温室效应，从根本上改善环境质量。为了应对全球气候变暖，《中华人民共和国国民经济和社会发展第十四个五年规划和2035年远景目标纲要》（以下简称《纲要》）明确提出2030年前碳达峰、2060年前碳中和的"双碳"目标。由于新冠肺炎疫情的冲击，2020年世界天然气消费降低了2.3%，但天然气在世界一次能源中的占比却创历史新高，为24.7%；中国当年天然气消费增长6.9%，但天然气在中国一次能源消费总量中的占比只有8.4%[1]，中国在全球碳排放总量中的份额增加至31%[2]。可见，建设美丽中国、发展清洁能源任重道远！其中，关键问题是推进能源生产和消费革命，构建清洁低碳、安全高效的能源体系，推进绿色发展，实现能源消费结构的不断优化。中国天然气产业终端销售企业在绿色低碳发展、提升天然气这一清洁能源的消费比重中责任重大，西南地区天然气产业终端销售企业同样如此。

　　文化培根铸魂，汇聚奋斗力量。党的十九大报告明确提出，坚定文化自信，推动社会主义文化繁荣兴盛。《纲要》提出，围绕举旗帜、聚民心、育新人、兴文化、展形象的使命任务，发展社会主义先进文化，提升国家文化软实力，推进社会主义文化强国建设。2016年6月，习近平总书记作出重要批示："石油精神"是攻坚克难、夺取胜利的宝贵财富，什么时候都不能丢。西南地区天然气产业终端销售企业要大力弘扬以"苦干实干""三老四严"为核心的石油精神，深挖其蕴含的时代内涵，凝聚新时期干事创业的精神力量，坚持守

---

[1] 国家能源局石油天然气司、国务院发展研究中心资源与环境政策研究所、自然资源部油气资源战略研究中心：《中国天然气发展报告（2021）》，石油工业出版社，2021年，第1～2页。

[2] 《bp世界能源统计年鉴》（2021年版），https://www.bp.com/content/dam/bp/country-sites/zh_cn/china/home/reports/statistical-review-of-world-energy/2021/BP_Stats_2021.pdf。

正创新，强化使命担当，铸就卓越企业。

本书在概述文化的含义与特征、企业文化的定义与特征、基本内容与作用等企业文化机理基础上，分析研究了中国天然气产业终端销售企业发展现状，着重从物质文化、精神文化、制度文化、行为文化四方面定性分析研究了西南地区天然气终端销售企业文化建设现状。以西南地区天然气销售量排第一的四川华油集团有限公司（以下简称华油公司）为代表，设计精神文化等9个维度、28个因子的调查问卷，采用Likert五点等距计分法，应用SPSS软件，绘制雷达图，定量评估西南地区天然气终端销售企业文化建设现状。首先，借鉴深圳燃气、华润燃气、北京燃气、昆仑燃气等国内典型燃气公司企业文化建设经验，从国家宏观经济环境和政策、油气行业监管运营方式的改变、终端燃气销售市场特点、相关文化的影响等方面研究分析了西南地区天然气产业终端销售企业文化建设影响因素。其次，从物质文化、精神文化、制度文化、行为文化等方面，研究、设计西南地区天然气产业终端销售企业文化建设方案和实施计划；以华油公司为例，研究、提出了西南地区天然气产业终端销售企业文化特色塑造内容，包括：华油公司特色党建文化、华油公司特色安全环保文化、华油公司高效特色文化、华油公司特色服务文化、华油公司特色人力资源管理文化、华油公司特色管理文化、华油公司特色科技文化。最后，提出了西南地区天然气产业终端销售企业文化建设配套及保障措施。

本书稿大纲的起草和核心章节由曾勇、王智勇、张浩书提出并撰写完成，在撰写过程中要感谢西南石油大学的张淑英、廖特明、周子卜、潘彤、荣秋霖等老师和硕士研究生的完善与校对。同时，我们还要衷心感谢为本书出版提供帮助和支持的有关领导和同志！

本书的内容由于涉及面比较广泛，加之时间仓促以及编者能力和水平有限，因此，本书还存在一些不足之处，欢迎广大读者提出宝贵意见，以便进一步修订和完善。

著　者
2021年9月

目　录

第1章　企业文化机理概述 ……………………………………（1）
　1.1　文化的含义与特征 ……………………………………（2）
　1.2　企业文化的定义 ………………………………………（4）
　1.3　企业文化的基本特征 …………………………………（5）
　1.4　企业文化的基本内容 …………………………………（7）
　1.5　企业文化的作用 ………………………………………（10）

第2章　中国天然气产业终端销售企业发展现状分析 ………（13）
　2.1　中国天然气产业发展现状 ……………………………（13）
　2.2　中国天然气产业终端销售企业发展概况 ……………（24）
　2.3　西南地区天然气产业发展现状 ………………………（32）
　2.4　西南地区天然气产业终端销售企业发展现状 ………（37）

第3章　西南地区天然气产业终端销售企业文化建设现状定性分析 ……（44）
　3.1　西南地区天然气产业终端销售企业物质文化建设现状 ………（44）
　3.2　西南地区天然气产业终端销售企业精神文化建设现状 ………（60）
　3.3　西南地区天然气产业终端销售企业制度文化建设现状 ………（65）
　3.4　西南地区天然气产业终端销售企业行为文化建设现状 ………（70）
　3.5　西南地区天然气产业终端销售企业文化存在的问题 …………（76）

第4章　西南地区天然气产业终端销售企业文化现状定量分析 ………（79）
　4.1　华油公司企业文化建设现状调查及分析 ……………（79）
　4.2　企业文化预测度量表 …………………………………（96）
　4.3　华油公司企业文化正式测度 …………………………（105）
　4.4　企业文化建设定量评估结论 …………………………（113）

第5章 国内典型燃气公司企业文化建设经验借鉴 (118)
5.1 深圳燃气企业文化建设 (118)
5.2 华润燃气企业文化建设 (123)
5.3 北京燃气企业文化建设 (129)
5.4 昆仑燃气企业文化建设 (133)
5.5 燃气公司企业文化建设经验借鉴 (136)

第6章 西南地区天然气产业终端销售企业文化建设影响因素分析 (137)
6.1 国家宏观经济环境和政策 (137)
6.2 油气行业管理体制的改变 (142)
6.3 天然气产业终端销售市场特点 (144)
6.4 相关企业文化和地域文化的影响 (145)

第7章 西南地区天然气产业终端销售企业文化建设方案设计 (152)
7.1 西南地区天然气产业终端销售企业文化建设指导思想 (152)
7.2 西南地区天然气产业终端销售企业文化建设目的、目标及设定依据 (152)
7.3 西南地区天然气产业终端销售企业文化建设原则 (157)
7.4 西南地区天然气产业终端销售企业文化建设方案
——以华油公司为例 (159)
7.5 西南地区天然气产业终端销售企业文化建设实施计划
——以华油公司为例 (174)

第8章 西南地区天然气产业终端销售企业文化特色塑造
——以华油公司为例 (179)
8.1 华油公司特色党建文化 (179)
8.2 华油公司特色安全环保文化 (187)
8.3 华油公司特色高效文化 (193)
8.4 华油公司特色服务文化 (201)
8.5 华油公司特色人力资源管理文化 (208)
8.6 华油公司特色管理文化 (212)

8.7 华油公司特色科技文化 …………………………………………(219)

第9章 西南地区天然气产业终端销售企业文化建设配套及保障措施
……………………………………………………………………(223)
9.1 "务实党建"促进发展,五个"坚持"引领精神 …………(223)
9.2 健全组织结构,制度促文化约束 …………………………(226)
9.3 加强企业文化培训,促进员工文化认知 …………………(229)
9.4 抓安全文化培育,塑优秀班团文化 ………………………(230)
9.5 树典型人物,发挥示范引导作用 …………………………(236)
9.6 丰富物质文化,建立统一行为识别系统 …………………(237)

参考文献……………………………………………………………(240)

第1章 企业文化机理概述

企业文化（Corporate Culture），或称组织文化（Organizational Culture），顾名思义就是企业的文化，是一个企业组织由其核心价值观、工作理念、仪表仪态、企业符号、行事方式等多方组成的独特文化形象；简单言之，就是整个企业在日常运行中展现出来的物质和精神双重面貌。企业文化作为一个专业术语，在理论上最早起源于西方管理学界，在日本进行了最先的实践，现已广泛应用于世界各个企业，成为认识和了解一个企业最直接的工具。20世纪80年代末，企业文化传入中国，迅速引起了各界人士的关注，掀起了一股理论研究与实践讨论的热潮。企业文化对任何一个企业都有着不可替代的作用。

有人说，企业文化是"良药""白米饭"，或者仅是一个"花瓶"。也有人说，"企业是船，文化是帆"；"企业短期获利靠市场，百年发展靠文化"。在企业里，一些人把企业文化建设仅仅定义为各种文体活动，这只是企业文化建设的一部分，而不是全部。历史经验告诉我们，一个企业的发展推动力、资源整合力及员工凝聚力都来源于企业身后的文化内涵。一个真正追求远大理想、坚定崇高信念的企业，自身应该拥有明确的企业价值导向，旗帜鲜明地定义顺应时代要求、符合企业特征的价值主张。

国有企业作为党和国家事业发展的重要物质基础和政治根基，是社会主义市场经济活动的主要参加者之一，是社会生产和生活的直接承接者，是国民经济发展和科学技术进步的中坚力量，在推动经济社会前进过程中发挥着巨大作用。国有企业之所以有强大的竞争力，就在于其特色鲜明的国企文化。国有企业要实现长期可持续发展，兼容并蓄、锐意进取、开拓创新固然不可或缺，但是最根本的内生动力还是需要优秀的企业文化进行滋养。可见，文化建设已经成为新时代国有企业发展非常重要的因素。那么，什么是文化？企业文化又是什么呢？

1.1 文化的含义与特征

1.1.1 文化的含义

甲骨文中,"文"的表现形象包括了人形、测量工具、屋顶,寓意为一种脑力劳动。"化"的表现形象是两个人相遇擦身而过,寓意为经过、变化、从无到有,跟现代简化字相比,结构上基本相同,都是"人"和"匕"的组合。因而"文化"意味着以人为本,教化。西方"文化"一词来源于拉丁文Cultura 和 Colere,意指耕种、居住、练习、注意等。法文的 Culture,原本涵义是农作物的栽培和种植,也可以理解为对人的性情熏陶和品德教养。文化本身具有教育人、教化人的功能和作用。那么,什么是文化呢?

文化从字面上来理解可以是一个名词,也可以是一个动词,"文"是指思想、道德等,属精神层面的东西;"化"指教化、感化、化成。这是文化的本来意义。

实际上,文化是一个内涵极为丰富宽泛且难以明确表达的集合概念。据中山大学李宗桂教授在《中国文化概论》一书中的统计,全球大约有276种关于文化的不同定义,各国学者分别从符号学、功能学、价值论、制度学等不同角度,对文化概念给予各自的界定。根据美国人类学家克鲁伯和克拉克宏的统计,从1871年到1951年的80年间里,关于文化的定义就达到了164种之多。作为文化人类学创始人的英国人爱德华·泰勒在其著作《原始文化》一书中首次提出文化中心概念。他心目中的文化是一个复合整体,对一个民族具有广泛的意义。它包括了知识、信仰、艺术、道德、法律、习俗以及作为一个社会成员的人所习得的其他一切能力和习惯。后来美国一些社会学家、文化人类学家则认为泰勒的文化定义更多的是强调了精神文化,缺少了对物质文化内容的认定。他们认为文化是包括了意识形态和非意识形态的复杂体,包括了实物和一切在社会中能习得的能力、行为和习惯。《当代人类学》的作者威廉·哈维兰则从现代文明上重新阐述了文化定义,文化是现代文明社会或组织应制定的一系列规章制度或者行为准则,当社会全体成员按照文化行动时,发生的社会行为应在社会所认可、所适应、所接受的可变范围之内。《苏联大百科全书》则将文化分为了广义文化和狭义文化:所谓的广义文化是指人们种种生活生产类型和方式以及所创造出来的物质财富和精神财富,狭义文化仅指人们的精神活动和精神财富。《大英百科全书》也将文化进行了分类：一类是"一般普适性的文化"，指整个人类社会遗留下来的产物；另一类是"多元相对性的文化"，它是因为人类所处的生活组织、生活体系不同，每一个体系或者集团有自己的沟通语言、历史传统、生活习惯和行为制度，所体现出来的物质工具和物质产物有所不同，对体系或集团内的人们思想、信仰和价值观产生的作用也有差异。学者都注意到了文化本身的概念和常理解的物质文化是有一定区别的。

综上所述，文化是一个具有历史感的概念，随人们的认识程度和认识角度的改变而不断深化。但无论文化的概念或者定义如何发生变化，其本质和核心内涵仍然保持不变。从广义的角度来说，文化就是人类在漫长的历史实践活动中所共同创造的物质财富和精神财富的总和；从狭义的角度来讲，文化就是社会的意识形态及其载体以及与之相适应的制度和组织机构。

1.1.2 文化的特性

总结归纳来看，文化主要存在以下五个方面的特性。

1. 普遍性

一方面，文化随处可见，随时可有，只要有人类的地方就有文化存在。简单地说，一部人类历史就是文化诞生和成长的历史。另一方面，文化超越了地域、超越了国界，全球各个民族、各个国家的文化相互交流、相互碰撞、相互融合。

2. 可塑性

文化不是亘古不变的，人类行为进化和生存环境变化都会带来文化的变化。文化的内在含义和外在形式随着人类实践活动的深入变迁而不断地继承和创新。

3. 相对稳定性

文化是一定的特殊人群在漫漫历史长河中通过一代代的传承而沉淀积累下来的，在这一领域下是相对稳定的，在短时间内不太可能发生实质性的根本转变。即使一种文化受到外来文化的冲击，其主体特征仍会保持不变，坚持以自我文化为中心，对外来文化进行辩证的吸收、接纳，甚至是改造。

4. 约束性

人类行为带来了文化，反过来，文化也会对人类行为产生一定的约束作用。也就是说，群体文化一旦落地，就超越了个体价值的地位。如果人们在生产生活中不以文化约定的价值为准绳，那么个体行为就会遭受群体的不接受和不承认，甚至遭到文化的排斥和打击。

5. 整合性

任何一种文化都是一个集合概念，是由不同部分组合而成的，但每个组成部分却是不能分开分解的，只有各组成部分紧紧地融合在一起才能构成文化。

1.2 企业文化的定义

在现代商业社会活动中，"文化"是一个被经常提及、反复倡导的词。实际上，一个市场决策是否成功或者一个技术研发是否值得投资都取决于相关企业的企业文化。如果文化与市场前景不适应，企业的任何决策和创新都将遭遇失败。

企业文化是一个集体的财富。任何团体或组织，只要有足够多的共同经历，企业文化就逐渐形成。理解企业文化是否存在的关键是寻求共同的历史经验和背景。只有得到大众认可的独立个体的信念、行动和价值取向才会得以理解和存续；为了使自己个体的行为得以解释，我们必须超越个性，努力寻找集体的成员属性和文化，并向其靠拢。企业文化至关重要，因为它对企业来说，是一股强大的、无形的、潜伏的力量，它决定了个人和集体的工作行为、思维感知、运营模式和企业战略目标。一个企业的领导者、管理者拥有的价值观和思维方式在一定程度上决定于他们自身的文化熏陶以及他们共同拥有过的经历。如果想要看到一个企业或者组织更富有效率和效益，我们必须准确理解文化在集体生活中扮演什么样的角色。那么，什么是企业文化呢？

帕斯卡尔和阿索斯两位作者在《日本企业的管理艺术》一书中说道：企业管理不仅是一门理论学科，还是一种实践文化，即企业具有一种包含了自己价值观、员工信仰和工作语言的特定文化。他们通过对日美企业的相互对比，提出了著名的"7S"管理模式，即策略、结构、制度、员工、作风、技巧和共同价值观。美国学者威廉·大内在著作《Z理论——美国企业界怎样迎接日本的挑战》中也充分地阐述了一个企业的文化由其传统和风气组成，另外还包括一个企业的核心价值观，比如进取心、审时度势、灵活性。《企业文化》一书的作者迪尔和肯尼迪认为：企业文化是用以规范企业员工在大多数情况下的行为而形成的一个强有力的非书面化的规则体系；企业文化通常由五个要素构成，即企业环境、核心价值观、行为习惯、文化网络和典型人物，其中最重要就是企业环境要素。彼得斯和沃特曼在《成功之路——美国最佳经营企业的经验》一书中提出质疑，批评美国大部分企业在管理中过分强调市场分析、生产控制和经营决策，而忽略了人的因素。他们认为：企业文化的核心是企业价值观和优良传统作风。

阳礼泉、滕方迁在《企业文化的力量》论述中分析了企业文化的基本属性，认为企业文化既是一种文化形态，也是一种企业管理方式和管理理论。邓植谊则提出，企业文化的建设基本原则应该以企业价值观为核心，坚持全局性和长期性相结合，客观地从企业实际经营管理出发，遵循企业成长和发展壮大的基本规律。

综上所述，我们认为企业文化是指企业在运营过程中所形成的独具特色的、被广大员工认可和遵循的价值观念和行为规范，同时根植于企业员工的思想意识当中。由精神文化、制度文化、行为文化和物质文化所构成的企业文化，是企业得以生存、赖以发展的动力，更是企业赢得竞争的关键因素。企业长期发展的不竭动力来自优秀的企业文化。因社会政治制度、经济体制、城市地域、民族语言以及员工自身等因素的不同和制约，企业文化呈现出一种开放的、协调的、动态的、继承的、创新的过程。形成初期，企业文化会增强企业员工的凝聚力、归属感、积极性和创造力，会潜移默化地激发员工为企业和自身的发展而努力奋斗；随着社会经济环境的变化，企业文化也随之调整和适应，去其糟粕、留其精华。一个企业应改进那些引起企业效益低下的不利因素，寻求促进企业发展所需的新的经营理念、核心价值观及行为准则，构建顺应时代发展需要的优良企业文化。

1.3 企业文化的基本特征

企业文化对企业发展的影响和作用不言而喻，已得到了广泛的认同和高度的关注。而这种影响作用与企业文化的基本特征紧密相连。通过对不同企业文化的透视和分析不难看出，企业文化既具备普适性、约束性、整合性，又具有独特性、可塑性及相对稳定性等特点。无论企业大小、强弱，企业文化都普遍存在于任何一个企业中，并对企业员工的各项行为产生约束作用。又正因为企业大小不同、强弱不同，企业文化随着各个企业的独特个性而有所不同，各具特色，在一定的企业生命周期内散发出独特的魅力，并保持着相对的稳定。

企业文化作为重要的战略支撑点，决定着企业未来发展的成败。在当今新的历史时期，软实力起着强作用，企业文化也体现出新的时代内涵和特征。

1.3.1　企业文化是正能量的优质文化

有了人类的存在，就有了人类的文化。和这个道理一样，有了企业的诞生，就有了企业文化；有了企业的壮大，就有了企业文化的发展。企业文化在企业中的出现是客观的、必然的，只是每个企业呈现出来的企业文化形态有所差异。企业文化可以是自发的文化，也可以是自觉的文化。自发的文化会出现劣质文化和优质文化混杂在一起，先进文化和落后文化混杂在一起，正能量文化和负能量文化混杂在一起的情况。自发文化是一种原生态文化，没有人去建设、提炼、倡导，更没有人去告诉员工如何规避劣质文化，如何降低劣质文化对企业发展的侵蚀。可以说，自发文化是一种放任自由的发展状态。只有自觉建设的文化，企业积极倡导的优质文化才能为企业的发展和进步注入正能量，自觉建立起来的企业文化让企业员工明确知道企业反对什么样的行为、反对什么样的文化，应该追求什么样的价值主张。所以，我们所谈及的、所需要的企业文化不是自发的，不是自然产物，而是需要我们自觉地主动地建设的一种正能量优质文化。

1.3.2　企业文化是共享、共识、共建、共行的文化

一个企业的文化不是少数人的文化，更不是领导层的文化，不能够只停留在政策上、讲话中、墙壁上，必须融入员工的工作中，做到让全体员工内化于心、外化于行，转化为员工的自觉意识，是员工共识、共享、共行的文化。用文化管理人，是一种柔性的管理，不能存在管理盲区，必须让每一名员工清楚认识到企业文化的重要性，都能清晰理解企业文化的深刻内涵，脑子能想到、口中能讲到、手上能做到；只有大家共有的文化才能转化成企业发展所需的实在行为，少数几个人的文化是不能称为企业文化的。

1.3.3　企业文化是强有力的文化

企业文化必须在企业各种制度、机制以及各项管理规范当中得以体现出来，要勇于亮出"文化"的身份。文化这个软东西需要通过硬的东西反映出来，让硬的东西来保障，必须让文化渗透到生产、经营、管理的各个方面，在企业上上下下的各种业务工作中能够发挥积极作用。如果企业文化离开了员工的业务工作，离开了企业的生产经营，为了文化而文化，就失去了企业文化本身的特质。企业文化是企业经营发展的动力，在未来战略中，是企业长青的

基因。

1.3.4 企业文化是个性鲜明的文化

企业因为所处的行业不同，所在的地域不同，所经历的历史发展沿革不同，面临的机制、体制也不同，提供的产品结构、市场群体也不同，以上这些种种的不同必然会给企业文化带来不同的特质。所以企业文化要做到个性鲜明，独具一格，企业才能更具有活力和生命力。也许，简单的一两个字或者一两句就能体现一个企业的文化特色。

1.4 企业文化的基本内容

企业文化不能仅停留在喊口号上，停留在文化手册上，停留在文体活动上，更不能赶时髦、趁热度。企业文化应该是企业和员工一起共同创造出来的物质财富和精神财富之和，包括了企业里的一切物质载体和精神内容。企业文化覆盖了一个企业的经营之道、价值追求、行为准则和企业形象等丰富内容，主要体现在精神文化、制度文化、行为文化、物质文化四个结构层次。

1.4.1 精神文化

企业精神文化，是指企业在生产经营活动过程中取得的全部精神成果和文化理念。其中包括企业精神、企业宗旨、企业道德规范、企业核心价值观念、企业风貌等内容。它是企业的上层建筑，是企业物质文化和行为文化的升华，是企业有意识培养与塑造的结果，是企业优良传统的继承，是维系企业生存发展的精神支柱。

1. 企业精神

企业精神指企业在长期实际经营过程中，全体员工所拥有的共同内在态度、思想格局和理想追求，承载着一个企业的精神面貌和风气。美国著名管理学家托马斯·彼得曾经说过：一个伟大的组织之所以能够长期存活下来，其最重要的原因并不是组织结构、管理形式和技能，而是一种被称为企业信念的那种精神力量以及该信念对组织中所有成员产生的感召力。这句话或者说这种认知足以表明企业精神对于一个企业的生存和发展有着无比的重要性。企业精神是企业文化的灵魂，是员工们对自己企业有着信任、自豪和光荣的集中体现，每一名员工都能透过企业精神感受到企业强大的凝聚力、号召力和约束力。企业精神主要体现为：恒定的企业目标、浓厚的群体意识、平等的竞争原则、强烈的社会责任感以及正确的价值观念和方法论。

2. 企业经营哲学

企业管理活动需要围绕企业经营哲学这个根本原则展开，它是企业最根本的核心思想。我们这里谈到的企业经营哲学主要就是指企业的核心经营理念，指导、影响和制约着企业未来发展的方向。从定义上看，企业经营理念就是领导者或者管理者在一定的生产经营条件下思考经营对象是谁，经营方向在哪里，经营方法是什么，经营目标达到哪里。经营理念思考得是否科学合理，关键在于企业领导者具有何种精神境界、思想高度、战略眼光、专业化理论知识和实战经验，取决于企业管理决策层对企业内部活动要素和外部市场条件相互作用、相互制约关系和变化的认识程度和驾驭把控能力。

3. 企业价值观

企业价值观是指企业能够接受和追求的共同价值取向，全体员工对客观事物的看法、判断及整体评价的综合。企业价值观是企业在生产和经营管理实践过程中积累出来的，无论是企业领导者还是普通员工都以此为标准来对事物进行判断；一旦在全体成员中得到确认，并达成共识，就会产生稳定的长效性，甚至成为企业历代员工共同追求的目标，成为企业长久的精神支撑。

4. 企业道德规范

企业的道德规范是一种普遍的行为规律，是用以调整企业与社会、企业之间、企业与员工、员工之间利益关系的行为准则。企业的道德规范通常利用说服、宣贯、示范等途径实现，从而反映出企业的行为品质。企业道德规范是从生产经营中总结出来的，同时又反作用于企业，指导整个企业的道德生活和行为。

1.4.2 制度文化

制度文化主要是企业对整个组织和员工行为进行规范和约束，主动创造出来的一种统一体系；它集中表达了企业文化的物质层对员工和组织行为的要求，也表达了精神层对员工和组织行为的约束。企业制度文化由企业的法律制度、管理制度、民主制度构成。它是企业文化体系的中坚力量，是链接物质文化和精神文化的桥梁。

企业制度文化主要从五个方面得以体现：企业的法规、企业经营制度、企业管理规定、企业领导纪律、民主生活制度。企业法规是企业进行有效管理的根本准则和出发点；企业经营制度是企业走得远的重要保障；企业管理规定是具体落实到企业运营各个环节的各项规章制度和措施要求，是企业走得好的基石；企业领导纪律是企业走得稳的必然结果；民主生活制度是企业走得久的源泉，企业的发展就是企业中人的发展。

企业的制度文化具有科学性、强制性、权威性、相对稳定性等特征。一个组织的制度都是用科学的方法解决企业中常见的普遍性问题；而且制度一旦形成并颁布实施，就具有极大的震慑力，每一个人都要严格遵守，任何人不得擅自变动，违反了企业制度就得受到相应的处罚。

1.4.3 行为文化

企业行为文化，指企业领导和员工在企业经营管理过程中及其他相关活动中形成的特定的行为方式、习惯、结果等集体性行为模式，是企业价值追求的实际动态体现，在某种程度上也是企业制度文化的产物。企业行为文化按照人员结构的不同，可以划分为企业行为、模范行为和企业形象；按照所处组织层级的不同，又可以划分为管理层行为和一般员工行为。

企业家作为企业的领头羊，其行为特征对整个企业的文化产生最直接的影响。企业家往往会根据自己的创业经验、认知水平和能力素养来制定合理的企业文化。什么样的企业家决定着什么类型的企业文化，企业家是企业文化强有力的建设者和推动者。企业员工是企业的主体，与企业文化之间是相互作用的关系。企业员工行为体现了整个企业的精神文化，是企业文化最好的践行途径。树立得再好的企业精神和价值观念，如果没有员工的参与和实践，都只是一个空皮囊。员工队伍的精神风貌、团队关系、人际交往都是靠行为文化来塑造的。企业行为文化要坚持贯彻"以人为本"的指导思想，着力于提高企业整体和员工队伍素质，调动企业整体和员工的主动性和积极性。

企业典型人物是企业的中流砥柱，是企业最珍贵的资产。往往在一个优秀的企业中，英雄人物、工作劳模都受到全体成员的尊重和仰慕，其行为将被企业上上下下争先学习和模仿。因为企业精神文化和制度文化在企业典型人物身上得到了集聚，并进行了"人格化"体现。企业模范用自己爱岗、奉献行为默默影响和带领企业向前进。

企业形象是指企业借助各种公共关系，以企业各种标志为载体，建立起来的企业在外界人心目中的一种总体印象，这是一个企业文化建设的核心内容。企业形象是通过人体的五官感受获得并相传的，是企业面对大众最直接的印象，是企业实现社会价值的根本途径。

1.4.4 物质文化

企业物质文化，是企业文化所形成的物质产品及其外部所表现的形式，其中主要包括三个方面：企业物质生产环境的创建、企业物质产品和服务以及企业形象的塑造。企业物质文化不单单是"实物"，更多的还是强调一种文化状态，是一种以物质形态为载体的表层企业文化。相对于企业行为文化、精神文化和制度文化等非物质文化，企业物质文化最容易被外界认识，也最容易被外界改变；企业物质文化直击顾客的情感，进而影响顾客对企业的整体判断。

企业物质文化具体表现为企业生产经营的直接成果或者提供的无形服务，以及企业主体建筑、企业的生产空间、员工娱乐空间、企业标识、企业宣传广告等多个方面。改善企业物质环境，建立优良的企业物质文化传统，不仅可以丰富员工生产生活，留住高技能人才，还可以紧握时代的脉搏，让企业走在时代的前列。

1.5 企业文化的作用

1.5.1 企业文化铸造企业之魂，构建员工精神家园

企业文化是企业在生产经营与现代市场经济成长的环境中逐渐形成的一种以现代科学管理为根基的新型管理学说和管理理论，是企业进入一定生命周期时所有员工在创业和奋斗过程中孕育形成并一致追求的最终目标、价值规范、行为理念的总和。优秀的企业文化将成为企业发展必不可少的精神动力和道德标准，对整个企业具有导向、规范、凝聚和激励作用。如果某一员工的价值取向或行动方向与该企业文化系统所要求的相对立，企业文化就会对其价值和行为进行修订与引导，让员工回到企业的价值理念和行为规范上来。美国著名学者阿伦·肯尼迪在《企业文化》一书中谈道：企业文化的管理不是单纯地依靠计算机的报告数据，而是运用微妙的文化心理干预。成熟的企业文化是引导员工行为的有力支架，在其帮助下员工会工作得更加出色。

企业文化倾向于用精神软实力来约束企业员工，这种软约束来自企业自身的文化氛围、群体行动和道德准绳。集体意识、同事舆论、风俗习惯等精神文化内涵，都会给个体行为带来一定的心理压力，随之形成动力，即表现出企业员工的从众心理，这样就可以使得企业员工与企业在心理上形成共识，进一步

促进员工个人行为的自控和自律。企业文化可以让全体员工在企业宗旨、使命、愿景、战略战术等基本面上产生共鸣，激发出对所处企业的认同、骄傲和依赖，从而确保企业员工之间的团结和睦、健康稳定，进一步增强企业的凝聚力和向心力。

现代企业文化是社会主义核心价值观在企业进一步改革和持续发展中的实际践行，是新时代中国优秀传统文化与企业文化相互交融的结晶。一个企业应以文化、品牌、战略为中心，以严密的企业管理执行系统为依托，大力构建富有企业特色、时代特征、创新力和竞争力的企业文化。利用企业文化的建设，内部凝心聚力齐发展，为员工提供精神引领；外部树形创品显实力，为企业高质量发展提供指引。通过企业文化建设的途径，企业使全体员工清晰认识到自己的事业与企业的命运息息相关，认识到自己的社会责任和无限未来，从而激发员工自觉地工作和无私地奉献。

1.5.2　企业文化培育企业之才，提高员工专业素质

企业文化首先要内化于员工心中，通过不断修订、完善和宣贯企业文化的理念体系，让每一名员工都自觉地追求企业核心价值观，积极地向企业精神靠拢，将员工的自我职业生涯规划融入企业发展中来，将员工的自我价值实现融入企业愿景中来，让企业文化成为凝聚企业人心、汇集企业力量的思想引领。其次，企业文化应固化于制度之中，通过不断建立、完善和实施公平规范、高效稳定的制度体系，实现文化"柔"和制度"刚"的相互适应、相互融合、相互统一，使员工在张弛有度的愉悦环境中积极主动工作。企业文化最后体现于物质文化，通过积极设计和传播企业可视化形象和目视化识别系统，树立良好的企业公众形象，讲述属于企业自己的独特故事，努力影响和谐的文化环境和优质的人文环境。

党的十九大报告指出，要建设高素质专业化人才队伍，加强专业技能的培养，注重专业精神的塑造，增强员工队伍适应新时代中国特色社会主义发展要求的能力，提高全民族道德素质。企业文化是任何企业发展需要的精神动力，也是推进员工队伍高素质建设、培育新时期"四有"员工的重要手段。要坚定不移地以人为本，努力构建企业和谐文化，积极打造一支敢于担当、乐于奉献、勤于学习、勇于创新的员工队伍，为实现企业高质量发展提供强有力的人才保障。

1.5.3　企业文化振兴企业之翼，增强企业竞争实力

通过文化企业战略的制定和实施，企业可以实现三个融合：第一，企业文化和生产经营相融合，逐渐树立起企业的市场品牌文化；第二，企业文化和员工队伍相融合，凝心聚力谋企业改革之发展；第三，企业文化和两个文明建设相融合，源源不断注动力，生生不息提实力，为实现企业全面科学发展奠定基础。

可见，文化建设是一个企业在做强做大过程中必定要经历的阶段。实践证明，优秀的企业文化应坚持学习与创新，坚持以人为本，坚持以服务社会为己任，而坚持优秀的企业文化是企业发展的重要支撑，也是打造百年名企的战略保障。一个企业拥有了优秀的企业文化，就如同注入了经久不衰的基因，企业核心竞争力会得到极大提升，对促进企业行稳致远具有重要的指导作用。

综上所述，企业文化是一门柔性管理技巧与艺术，在企业自身内部形成了五大统一：一是企业集体目标和员工个人目标的统一。它将员工的被动管理转变为主动管理，使员工自觉地参与到企业建设中从而找到自我价值。二是企业家、管理者利益与被管理者利益的统一。通过塑造企业文化，形成一种无形管理模式，避免管理者与被管理者之间因利益分歧而产生心理矛盾与对立。三是组织约束与个体自由的统一。在优秀的企业文化熏陶下，员工个体不再受制于硬邦邦的规章制度，而是一种内在的、虚拟的、情感化的软环境约束。四是物质奖励与精神鼓励的统一。当员工的努力方向与企业的宗旨目标相同的时候，员工获得的不仅是奖金、红利等物质上的满足，更多的是得到肯定、认可等精神上的满足。五是集体工作和个人生活的统一。企业不仅是赖以生存的工作场所，也是给予信任的家庭场所。当我们进入了一家企业，也就选择了一种生活模式。

习近平总书记在党的十九大报告中指出：文化是一个国家、一个民族的灵魂。文化兴国运兴，文化强民族强。没有高度的文化自信，没有文化的繁荣兴盛，就没有中华民族伟大复兴。中国特色社会主义文化来源于中华优秀的传统文化，熔铸于中国革命文化和社会主义改革文化，植根于中国特色社会主义伟大实践。中国特色社会主义文化为国有企业赋予了独特竞争优势，为国有企业高质量全面发展提供政治导航、思想引领、组织保障和人才支持。国有企业所有制的特殊性质决定了中国特色社会主义文化在国企成长过程中发挥着强有力的精神支撑作用。坚持中国特色社会主义文化是对国有企业文化建设的政治导向和思想引领，是新时代国有企业文化建设走上新征程的必要要求。可以认为，中国特色社会主义文化就是国有企业文化建设的风向标。

第2章 中国天然气产业终端销售企业发展现状分析

2.1 中国天然气产业发展现状

天然气是埋藏在沉积岩内的有机物,其主要成分为甲烷、氮、二氧化碳、硫化氢和微量的惰性气体,是在长期的地质条件作用下经过复杂的有机化学反应形成的一种蕴藏在地层内的优质可燃气体。目前,它可以通过钻井等方式进行开采并加以利用。根据不同的开采方式和用途,天然气产品又可以进行如下分类(见表2-1)。

表2-1 天然气产品分类

分类依据	类别	说明
蕴藏方式和开采难度	常规天然气	目前技术条件下可以进行工业开采的天然气藏。以浮力作为迁移动力,以构造和地层形式单个分布,主要有伴生气(油田气、油藏气)和气藏气(气田气、气层气)。
	非常规天然气	常规技术不能实现经济开发的天然气资源,分布较广泛,一般不依赖于构造和地层圈闭,包括煤层气、页岩气、天然气水合物、致密砂岩气等。
运输和存储方式	管道天然气	通过天然气管道进行运输的气态天然气资源。
	压缩天然气(CNG)	加压天然气并以气态储存于容器中,一平方米压缩天然气约为200标准立方米天然气。
	液化天然气(LNG)	脱除杂质后常压下深冷至-162℃,使其变为液态,体积约为同量气态天然气的1/600,重量仅为同体积水的45%左右。

2.1.1 中国天然气储量

我国是较早开发并使用天然气的国家之一,但由于前期发展的技术限制和一些自身历史原因,我国天然气的开发利用落后于发达国家。但是随着我国经济实力的不断进步、天然气消费量的不断攀升以及国家政策层面的支持,近十多年来我国天然气的勘探与开发突飞猛进,天然气勘探开发的技术层面也处在不断进步与突破之中。截至目前,世界天然气探明储量排名前六的国家依次排名为俄罗斯、伊朗、卡塔尔、土库曼斯坦、美国和沙特阿拉伯王国,分别占到全球总量的 19.1%、16.1%、12.4%、9.8%、6.5% 和 4.6%。我国幅员辽阔、资源丰富。2020 年天然气勘探开发的力度明显加大,常规天然气勘探取得一系列重大成果,相继在四川盆地、鄂尔多斯盆地、塔里木盆地及海域等获得重要发现,有望新增一批规模储量资源区;页岩气在四川盆地长宁—威远、太阳等区块获得突破,南川地区也实现了常压页岩气勘探新发现。2020 年,全国新增天然气探明地质储量 1.58 万亿立方米,同比增加约 6000 亿立方米,创历史纪录。中国 2010—2019 天然气探明储量如图 2-1 所示。

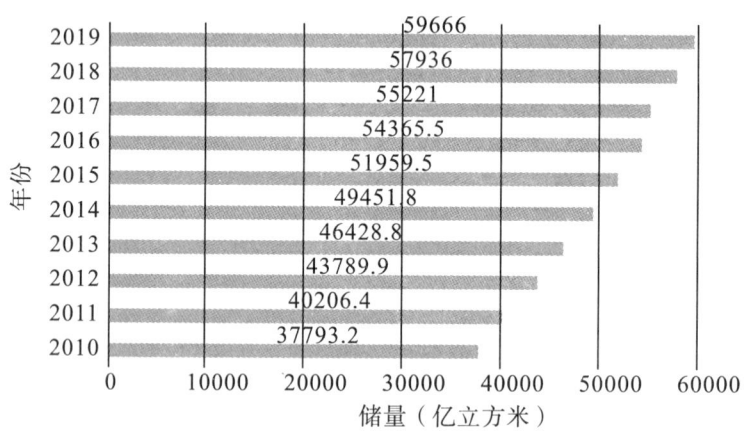

图 2-1　中国 2010—2019 天然气探明储量

注:数据来源于国家统计局数据库。

较丰富的天然气储存量预示着我国天然气资源开发利用有着广阔的发展前景。随着国家政策层面重视程度加深及天然气勘探开发相关配套技术的掌握、核心技术的不断攻关,较丰富的天然气资源背景对我国能源结构改革和碳达峰、碳中和目标的实现具有重要战略支撑意义。2021 年我国也将继续大力推进天然气勘探开发进程,全面加强和完善天然气产供储销体系建设,加快海洋及深水油气勘探开发等关键技术创新,推动天然气供需平衡稳定高效发展,为我国经济发展和社会进步提供强大的能源保障。

2.1.2 中国天然气产量

我国天然气较丰富的储量需要对其进行合理的开采将其转化为产量,才能进一步更好地进行分配、利用,以促进我国经济社会的发展。中国2001—2020年天然气产量见表2-1,2001—2020天然气产量与增长率折线如图2-2所示。

表2-2 中国2001—2020年天然气产量表

序号	年份	天然气产量（亿立方米）
1	2001	303.29
2	2002	326.61
3	2003	350.15
4	2004	414.60
5	2005	493.20
6	2006	585.53
7	2007	692.40
8	2008	802.99
9	2009	852.70
10	2010	957.97
11	2011	1053.37
12	2012	1106.08
13	2013	1208.60
14	2014	1301.60
15	2015	1346.09
16	2016	1368.65
17	2017	1480.35
18	2018	1601.59
19	2019	1753.62
20	2020	1924.95

注：数据来源于国家统计局数据库。

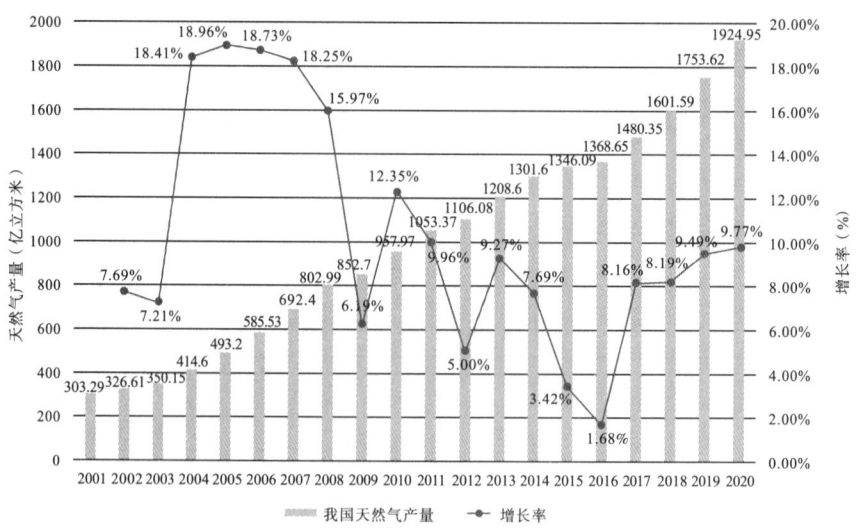

图 2-2 中国 2001—2020 天然气产量与增长率折线图

结合表 2-2 和图 2-2 可以看到，中国天然气产量在 2001—2020 年逐年稳步提升，经过 20 年的不断开拓发展，我国天然气产量已从 2001 年的仅有 303.29 亿立方米攀升至 2020 年的 1924.95 亿立方米，成功完成了天然气产量的一次飞跃。从天然气产量增长折线图可以直观看出，近 20 年来我国天然气产量增长率最高点在 2005 年，年增长率达到 18.96%，2004 年增长率达到 18.41%，2006 年为 18.73%，2007 年也达到了 18.25%。可见，2004—2007 年是近 20 年以来我国天然气产量增长率最高的阶段。2009 年开始，天然气产量的年增长率呈现了一次断崖式下降，但在 2010 年增长率又开始回升。可见，2001—2020 年间我国天然气产量的开采增量并不一直保持高速增长，而是在总量保持稳定增长的同时，其年增长率存在一个曲折上升的过程。

2020 年上半年全国油气勘探开发投资总体稳定，勘探工作量稳中有增，继续在四川、塔里木等盆地获得重要发现。天然气产量达 940 亿立方米，同比增长 10.3%。其中，常规气产量为 823 亿立方米，同比增长约 8%；页岩气产量为 91 亿立方米，同比增长约 35%；煤层气产量为 26 亿立方米，同比增长约 10%。2020 年中国天然气产量为 1890 亿立方米（不包括煤制气），同比增长约 9%，总体保持较快增长态势。未来重点做大四川、新疆、鄂尔多斯、海域四大油气生产基地，推动常规天然气产量稳步增加，非常规天然气较快发展。四川盆地是常规天然气和非常规天然气富集区，通过加大碳酸盐岩常规气和致密气、页岩气开发，推进产量继续增加，打造四川盆地"双富集气"生产基地。通过加大致密气开发力度，推进多种资源综合勘探开发，提高资源开采水平。打造新疆地区"深层气"生产基地，加大塔里木盆地等山前深层超深层资源勘探开发，推进天然气增储上产，打造鄂尔多斯盆地"致密气"生产基地。加快渤海天然气开发步伐，加强渤海、东海和南海北部深水区资源勘探开发，进一步加快增储上产步伐，打造海域"深水气"生产基地。加强统筹协调、分类处置、分级管控生态红线内天然气矿业权和勘探开发活动。

川渝地区气藏资源丰富，其中四川盆地的天然气资源量更是稳居全国第一，天然气总资源量达到了 $3.994 \times 10^{13} \mathrm{m}^3$；其中常规天然气总资源量达到 $1.433 \times 10^{13} \mathrm{m}^3$，致密气资源量为 $3.89 \times 10^{12} \mathrm{m}^3$，页岩气资源量为 $2.163 \times 10^{13} \mathrm{m}^3$。2019 年，该地区天然气勘探开发再次取得重大进展，全年新增天然气探明储量 $9.841 \times 10^{11} \mathrm{m}^3$，占到 2019 年全国天然气总增量的 70%。同时川渝地区共生产天然气 $4.937 \times 10^{11} \mathrm{m}^3$，占 2019 年度全国天然气总产量的 28%；其中四川省天然气产量为 $3.958 \times 10^{11} \mathrm{m}^3$，重庆市天然气产量为 $9.79 \times 10^{10} \mathrm{m}^3$。页岩气产量快速增加，达到 $1.548 \times 10^{10} \mathrm{m}^3$，同比 2018 年增长 48.7%，页岩气已经逐渐成为川渝地区天然气增产主力军。在新增气矿区方面，截至 2019 年底，川渝地区累计勘探发现普光、元坝、涪陵、安岳、川南等 132 个气田，其中探明储量达到 $10 \times 10^{10} \mathrm{m}^3$ 的气田达到 10 个之多，整个川渝地区总天然气探明储量已经达到 $5.86 \times 10^{12} \mathrm{m}^3$。长宁—威远和太阳区块已累计探明 $1.06103 \times 10^{12} \mathrm{m}^3$，形成了我国首个万亿立方米页岩气的大气区。

总而言之，四川盆地的常规气资源量占全国的 23%，非常规气资源量占全国的 26%，是天然气产量的优质"双禀赋"地区。在未来，通过进一步加大各气种的勘探与开发力度，四川盆地天然气产量将占到全国总产量的 1/3 左右，可以说四川盆地是非常具有发展潜力的大气区。由此可见，西南地区天然气产业终端销售企业的发展后备力量雄厚，在满足地区天然气供应的同时能够做到较多外输天然气。

2.1.3 中国天然气消费量

1. 中国天然气总消费量

随着天然气资源的不断开发和能源结构的不断优化，天然气应用范围逐渐覆盖城市燃气、工业用气、发电用气等不同领域，我国天然气消费总量进一步攀升。2020 年，国产天然气增长势头明显，天然气资源总量达到 3311 亿立方米。其中，国内生产天然气 1888 亿立方米，比上年增长 9.8%，连续 4 年增产超过 100 亿立方米。表 2－3 统计了我国自 1991 年至 2019 年的天然气消费总量（以万吨标准煤计）。

表 2－3　1991—2019 年中国天然气消费量

序号	年份	天然气消费总量（万吨标准煤）
1	1991	2075.66
2	1992	2074.23
3	1993	2203.87
4	1994	2332.00
5	1995	2361.17
6	1996	2501.06
7	1997	2480.38
8	1998	2379.85
9	1999	2602.38
10	2000	3233.21
11	2001	3733.13
12	2002	3900.27
13	2003	4532.91
14	2004	5296.46
15	2005	6272.86
16	2006	7734.61
17	2007	9343.26
18	2008	10900.77
19	2009	11764.41
20	2010	14425.92
21	2011	17803.98
22	2012	19302.62
23	2013	22096.39
24	2014	24270.94
25	2015	25364.40
26	2016	27020.78

续表2-3

序号	年份	天然气消费总量（万吨标准煤）
27	2017	31452.07
28	2018	35866.30
29	2019	39447.00

注：1.1991—1994的数据来源于《新中国55年统计资料汇编》，1995年后的数据来源于中国统计年鉴；2. 天然气消费量原始单位为亿立方米，具体测算过程中按照"1立方米=1.33吨标准煤折算"。

从表2-3可以看到，从1991年到2019年我国天然气消费量持续稳步增长，消费规模进一步扩大，用气人口快速增加，城市燃气普及率进一步提升，"煤改气"的推进步伐加快。国民经济的高速发展和人民生活水平的不断进步、城镇化进程加速、政策倾斜等都是导致天然气消费逐年增长的重要原因。近年来我国天然气消费规模持续扩大，但是增速有所放缓。我国宏观经济保持稳定增长，人均收入不断稳步提高，城镇化供暖设施逐步完善，天然气消费能力也在稳步提升。全国来看，天然气市场长期向好，未来全国天然气消费量还会继续增长。

2. 中国天然气主要消费结构

由于对天然气需求不断增长，行业发展趋于完善，我国天然气产业已经形成包括上、中、下游的一条较为完整的产业链，具体如表2-4所示。

表2-4 天然气产业链

上游	中游	下游
油气田开采企业	管道运输企业	天然气销售企业
中石油、中石化、中海油、延长油矿等	国家管网企业等	昆仑燃气、华润燃气、中国燃气、港华燃气等

中国天然气资源主要应用如表2-5所示。城市燃气应用于工业、居民生活及交通运输、仓储和邮政业等多个领域，是城市发展不可或缺的重要能源。同时应注意到，天然气在农林牧渔业也有少量应用。

表 2-5　2010—2019 年中国天然气主要消费结构

单位：亿立方米

项目	农林牧渔业	工业	建筑业	交通运输、仓储和邮政业	批发、零售、住宿和餐饮业	其他	居民生活	总消费量
2010	0.5	691.8	1.2	106.7	27.2	26.0	226.9	1080.2
2011	0.6	875.7	1.3	138.3	33.6	27.1	264.4	1341.1
2012	0.6	980.7	1.3	154.5	38.7	32.9	288.3	1497.0
2013	0.7	1129.1	2.0	175.8	39.3	35.6	322.9	1705.4
2014	0.8	1223.0	1.9	214.4	46.6	41.3	342.6	1870.6
2015	0.9	1234.5	2.2	237.6	51.3	45.4	359.8	1931.8
2016	1.1	1338.6	1.9	254.8	53.7	48.2	379.7	2078.1
2017	1.1	1575.2	1.8	284.7	57.6	52.9	420.3	2393.7
2018	1.3	1940.1	2.5	286.2	60.8	57.9	468.4	2817.1
2019	1.2	2092.1	2.8	341.5	62.5	57.3	502.3	3059.7

注：该表格包括液化天然气数据。数据来源于中国能源统计年鉴。

从图 2-3 中可以直观看出，十年来我国天然气消费主要集中在工业、居民生活及交通运输、仓储和邮政业用气三个大类，用气量也在逐年稳步提升。结合表 2-5 进行分析，不难发现随着经济社会的快速发展，工业用气由 2010 年的 691.8 亿立方米增长至 2019 年的 2092.1 亿立方米，交通运输、仓储和邮政业用气由 2010 年的 106.7 亿立方米增长至 2019 年的 341.5 亿立方米。居民用气由 2010 年的 226.9 亿立方米增长至 2019 年的 502.3 亿立方米。总消费量也由 1080.2 亿立方米增长至 3059.7 亿立方米，与三大主要用气类别的增长幅度及总体走向保持一致。

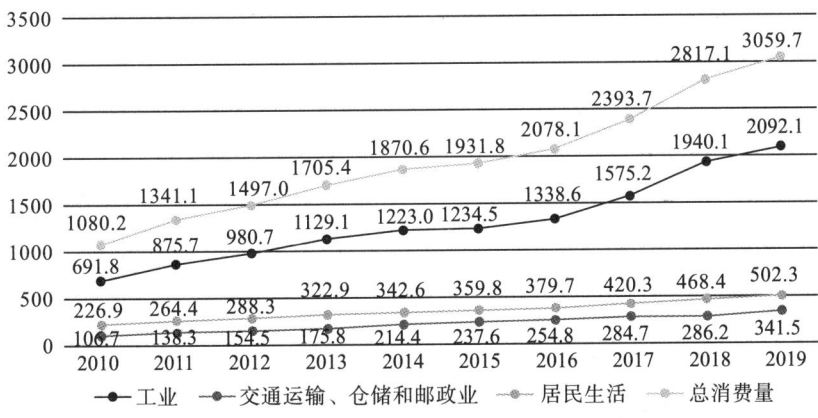

图 2-3 三大天然气消费主体用气量增长折线图（亿立方米）

3. 中国市辖区天然气用气人口

从图 2-4 可以直观地看到 2010—2019 年我国市辖区天然气用气人口的增长情况，从 2010 年的 17021.2 万人增长至 2019 年的 39025.0 万人，这从侧面反映了我国城市能源改革的进程不断深化：天然气市辖区用气人口不断增加，城市清洁能源普及率进一步提升，城镇环境得到不断改善，充分贯彻了习近平总书记"绿水青山就是金山银山"的环保理念，在不断保持天然气用量增长势头的同时，进一步服务于"碳达峰、碳中和"的低碳目标。

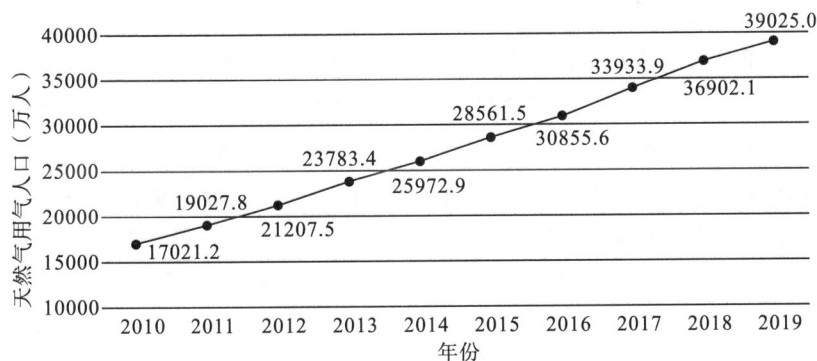

图 2-4 中国市辖区 2010—2019 年天然气用气人口

注：数据来源于国家统计局、华经产业研究院。

4. 中国市辖区天然气供气总量

图 2-5 表明了 2010 年至 2019 年全国市辖区天然气供气总量的增长情况，可以看到全国市辖区的天然气供气总量从 2010 年的 488 亿立方米增加到 2019 年底已经达到 1609 亿立方米。

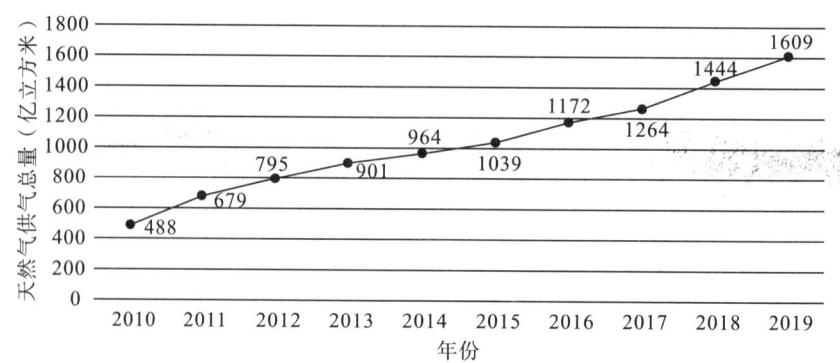

图 2-5　中国市辖区 2010—2019 年天然气供气总量

注：数据来源于国家统计局、华经产业研究院。

2.1.4　中国天然气管网建设现状

我国天然气管网建设与能源结构改革进程密不可分，中国 2010—2019 年天然气管网建设现状如图 2-6 所示。随着全国范围内油气基础设施、油气管网的不断建设与推进，全国主要油气管道已经实现并网运行。截至 2019 年底，我国已建成"横跨东西，纵贯南北"的国家骨干天然气管网，同步重点建设和完善重点区域型天然气管网，天然气管道总里程已经达到 767946 公里，管输能力超过 3600 亿立方米。2020 年，新建成有气场输管道总里程约 5081 千米，其中新建成的天然气管道约 4984 千米，较 2019 年新增 2756 千米，天然气管道建设速度呈大幅度增长态势。在完善主干管道的同时，陆续开通西北、西南、东北三大进口管道，形成了全新的"西气东输、海气登陆、就近供应、北气南下"的供气格局。

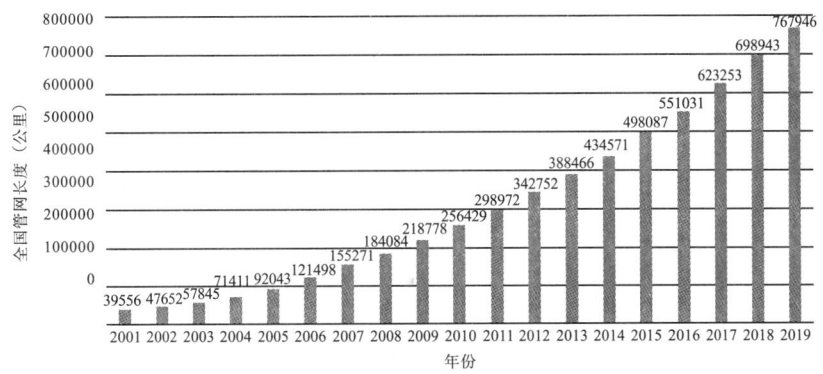

图2-6 中国2010—2019年天然气管网总里程柱状图

注：数据来源于中华人民共和国住房和城乡建设部。

2020年9月30日之前，我国采取由中石油、中海油、中石化三大国有石油企业营运全国天然气管网的管理模式。随着管网里程不断增加、覆盖范围不断扩大和管网建设、运用管理方式要求不断提高，国家对石油天然气管网体制进行改革，成立了由国务院国有资产监督管理委员会、中石油、中石化和中海油共同持股的国家石油天然气管网集团有限公司。

截至2020年底，我国境内累计建成天然气管道约8.6万千米。2020年，我国天然气基础设施互联互通工程取得新进展。其中，中俄东线天然气管道中段工程于2020年12月3日正式投产运营。中俄东线是继中亚管道、中缅管道后，向我国供气的第三条跨境国境天然气长输管道。中段按期建成投产后，与已建的东北和华北管网、陕京管道系统及大连、唐山LNG、辽河储气库等互联互通，可有效增强京津冀地区天然气供应能力和调峰应急保障能力。青宁天然气管道于2020年12月15日正式投产。该管道连接华北区域和长三角区域管网，在东部沿海地区形成陆上天然气与海外液化天然气资源的互通互保，实现与西气东输、川气东送等东西主干管网的联通，可全面提升我国中东部地区天然气应急保供能力。此外还有启通天然气管线项目、启东三期LNG接收站项目，均于2020年12月正式进入试运行阶段，实现西气东输管网与启通天然气管线完成互联互通。西气东输福州联络线工程于2020年10月30日正式投产，实现西气东输三线东段干线与东部沿海天然气管网互联互通。川气东送管道于2020年8月26日完成金坛输气站向港华燃气金坛储气库投产试运行，实现川气东送管道与港华金坛储气库的互联互通等。

基于碳达峰目标的提出和天然气低碳清洁的特性，在未来天然气需求依然会保持较快增长，这势必驱动天然气管网加快建设。预计2025年，全国长输管道长度将达到 163000 千米，2030 年超过 200000 千米，形成"主干互联、区域成网"的全国天然气基础管网网络。

2.2 中国天然气产业终端销售企业发展概况

天然气终端销售位于天然气产业链下游，是实现企业天然气销售利润的重要组成部分。自 2002 年燃气行业市场化改革以来，我国城市燃气中下游行业目前已形成央企、国企、外企和民企等不同类型所有制为主体的市场竞争格局。如中石油下属昆仑燃气收购了中石油的燃气资产，进入了下游分销领域，覆盖全行业产业链；拥有地方政府背景的国有燃气运营企业供气范围以我国直辖市或大型省会省市为主，如北京市燃气集团有限责任公司、深圳市燃气集团股份有限公司、陕西燃气集团有限公司和安徽省天然气开发股份有限公司等；而民营资本则多布局在二三线城市中，如新奥（中国）燃气投资有限公司、奥德集团有限公司、百川能源股份有限公司、河南天伦燃气集团有限公司、贵州燃气集团股份有限公司等。此外，20 世纪 90 年代以港资为主的外资以参股、收购等方式获得国内部分城市燃气市场 20~30 年经营权，如南京港华燃气有限公司。但随着天然气利用的深入和燃气行业的快速发展，燃气运营企业竞争将进一步加剧。

根据天然气产业终端销售企业的综合实力，国内天然气终端销售龙头企业主要包括昆仑能源有限公司、新奥能源、中国燃气、华润燃气控股有限公司等，下文将摘取具有代表性的龙头企业介绍其概况，以从这些企业的共性中统览我国天然气终端销售企业的现状。

2.2.1 我国天然气终端销售企业概况

1. 昆仑能源有限公司

昆仑能源有限公司（以下简称昆仑能源）是由中国石油天然气股份有限公司控股的综合性能源公司，隶属于中国石油天然气集团有限公司。该司主要从事城市燃气、天然气管道、液化天然气（LNG）和压缩天然气（CNG）终端、天然气发电和分布式能源、液化天然气（LNG）加工与储运、液化石油气（LPG）销售等业务，覆盖全国 31 个省、自治区和直辖市，共运营 414 个燃气项目，业务主要集中在甘肃、黑龙江、湖北、湖南、江苏、山西、新疆和云南八个省（区）。2020 年昆仑能源经营逆势增长，销售天然气 377.63 亿方，同比增长34.73%，税后利润同比增长9.22%。2020年昆仑能源天然气销售基本概况见表2-6，昆仑能源天然气用户结构及数量变动见表2-7。

表2-6 2020年昆仑能源天然气销售基本概况

类别	2020	同比
天然气销售总量（百万立方米）	37763.4	34.7%
天然气零售气量（百万立方米）	21693.9	20.5%
天然气用户总量（千户）	12358.1	—
总收入（百万元）	109250.5	7.3%

注：数据来源于昆仑能源业绩发布会议。

表2-7 昆仑能源天然气用户结构及数量变动

用户	新增用户（千户）（2020年底）	累计用户（千户）（2020年底）	累计用户（千户）（2019年底）	变动
居民用户	1076.7	12284.4	11207.7	9.6%
工业用户	0.901	7.863	6.962	12.9%
商业用户	3.527	65.700	62.173	5.6%

注：数据来源于昆仑能源业绩发布会议。

天然气销售收入已经成为昆仑能源的主要收入。从表中可以看到昆仑能源2020年天然气业务的收入相比2019年存在一定提升，公司服务的居民、工业和商业用户也有所增加，总体发展形势向好。公司将聚集核心天然气终端销售业务，集中发展城市燃气、交通领域LNG利用等业务，该核心业务的增长将带来公司长期价值的重估。

2. 新奥能源

新奥集团起步于1989年，以"创建现代能源体系、提高人民生活品质，成为受人尊敬的创新型智慧企业"为使命愿景，形成了贯通下游分销、中游贸易储运、上游生产的清洁能源产业链和涵盖健康、文化、旅游、置业的生命健康产品链。旗下新奥能源，截至2020年6月30日，在国内的城市燃气项目数达到229个，地域覆盖22个省（区、市），覆盖人口达1.08亿人。

截至2020年底，新奥集团天然气总销售量增长至295.7亿立方米。新奥能源2018—2020年天然气总销售量见表2-8，新奥能源2019—2020年度天然气相关业务收入见表2-9。

表 2-8 新奥能源 2018—2020 年天然气总销售量

单位：亿立方米

项目	2018	2019	2020
天然气总销售量	233.30	269.63	295.70

表 2-9 新奥能源 2019—2020 年度天然气相关业务收入

单位：百万元

项目	2019	2020
天然气零售业务	54515	57875
燃气批发	33686	38451
工程安装	8404	7434
增值业务	7255	6391
合计	106880	115250

注：数据来源于新奥能源 2020 年业绩报告。

从表 2-8 可以看出新奥能源在 2018—2020 年三年天然气总销售量逐年递增，天然气业务除工程安装和增值业务外收入都有所增加。新奥能源高度重视长期可持续发展。在环境、社会、管治（ESG）方面的管理，已完成将管理层薪酬与安全运营、企业管治、环境保护、社会责任等 ESG 指标挂钩，确保公司发展的可持续性。

3. 中国燃气控股有限公司

中国燃气控股有限公司（以下简称中国燃气）自 2002 年成立以来，成功构建了以管道天然气业务为主导，城市燃气、乡镇燃气、车船燃气、LPG 分销、增值业务、热电、合同能源管理、天然气贸易、装备制造、电商服务和仓储物流并举的全业态发展结构。截至 2020 年 9 月 30 日，中国燃气在国内 30 个省（区、市）取得 636 个拥有管道燃气专营权的管道燃气项目，并拥有 17 个天然气长输管道项目、556 座压缩/液化天然气车船加气站、1 个煤层气开发项目、113 个液化石油气分销项目，已建成运营 106 个多能互补的综合能源供应项目。截至 2020 年 9 月 30 日，中国燃气所有城市燃气项目覆盖的可接驳人口（不含乡镇气代煤项目覆盖的人口数）已增至 1.41 亿人（约 4579 万户）。中国燃气 2018—2020 财年天然气业务收入见表 2-10，中国燃气供气能力主要指标如表 2-11 所示。

表 2-10 中国燃气 2018—2020 财年天然气业务收入

单位：亿港元

项目	2018 财年	2019 财年	2020 财年
天然气销售收入	226.13	271.06	270.53
增值服务收入	29.47	39.03	50.25

表 2-11 中国燃气供气能力主要指标

项目	2018 财年	2019 财年	2020 财年
管网长度（公里）	172540	296797	402381
供气能力（亿立方米/日）	1.18	1.44	1.65
已接驳居民用户（万户）	2457.03	2967.82	3510.55
已接驳商业用户（万户）	16.90	19.96	23.37
已接驳工业用户（万户）	0.97	1.24	1.47

注：数据来源于中国燃气年报。

表 2-10、表 2-11 介绍了中国燃气在 2018 至 2020 财年的年度天然气业务收入和供气能力主要指标。2018—2020 财年内，天然气销售收入呈现了一定的波动，主要表现在 2020 年天然气收入较 2019 年有微小幅度的下降。但应该注意到，在统计年限内，中国燃气的天然气增值业务在不断创收，并且增长幅度较大；管网长度和供气能力增幅明显，虽然天然气收入有所下降，但是接驳居民用户、商业用户和工业用户的人数都在逐年上升，这充分展现了中国燃气正在将视野转向发展增值业务方面，以求未来的长远发展。从数据中可以看到，中国燃气仍是国内规模最大的跨区域燃气运营服务商之一，是我国城市与乡镇管道燃气分销领域的龙头企业。

4. 华润燃气控股有限公司

华润燃气集团成立于 2007 年 1 月，是华润集团战略业务单元之一，主要在中国内地投资经营与大众生活息息相关的城市燃气业务，包括管道燃气、车用燃气及燃气器具销售等。截至 2020 年上半年，华润燃气控股有限公司（以下简称华润燃气）的城市燃气项目总共达 252 个，分布于中国 22 个省份，其中包括 14 个省会城市及 3 个直辖市，同期燃气总销量达 132.53 亿立方米，客户数达 3870 万户。华润燃气为客户提供多元化的清洁能源服务。华润燃气创新综合服务业务销售渠道，施行"线上+线下"双渠道销售，燃气具、燃气保险、个性化安装等各项综合服务业务均取得较好增长。与此同时，可持续发展再上台阶，华润燃气于2020年荣获香港绿色企业大奖——2020超卓环保安全健康奖金奖，拥有国际水准的职业健康安全及环境管理体系。在未来，华润燃气将紧抓行业发展机遇，积极配合各级政府绿色发展政策，推动城市燃气核心业务持续快速增长，同时稳健投资分布式能源、充电桩、加氢站等新业务，加快推广综合服务业务，满足客户更多元化的能源及服务需求，不断提升股东回报，促进公司的长久可持续发展。华润燃气2018—2020年天然气及相关产品销售收入见表2-12，华润燃气2018—2020年天然气用户分类销量见表2-13。

表2-12 华润燃气2018—2020年天然气及相关产品销售收入

单位：百万元

项目	2018年	2019年	2020年*
天然气及相关产品	31993	36169	37460*

注：*表示2020年数据为按比例计算后的估计值。

表2-13 华润燃气2018—2020年天然气用户分类销量

单位：亿立方米

项目	2018年	2019年	2020年
天然气总销售量	242.8	280.1	290.0
工业用户	114.1	139.7	—
商业用户	54.5	61.3	—
居民用户	55.2	63.2	—
CNG/LNG加气站	18.9	15.9	—

注：数据来源于华润燃气年报。"—"为暂未找到相关数据。

2018—2020年华润燃气天然气等相关业务收入保持增长，2020年增幅较小，但结合表2-13可以看到2020年度华润燃气的天然气销售总量是保持同比上升的。由于政策扶持新能源汽车，CNG/LNG加气站在2019年销量有所下降，这说明天然气终端销售企业应在新能源方面引起重视，思考传统的主营天然气业务与新能源业务的可能结合点，以寻求企业长远发展。

2.2.2 国内四大终端销售企业发展情况对比

2016—2019年，大型城镇燃气企业零售气量年均增长率为18.9%，明显高于全国平均水平。图2-7展示了2016—2019年以来昆仑能源、新奥能源、中国燃气和华润燃气零售气量的年增长率。

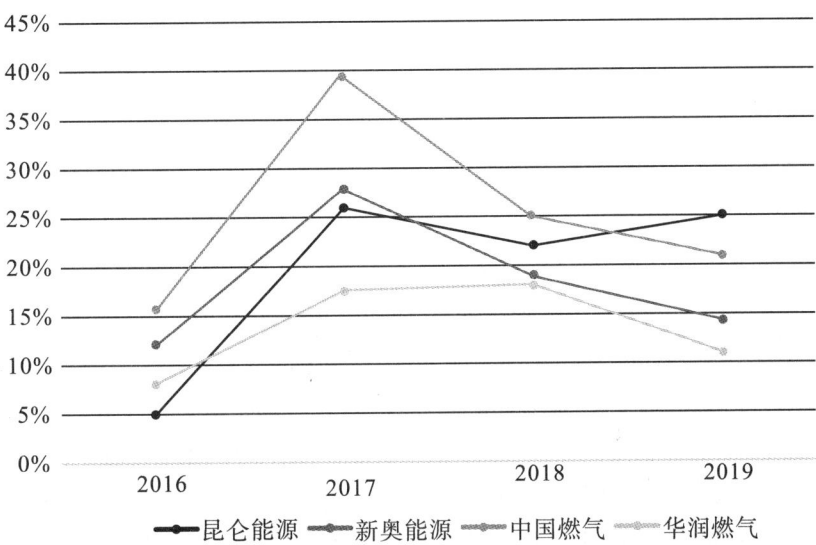

图2-7　四大天然气终端销售企业2016—2019年度零售气增长率

注：数据来源于企业官方网站及年报。

结合上节分析及图2-7所示数据，在统计年度内，大型天然气产业终端销售企业零售天然气量均超过100亿立方米，年均增长率均超过14%；其中中国燃气的零售天然气量年均增长率为25.1%，居于领先水平。需要注意的是，2018年度除昆仑能源的年零售天然气量依旧保持较高增长以外，其余三家天然气产业终端销售企业的增长率均出现较大幅度的下滑。

随着天然气产业体制改革的推进，各大天然气终端销售企业都在立足自身优势的基础上进一步巩固下游终端利用领域，加强中游储运领域，积极进军上游供应领域，逐步将业务扩散到天然气产业链的全部环节。四大天然气终端销售企业涉及业务范围见表2-14。

表2-14　四大天然气终端销售企业涉及业务范围

项目	昆仑能源	新奥能源	中国燃气	华润燃气
海外油气田	√	√		
国内气田	√		√	
LNG接收站	√	√		
LNG工厂	√	√		

续表2-14

项目	昆仑能源	新奥能源	中国燃气	华润燃气
上游管道	√			
中游管道	√		√	√
调峰储气库/罐	√			
LNG槽车运输	√	√	√	
LNG贸易		√	√	
"煤改气"	√	√	√	√
燃气电厂	√			

从表2-14可知，目前昆仑能源已经全方位布局海外油气田、国内气田、LNG接收站及工厂、上中游管道、调峰储气库/罐、LNG槽车运输、LNG贸易、"煤改气"、燃气电厂等项目，中国燃气也在积极跟进国内气田、中游管道、LNG相关业务。新奥能源上游项目主要将眼光放在海外油气田，而中国燃气主要和国内气田进行合作。华润燃气涉及的天然气项目最少，除了四大公司均有涉及的"煤改气"业务外，中游管道是华润关注的重点项目。由此看出，各龙头天然气终端销售企业都在陆续进入综合能源服务领域，它们积极与上游供气企业合作，以发达的管网系统和充足的客户群体、广阔的市场等优势，逐渐将目光从天然气业务向其他业务辐射，充分发挥天然气与新技术的协同性，通过分布式能源项目的建设，进一步促进天然气业务与多种能源业务的有效融合，在满足不同客户需求的基础上深刻挖掘未来发展的新方向与可能性。

2.2.3 天然气产业终端销售企业的发展趋势

1. 以增值业务为主体的综合能源业务

近几年来，为响应能源结构改革和绿色低碳目标，城镇天然气市场不断扩张，各终端天然气销售企业售气量均有明显增长。对于燃气企业而言，除了继续深度挖潜经营区域内的民用和工商等传统市场，增值业务也大有可为。增值业务是指城市燃气企业利用管道天然气核心主营业务形成的用户资源，发挥品牌、渠道和市场等优势，不投入或投入少量的人力、物力、财力，为用户提供主营业务以外的附加增值产品和服务，以增加企业的市场营销价值和经济效益的业务。简单来说就是凭借企业庞大的终端用户基础，进一步挖掘用户价值，为客户量身定制最佳的经济运行方案，并逐渐形成城市燃气企业新的利润增长点。例如在居民用户、工商用户中拓展自有品牌壁挂炉、厨房燃气具、燃气综合保险、波纹管、报警器等相关增值服务业务；还可以配套搭建线上与线下融合的销售渠道，推出保险理财服务、燃气培训服务、燃气设施设备安全维护服务。为适应市场需求，提升企业竞争力，越来越多的天然气产业终端销售企业开始逐步推出一批优质的综合能源服务项目，结合燃气企业的社会服务责任，将目光转向燃气增值业务方面，为推进企业向综合能源服务商的转型奠定基础。

2. 以横向并购为特征的新一轮整合

新奥能源于2019年成功收购宣燃天然气股份有限公司，获得8个位于安徽和上海的优质燃气项目；昆仑能源则依托资源优势，强势进入销售终端，以16.55亿元对价收购金鸿控股（含17个燃气项目），并与黑龙江省政府签署战略合作协议，全力推进东北地区终端利用项目开发。

3. 向智能大数据销售模式转型

随着城市燃气基础设施建设的爆发式增长，城市燃气企业管理过程中的众多矛盾日渐显现，如城市燃气企业面临规模化发展与用户个性化需求的矛盾，急速增长的管道规模与安全性要求的矛盾，庞大的信息与落后的信息管理方式的矛盾，复杂的用户管理模式与轻松的用户体验的矛盾等。因此，燃气终端企业逐渐向数字化进程发展。它们开始大量采用信息化手段，开展包含管网调度、天然气销售和采购、远程计量和收费以及线上会议等工作。新奥燃气在2020年业绩报告里指出，公司将进一步提升数智化及技术创新能力，以客户需求为中心，从供能侧延伸至用能侧打造数智化产品，致力提升客户服务质量及体验，为公司创造更高价值和优势。由此可以看到，城市燃气企业已经注意到数字化时代发展的大潮流与大趋势，并以此为契机，依托"云大物移智"技术，配合最新的服务理念，全面实现燃气信息化应用方案，从而进一步优化企业的供应链和产业链，改善企业管理，提升企业服务质量以及决策能力，大幅提高企业的经济效益。城市燃气企业也将逐步由数字燃气到智能燃气，最终走向智慧燃气。

4. 以碳达峰、碳中和为目标的低碳发展模式

2021年，碳达峰、碳中和首次被写入政府工作报告。这对各大能源企业提出了新的要求与目标。在大的政策背景下，各天然气产业终端销售企业正在寻找低碳发展的新模式。华润燃气正稳步推进分布式能源业务拓展，2020年新签约14个项目，总投资额约2.95亿港元。同时在充电站领域持续发力，2020年新投运充电站38座，累计投运充电站107座，全年售电较同期增长

31％至1.68亿千瓦时。华润燃气表示将在继续推动城市燃气核心业务持续快速增长基础上，稳健投资分布式能源、充电桩、加氢站等新业务，加快推广综合服务业务，满足客户更多元化的能源及服务需求。2020年，昆仑燃气积极推动现有场站绿色低碳改造，探索新能源发电、充电、供气一体化的绿色能源综合供应站；加快气电调峰及优质光伏、风电、氢能项目布局速度，致力于构建线上线下服务体系，深入挖掘客户延伸价值，着力打造"互联网+能源+生活"多业态生活圈。

2.3 西南地区天然气产业发展现状

一般来说，西南地区的天然气市场即包括川渝和滇黔桂地区的天然气市场。川渝地区作为天然气普及率较高的地区之一，需求量大，天然气终端销售企业众多。近年来，随着"煤改气"等能源结构改革的逐步推进，以川渝地区为代表的部分龙头天然气终端销售公司正在云南、贵州两省进一步开拓天然气市场，而广西壮族自治区的天然气市场较为狭小，处于萌芽状态，有大片区域尚待开发。

中央成渝双城经济圈的提出和不断推进及川渝两地签订的重要文件《两省市领导联系成渝地区双城经济圈建设重点项目工作机制》中已将川渝千亿方天然气基地"气大庆"项目推进落地实施。目前川渝两地正在共同争取设立油气体制综合改革试验区，争取国家授权开展油气开发用地中央配属政策试点。因此本节将着重介绍川渝地区天然气产业、天然气市场的发展现状，进一步分析川渝地区天然气终端销售企业发展的现状和未来趋势。

2.3.1 川渝地区天然气消费量稳定增长，消费结构不断优化

川渝地区天然气行业发展历史悠久，是国内较为成熟的天然气片区市场之一。四川、重庆是传统的气源产区，天然气产量接近全国总量的1/3。2020年，两地天然气总产量达到547亿立方米。为了促进成渝双城经济圈建设，川渝地区于同年7月签订《共同推进成渝地区双城经济圈能源一体化高质量发展合作协议》，协议明确提出共同打造川渝地区天然气千亿产能基地，大力开发天然气能源，助力国内能源结构进一步合理化调整和碳达峰、碳中和目标的实现。四川省"十四五"规划明确指出要打造中国"气大庆"，加强天然气产供储销体系建设，要建成全国最大天然气（页岩气）生产基地，天然气年产量力争达到630亿立方米。大力推进天然气（页岩气）勘探开发，完善资源开发利

益共享机制,加快增储上产,重点实施川中安岳、川东北高含硫、川西致密气等气田滚动开发,加快川南长宁、威远、泸州等区块页岩气产能建设。优化城乡天然气输配网络,加快重点区域天然气长输管道建设,延伸和完善天然气支线管道,天然气管道达到2.25万公里以上,年输配能力达700亿立方米。

一个地区的消费能力是该地区行业发展的动力和需求所在,四川省2015—2020年度人均可支配收入及增长率如图2-8所示。2020年度报告显示,2020年四川省全体居民人均可支配收入26522元,比上年增长7.4%。

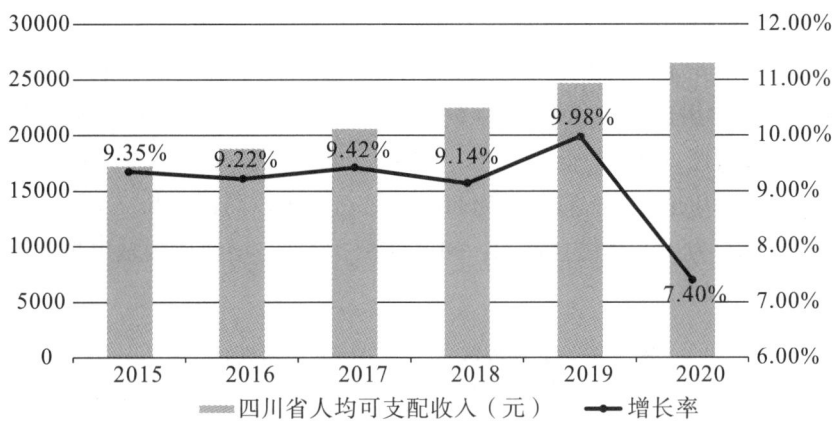

图2-8　四川省2015—2020年度人均可支配收入及增长率

注:数据来源于四川省统计年鉴。

重庆市2015—2020年度人均可支配收入及增长率如图2-9所示。2020年,重庆市全市居民人均可支配收入30824元,比上年增长6.6%。

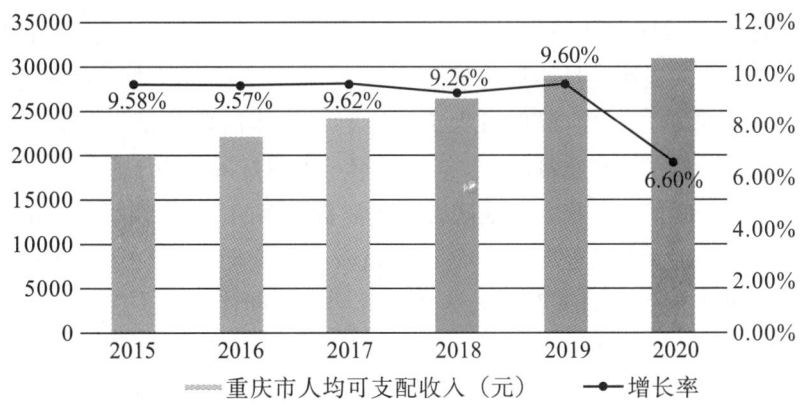

图2-9　重庆市2015—2020年度人均可支配收入及增长率

注:数据来源于重庆市统计年鉴。

从趋势来看，近年来成渝两地的人均可支配收入呈现稳定提高趋势，2015—2019年两省市的人均可支配收入增长率有轻微波动，整体稳定在9.5%。人均可支配收入是影响居民消费的重要因素，近年来，成渝地区的人均可支配收入都有显著增加，居民对天然气的消费量也有增长趋势，这主要是由于高端消费客户数量增加。相比基本的天然气生活消费（煮饭、洗澡等），越来越多的南方家庭普及地暖，带动居民天然气消费量进一步攀升。目前，天然气供暖已成为居民天然气消费新的发展趋势，这对天然气终端企业来说是进一步深挖市场的机会。

川渝地区2015—2019年天然气消费量如表2-15所示。从表2-15数据来看，2019年川渝地区天然气消费量357.4亿立方米，占全国消费总量的11%，消费增速6.2%，低于2018年的8.0%，且较全国8.0%的增长率低1.8个点。四川省天然气消费量为254.4亿立方米，同比增长7.3%；重庆市天然气消费量为103.0亿立方米，同比增长3.4%。增速放缓是川渝两地天然气消费的共同特征。

表2-15 川渝地区2015—2019年天然气消费量

单位：亿立方米

地区	2015	2016	2017	2018	2019
四川省	196.9	202.7	216.3	237.0	254.4
重庆市	88.4	89.3	95.2	99.5	103.0

注：数据来源于四川省和重庆市统计年鉴。

川渝地区2019年天然气具体消费结构如图2-10所示。天然气消费主要集中在城市燃气板块，具体消费量为219.44亿立方米，占地区天然气消费总额的61.40%；第二大消费项目为工业原料，具体消费数量为68.98亿立方米，占地区天然气消费总额的19.30%；第三大消费项目为工业燃料，具体消费数量为41.82亿立方米，占地区天然气消费总额的11.70%；其他消费项目占比较低，分别为交通运输6.00%、发电及分布式能源1.60%。从川渝地区2019年天然气消费结构来看，天然气消费结构不断优化，工业用气比重和居民生活用气比重在逐年稳步提升。其中工业用户是天然气消费的主要用户，每年占到总消费量比例的1/3以上；居民生活消耗的天然气量相比较多，因此天然气终端销售企业应对工业用户和居民用户"两手抓"，在努力争取工业用户的同时进一步深耕居民用户市场。

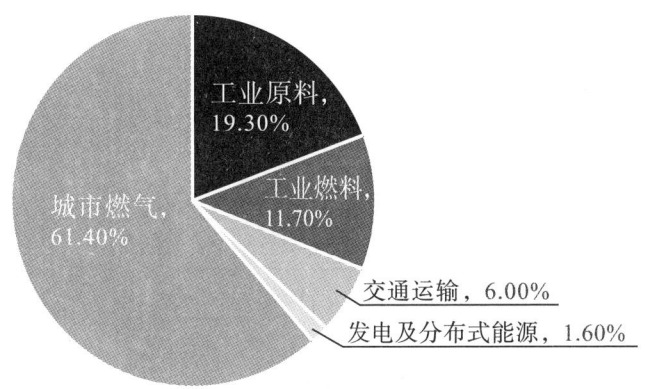

图 2-10 川渝地区 2019 年天然气消费结构

注：数据来源于川渝地区天然气行业发展报告。

2.3.2 川渝地区天然气管网长度持续增加

西南川渝滇黔桂五省市的天然气管网系统主要包括中缅天然气管道、中贵线、忠武输气管道等国家主干管道及川渝大型区域性天然气管网。其中中缅天然气管道全线长度约为 1806km，国内段长达 1922km，设计输气能力为 $1.2\times10^{10}\text{m}^3/\text{a}$，该线已于 2013 年全线贯通并投入使用。目前中贵线和西南油气田产出的天然气通过贵州省进入中缅线，西气东输二线天然气通过广西进入中缅线，中缅天然气管道与西南地区天然气管道已形成互联互通的局面。

截至 2019 年底，川渝地区建成了与"五大气区"区域性管网相接的环形输气干线，形成了"产、运、销、储"四位一体化运行的地面配套管网系统，输气和配气管道累计达到 45400 千米，骨干管网日输气量近 7000 万立方米，年综合输配能力已达 300 亿立方米。天然气骨干管网系统通过中贵线、忠武线、川气东输管道，已实现从东、南、北三个方向与全国管网连接。目前，川渝地区已经形成"川气自用、外气补充、内外互通、战略储备"的新格局，在国家能源战略通道中居中枢地位。重庆地区具有高低压两套管网系统，形成了多点、多气源供气的格局，天然气管道 5806 千米，年输气量 90 亿立方米，管网功能基本完善，区县的天然气管道覆盖率已超过 70%，具有较强的调峰保障能力。四川省 2015—2019 年天然气管道长度见图 2-11，重庆市 2015—2019 年天然气管道长度见图 2-12。

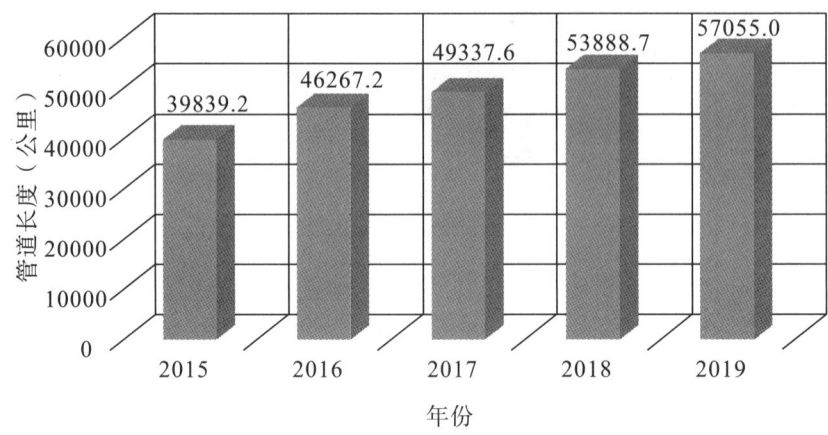

图2-11 四川省2015—2019年天然气管道长度

注：数据来源于住建部和国家统计局数据库。

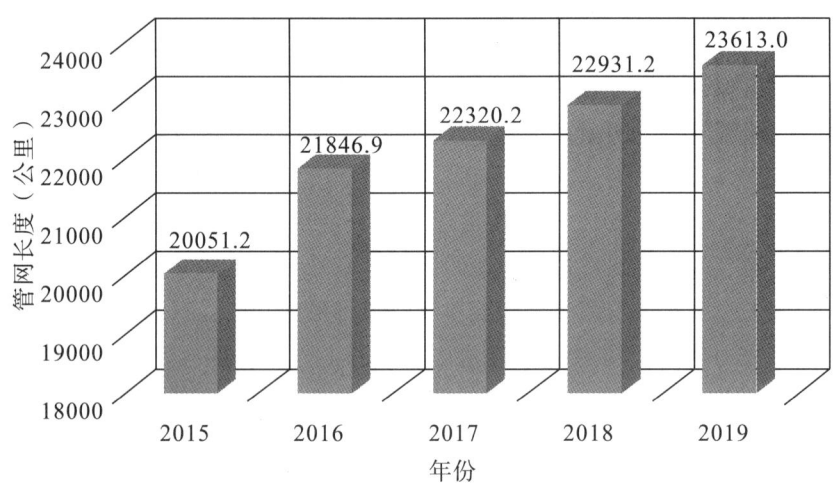

图2-12 重庆市2015—2019年天然气管道长度

注：数据来源于住建部和国家统计局数据库。

随着川渝地区工业发展、人均收入和天然气需求的进一步提升，成渝经济圈和两地政府"十四五"规划、双碳目标等政策的相继出台、落地，川渝地区城镇天然气管网也将进一步提速建设，以满足城市能源结构转型和绿色发展的需要。四川地区已于2019年开展新的管道建设工程，包括巴中地区供气管道工程、北外环—达州经济开发区输气管道工程、丹夹复线输气管道建设工程、威远页岩气田集输气管道工程、绵阳地区供气管道工程等；重庆市于2019年开启相国寺储气库配套管道工程建设。随着成渝经济圈的发展，川渝地区经济联系不断紧密，中心城市带动周边地区的辐射效应将进一步促进川渝地区天然气管网系统的完善，更多的管网建设工程正在策划和落地之中。

2.4 西南地区天然气产业终端销售企业发展现状

西南地区天然气产业发展历史悠久，拥有众多的工业用户、居民用户，已经形成了较为成熟的天然气市场和供气管网，成渝经济圈带动地区经济加速发展，进一步提升用户的消费能力，这意味着西南地区的天然气消费量将继续稳步增长。以成都燃气、重庆燃气、贵州燃气、华油公司等为代表的天然气产业终端销售企业将不断深耕天然气终端销售市场，不断履行着能源型企业的社会责任。

2.4.1 西南地区天然气产业终端销售企业现状

1. 成都燃气集团股份有限公司

成都燃气集团股份有限公司（以下简称成都燃气）始建于1967年3月，前身为成都市煤气总公司，是国内大中城市中最早经营城市天然气的专业公司之一。2004年实施改制成立有限责任公司，并引入战略投资者成为混合所有制企业，先后引进学标杆、精益管理、行动学习等先进的管理理念，极大地提高了公司经营管理水平，为持续健康发展注入强劲动力。2017年9月完成股份制改造，2019年12月在上海证券交易所主板挂牌上市。成都燃气业务涵盖城市燃气供应，燃气工程规划、设计、施工安装，燃气输配、应用、管理，燃气智能化系统研发、设备制造，燃气专用设备、压力容器、计量装置检测，燃气具及设备销售等。公司拥有完善的输供气管网体系、先进的技术设备和训练有素的员工队伍，积累了丰富的城市燃气管理经验，曾参与多部行业主要规范的起草。公司积极促进燃气行业的发展和交流，为中国城市燃气协会常务理事单位、四川省和成都市燃气协会理事长单位。经过50余年的发展，综合实力居国内同行业领先水平，服务客户达300余万户，年销售天然气近16亿立方米，现有员工2000余人，16个职能部室、下属4个分公司、21个参控股公司。

成都燃气全面实施中心城区输气管网规划，管网规模不断扩大，布局日趋合理，已形成较为完善的以城市内环及一、二、三环路的环状管网和向周边郊县辐射的放射性干管为主体，以中低压配气网络为辅的输供气管网体系，全面覆盖成都平原中心区，管道长度约6847公里，储气站3座、配气站6座、门站7座、调压设施1万余座。

成都燃气2016—2020年度总收入及净利润如表2-16所示，从表中数据可以看出成都燃气近五年收入波动较为明显。

表2-16 成都燃气2016—2020年度总收入及净利润

年份	总收入（亿元）	净利润（亿元）
2016	36.10	4.38
2017	38.62	4.70
2018	44.29	4.27
2019	48.19	4.51
2020	41.68	4.14

注：数据来源于成都燃气年报。

2. 重庆燃气集团股份有限公司

重庆燃气集团股份有限公司（以下简称重庆燃气）是重庆市能源投资集团有限公司控股，华润燃气（中国）投资有限公司、重庆渝康资产经营管理有限公司、重庆市城市建设投资（集团）有限公司参股的国有控股上市企业。重庆燃气多年来致力于精耕燃气供应、输、储、配、销售及管网的设计、制造、安装、维修、销售、管理、技术咨询，区域供热、供冷、热电联产的供应，燃气高新技术开发、管材防腐加工、燃气具销售等经营业务。截至2019年末，公司天然气供应范围已覆盖重庆市25个区县，资产总额86.18亿元，服务客户512万户。作为关系国计民生的管理服务型企业，立足城市燃气供应行业基础性、服务性、公共安全性、生态环保性四大特征，以"奉献光热、追求卓越"为企业核心理念，秉承"诚信、优质、安全、创新"的企业精神，依法合规的运营，通过充足的气源、安全合理的燃气输配管网、充分的储气调峰设施和高度自动化的调度手段、完善的抢险应急救援机制及全方位、人性化的优质服务打造重庆市天然气安全供应保障体系，为中国最年轻的直辖市——重庆构建起保障清洁能源供应的"蓝色命脉"。

重庆燃气2016—2020年度总收入及净利润见表2-17，重庆燃气2016—2020年度天然气及相关业务收入见表2-18。

表 2-17 重庆燃气 2016—2020 年度总收入及净利润

年份	总收入（亿元）	净利润（亿元）
2016	54.89	3.71
2017	57.14	3.63
2018	63.72	3.48
2019	70.33	4.02
2020	68.21	3.76

表 2-18 重庆燃气 2016—2020 年度天然气及相关业务收入

项目	2016	2017	2018	2019	2020
天然气销售（亿元）	37.98	41.54	46.67	54.25	51.77
天然气安装（亿元）	7.17	6.75	15.73	14.46	14.91
其他（亿元）	1.06	0.88	1.02	1.18	1.17

注：数据来源于重庆燃气年报。

从表 2-17 和表 2-18 可以看出，天然气及其相关业务是重庆燃气总收入构成的主要内容，公司的主营业务是燃气销售和燃气安装。重庆燃气的主要燃气经营市场是重庆市，近年来重庆推出"一圈两翼"规划，将进一步提高重庆城区气化率及扩大气化范围。随着城市天然气市场的不断开拓与推进，重庆燃气也面临着天然气市场"开拓"向"深耕"的转型。表 2-18 表明除去燃气销售和安装业务以外，天然气相关的其他业务收入较少，一直处在 1 亿元左右的水平。这提示重庆燃气将天然气销售和安装市场开发到特定程度后，应将目光转向天然气增值业务上，例如天然气保险等，以进一步稳定市场，增强企业盈利能力。

3. 贵州燃气集团股份有限公司

贵州燃气集团股份有限公司（以下简称贵州燃气）前身为贵州燃气（集团）有限责任公司，2016 年 1 月整体股改变更为贵州燃气集团股份有限公司，2017 年 11 月在上海证券交易所挂牌上市。经过 30 余年发展，贵州燃气成为贵州省供气量最大、管网覆盖区域最广的城市燃气专业运营商，截至 2020 年 12 月，拥有全资、控股子公司 44 家，参股企业 18 家。在贵州省内建成 3 条天然气支线管道，在省内 31 个特定区域及 1 个省外特定区域取得了管道燃气特许经营权，业务范围覆盖贵州省主要城市、核心经济区和主要工业园区。在经营区域内自主完成设计、建设及运行管理LNG接收储备供应站、LNG综合站、L-CNG加气站、CNG加气站等各类场站。

公司紧紧抓住天然气行业发展机遇，以持续提升能力和效益为目标，以提供优质产品和高效服务为抓手，不断深耕现有市场，积极拓展具有潜力的新区域、新用户，扩大市场份额；以燃气全产业链为发展方向，充分利用资本市场平台，加快上下游资源整合，向燃气各应用领域拓展延伸；以大数据、物联网等信息化手段，不断提高创新运营能力，培育和提升核心竞争力，推动公司高质量发展，致力于成为主业突出、管理规范、经营稳健的综合能源企业。

贵州燃气2016—2020年度总收入及净利润见表2-19，贵州燃气2017—2020年度天然气及天然气相关业务收入见表2-20。结合表2-19和表2-20可以看出，贵州燃气的总营业收入是超过成都燃气和重庆燃气的，但天然气销售作为主营业务，占总收入比例并不高，这是由于贵州及其周边地区的"煤改气"进程较慢，还在大量使用燃煤化石能源、煤气等进行城市供热，天然气的市场占有率还在缓慢提升中。贵州燃气与中石油、中海油、中石化等上游供应商签订了长期供应协议，公司积极顺应国家管网改革，在国内率先引入中石化、中海油管道气气源，打通了资源跨省串换进入贵州的模式和渠道，逐步形成多气源供应格局。据贵州省发展研究中心统计，贵州省现有煤层气（瓦斯）资源位居全国第二位，页岩气可采资源位列全国第三，省内页岩气资源已成为公司供应气源之一。与上游供应商良好的合作关系以及省内非常规气源为公司气源保障供应奠定了基础。煤气占据大量市场表明贵州及其周边地区还有大量的天然气市场可供开发，与成都燃气和重庆燃气市场接近饱和不同，贵州燃气尚处于开拓市场的发展阶段，公司发展前景广阔。

表2-19 贵州燃气2016—2020年度总收入及净利润

年份	总收入（亿元）	净利润（亿元）
2016	54.89	3.71
2017	57.14	3.63
2018	63.72	3.48
2019	70.33	4.02
2020	68.21	3.76

注：数据来源于贵州燃气年报。

表2-20 贵州燃气2017—2020年度天然气及天然气相关业务收入

项目	2017	2018	2019	2020
天然气销售（亿元）	19.050	26.485	27.085	30.865
工程安装（亿元）	0.754	8.345	3.727	9.569
其他（亿元）	0.004	0.117	0.394	0.228

注：数据来源于贵州燃气年报。

2020年贵州省地区生产总值比上年增长4.5%，增速高于全国2.2个百分点，连续10年位居全国前列。贵州省经济社会高速发展和城镇化进程加快，扩大了用户基数和需求，为城市燃气行业提供潜在市场发展空间，有助于推动城市燃气行业的稳步发展，燃气市场消费潜力雄厚。应该注意到，市场的广阔意味着竞争，包括成都燃气、重庆燃气、华油公司在内的西南地区天然气产业终端销售龙头企业都在虎视眈眈这块尚待进一步开发的广阔市场，随着天然气安装等市场化的进一步放开，在云黔桂地区的天然气终端销售市场竞争将会越来越激烈。

4. 华油公司

华油公司是主要从事天然气终端业务开发与销售的城市燃气公司，尚未上市。公司于2007年5月8日由原四川石油管理局输气公司、四川华油实业发展总公司、川东开发重庆凯源公司整合而成；2008年2月27日经重组整合进入西南油气田分公司；2009年8月14日，西南油气田能源公司、川东开发公司重组整合后，机关和基层的部分人员划转进入华油公司。华油公司从事城市燃气、CNG、燃气工程设计及咨询、管道安装、防腐技术服务及产品、分布式能源、劳保用品等业务。华油公司的业务市场主要分布在西南地区，即四川、重庆、云南和贵州。四川市场主要包括成都、泸州、自贡、宜宾、德阳、眉山、内江、江油等11个市（县），重庆市场主要包括重庆主城区、长寿、万州、江津、永川，云南业务市场主要包括曲靖市、楚雄州、永仁县，贵州业务主要在开阳县。此外，公司在广西百色市、陕西榆林、安徽定远也有业务。

华油集团公司现有员工3310人，公司机关设有11个职能部室、6个直属机构、8个直属单位，下属基层单位41个，天然气终端销售基本覆盖成都主城区，天然气用户规模达到440余万户，年销量49.55亿立方米，各类燃气管道2.87万公里，市场区域达到10991平方公里。

华油公司2018—2020天然气销量及收入如表2-21所示，从表2-21可以看出，虽然华油公司尚未上市，但是它的天然气销售体量和销售收入都相当庞大。由于其独特的公司组织构成，公司前身在川渝地区发展历史悠久，市场广阔，重组后这些市场合并归为华油公司管辖。基于这些历史因素，其在川渝地区市场占有率高于前述几个上市公司。从覆盖面积和实力规模来看，华油公司居川渝地区天然气终端销售首位，因此本书的后续章节也将以华油公司为主要研究对象，进一步对西南地区天然气产业终端销售企业文化建设进行详细分析。

表2-21 华油公司2018—2020天然气销量及收入

项目	2018	2019	2020
天然气销量（万方）	343565.43	401126.45	416715.66
销售收入（万元）	730162.85	882904.03	870797.26

注：数据由华油公司内部提供。

2.4.2 西南地区天然气产业终端销售企业的发展趋势

1. 深耕川渝主要市场，拓展云黔桂市场

川渝地区作为天然气产区之一，雄厚的自身天然气资源使得天然气市场起步早，发展历史长，用气人口多，市场范围大。因此以川渝地区作为主要市场的天然气终端销售企业市场开拓基本接近饱和，普遍面临天然气市场的"开拓"向"深耕"的转型问题。而云黔桂市场起步较晚，能源结构中煤炭、煤气、液化石油气占比较高，天然气市场暂处于开拓状态，用气人口偏少，天然气管道等基础设施铺设不足。国家政策层面提出能源结构改革，大力倡导使用清洁能源，以及"双碳目标"的提出，天然气市场化改革将进一步助推天然气在云黔桂地区的市场拓展，这也是各天然气终端销售企业抢占市场、扩大业务的良好时机。各天然气终端销售企业在发展区域市场的战略定位中，应注意到不同区域市场的发展层次问题，量身制定适合该区域的发展计划。

2. 夯实主营业务，发展增值业务

天然气销售、天然气安装等配套业务始终是天然气终端销售企业的主营业务和主要营收来源。由于天然气属于维系国计民生的能源产品，天然气销售企业承担着一定的社会责任，因此天然气气价由各地区政府统一决定并严格界定天然气终端企业销售利润比。想要在气价这块进行利润提升，天然气终端销售企业能做的非常有限。在主要业务市场趋近饱和的大环境下，努力降低经营成本、发展燃气增值业务逐渐进入天然气终端销售企业的未来发展规划。华油公

司在"十四五"规划中强调在夯实燃气主营业务的同时要加强天然气保险、客户服务等增值业务，努力在主营业务之外的其他业务上实现更多的增收。重视客户体验与需求、提供更多天然气相关的配套服务，是社会服务体系不断发展过程中对各天然气终端销售企业提出的必然要求，也是天然气行业发展的必然趋势。

3. 强调用气安全，建设安全文化

天然气作为易燃易爆气体，在生产、运输和使用的过程中都存在一定的危险。安全文化作为企业文化不可或缺的重要组成部分，在天然气终端销售企业文化中的地位更加凸显。安全事故的发生对天然气终端销售企业的打击是非常沉重的，它不仅涉及企业利润，更涉及企业口碑，安全是天然气终端销售企业生存与发展的基石。各天然气终端销售企业非常重视安全宣传，采取安全"进社区、进家庭、进学校、进小区"、微信公众号推文、新媒体宣传等方式全方位宣传天然气安全文化，提升用气安全意识。

成都燃气以"安全是燃气企业的核心竞争力"作为安全文化价值观，以"生命至上、安全第一"作为企业安全共识，以"超越零责任、追求零事故"为企业安全目标，建立了一套较为成熟完整的企业安全文化体系。重庆燃气将"诚信、优质、安全、创新"作为企业精神，强调安全文化"本质安全、预防为重、人本管理"的核心。公司 Logo 外圈释义为"以安全为重，突出燃气安全供应保障体系"，强调安全的重要性。华油公司在对外宣传的同时对内"严把安全关"，构建了安全宣传体系、安全活动体系、安全教育培训体系和安全奖惩体系，进一步将安全文化落实到生产生活的方方面面。

第 3 章　西南地区天然气产业终端销售企业文化建设现状定性分析

目前我国天然气资源的利用率较高，西南地区对天然气的需求量较大，西南地区的燃气企业承担了相应的责任。安全高效地将天然气输送到千家万户，离不开西南地区天然气产业终端销售企业对企业文化的建设。本章通过分析西南地区天然气产业终端销售企业文化建设现状，总结西南地区天然气产业终端销售企业文化建设取得的成就，找出当前西南地区天然气产业终端销售企业文化建设存在的一些不足之处。截至 2020 年，成都燃气、重庆燃气、贵州燃气分别占所在省市天然气市场的 6.8%、31.38%、65.6%。本章选取重庆燃气、成都燃气、贵州燃气、华油公司四家燃气公司进行企业文化现状分析，并对整体规模实力位居西南地区第一的华油公司的企业文化建设进行重点分析。

3.1　西南地区天然气产业终端销售企业物质文化建设现状

物质文化是企业最为表面的企业文化。物质文化是一个企业最能被管理者、员工、顾客等感知的文化，本节的西南地区天然气产业终端销售企业物质文化建设现状主要分析天然气销售量、客户数量、管道长度，数据均来源于各企业年报。

3.1.1　西南地区天然气产业终端销售企业天然气销量现状

1. 成都燃气天然气销售量

2018 年，成都燃气实现天然气销售量 15.97 亿立方米，同比增长 4.83%；实现营业收入 44.29 亿元，同比增长 14.69%；实现利润 4.27 亿元，同比增长 4.79%。2019 年，成都燃气实现天然气销售量 16.79 亿立方米，同比增长 5.14%；实现营业收入 48.19 亿元，同比增长 8.80%；实现利润 4.51 亿元，同比增长 5.56%。2020 年，成都燃气实现天然气销售量 15.78 亿立方米，同比减少 6.02%；实现营业收入 41.68 亿元，同比减少 13.50%；实现利润 4.14 亿元，同比减少 8.21%。

2. 重庆燃气天然气销售量

2018 年，重庆燃气实现天然气销售量 33.67 亿立方米，同比增长 2.85%；实现营业收入 63.72 亿元，同比增长 4.33%；实现利润总额 3.48 亿元，同比增长 3.77%。2019 年，重庆燃气实现天然气销售量 35.01 亿立方米，同比增长 3.98%；实现营业收入 70.33 亿元，同比增长 10.37%；实现利润总额 4.02 亿元，同比增长 15.52%。2020 年，重庆燃气实现天然气销售量 33.61 亿立方米，同比减少 3.99%；实现营业收入 68.21 亿元，同比减少 3.02%；实现利润总额 3.27 亿元，同比减少 6.44%。

3. 贵州燃气天然气销售量

2018 年，贵州燃气实现天然气销售量 9.82 亿立方米，同比增长 9.13%；实现营业收入 36.06 亿元，同比增长 8.98%；实现利润总额 1.72 亿元，同比增长 10.52%。2019 年，贵州燃气实现天然气销售量 10.89 亿立方米，同比增长 17.73%；实现营业收入 40.83 亿元，同比增长 13.23%；实现利润总额 1.91 亿元，同比增长 11.03%。2020 年，贵州燃气实现天然气销售量 12.12 亿立方米，同比增长 11.29%；实现营业收入 42.44 亿元，同比增长 3.95%；实现利润总额 2.06 亿元，同比增长 8.24%。

4. 华油公司天然气销售量

2018 年，华油公司实现天然气销售量 34.36 亿立方米，同比增长 5.78%；实现营业收入 84.87 亿元，同比增长 6.22%；实现利润总额 7.25 亿元，同比增长 6.43%。2019 年，华油公司实现天然气销售量 40.11 亿立方米，同比增长 16.73 %；实现营业收入 90 亿元，同比增长 6.04%；实现利润总额 8.33 亿元，同比增长 14.90%。2020 年，华油公司实现天然气销售量 41.67 亿立方米，同比增加 3.89%；实现营业收入 100.99 亿元，同比增加 12.21%；实现利润总额 9.74 亿元，同比增加 16.93%。

5. 西南地区天然气产业终端销售企业天然气销量比较分析

（1）西南地区天然气产业终端销售企业天然气销量数据对比分析。

西南地区天然气产业终端销售企业天然气销量对比数据见表 3-1。

表 3-1　西南地区天然气产业终端销售企业天然气销量对比表

单位：亿立方米

天然气终端销售企业	2018		2019		2020	
	天然气销量	与同期相比	天然气销量	与同期相比	天然气销量	与同期相比
成都燃气	15.97	4.83%	16.79	5.14%	15.78	−6.02%
重庆燃气	33.67	2.85%	35.01	3.98%	33.61	−3.99%
贵州燃气	9.82	9.13%	10.89	17.73%	12.12	11.29%
华油公司	34.36	5.78%	40.11	16.73%	41.67	3.89%

西南地区天然气产业终端销售企业天然气销量对比变化趋势见图 3-1。

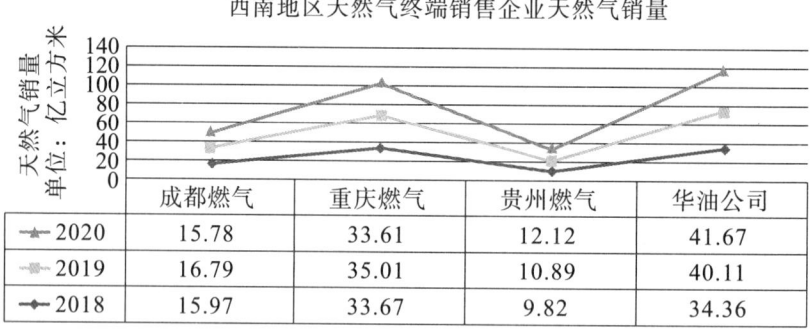

图 3-1　西南地区天然气产业终端销售企业天然气销量对比图（亿立方米）

从表 3-1 和图 3-1 的数据和变化趋势可以看出，华油公司天然气销量是最多的，其次依次是重庆燃气、成都燃气和贵州燃气。

西南地区天然气产业终端销售企业天然气销量与上年同期对比变化趋势见图 3-2。

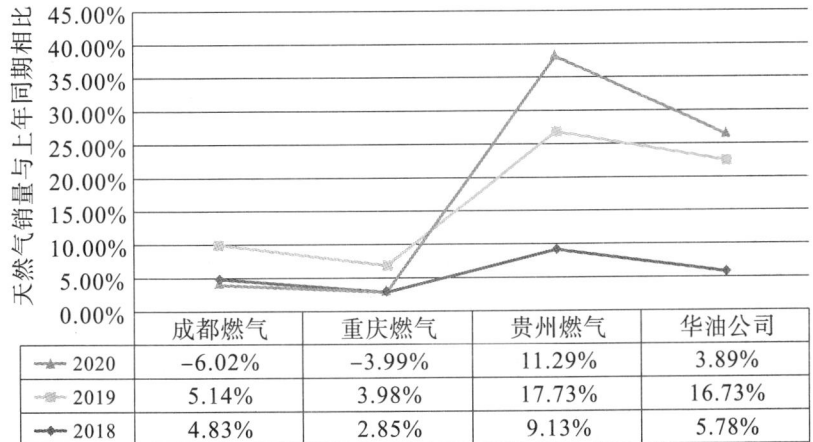

图 3-2　西南地区天然气产业终端销售企业天然气销量与上年同期对比图

从图 3-2 的变化趋势可以看出，与上年同期对比，变化趋势最大的是贵州燃气，主要是因为国家能源结构调整政策，贵州燃气市场大量的煤改气用户的增加带来的变化；其次是华油公司，在西南油气田公司的大力支持下，采取"简政放权"、终端业务整合、打造"黄金终端"等措施，持续转变观念，切实变"坐商""行商"为"慧商"，坚持"四个一"营销工作方法，实现了天然气销售规模、市场开发、产业链拓展、销售观念、气源多元化5个方面的新突破，天然气销量持续增长；成都燃气和重庆燃气天然气销量稳步增长，只在2020年由于新冠肺炎疫情的影响，出现小幅下降。

（2）西南地区天然气产业终端销售企业营业收入数据对比分析。

西南地区天然气产业终端销售企业营业收入对比数据见表 3-2。

表 3-2　西南地区天然气产业终端销售企业营业收入对比表

单位：亿元

天然气终端销售企业	2018		2019		2020	
	营业收入	与同期相比	营业收入	与同期相比	营业收入	与同期相比
成都燃气	44.29	14.69%	48.19	8.80%	41.68	-13.50%
重庆燃气	63.12	4.33%	70.33	10.37%	68.21	-3.02%
贵州燃气	36.06	8.98%	40.83	13.23%	42.44	3.95%
华油公司	84.87	6.22%	90.00	6.04%	100.99	12.21%

西南地区天然气产业终端销售企业营业收入对比变化趋势见图 3-3。

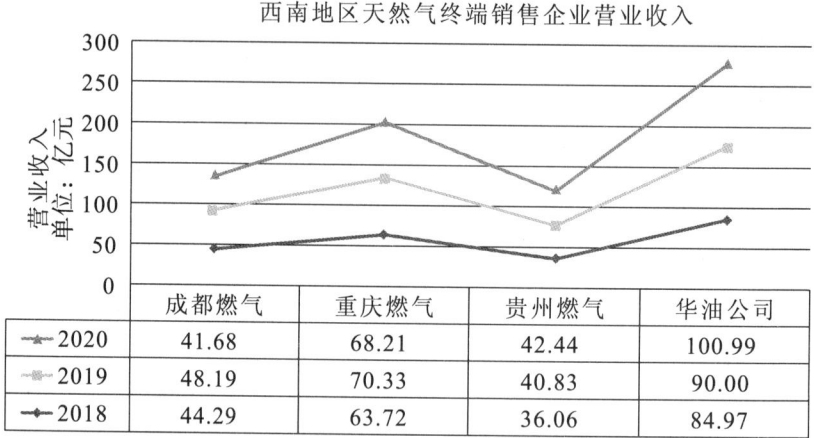

图 3-3 西南地区天然气产业终端销售企业营业收入对比图

从表 3-2 和图 3-3 的数据和变化趋势可以看出，华油公司营业收入最多，其次依次是重庆燃气、成都燃气和贵州燃气。成都燃气和重庆燃气受 2020 年新冠肺炎疫情的影响比较明显，营业收入呈现下降趋势。

西南地区天然气产业终端销售企业营业收入与上年同期对比变化趋势见图 3-4。

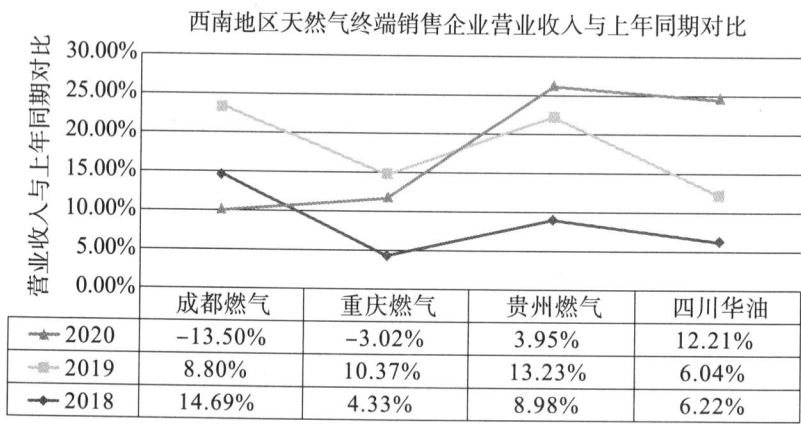

图 3-4 西南地区天然气产业终端销售企业营业收入与上年同期对比变化趋势

从图 3-4 的变化趋势可以看出，与上年同期对比，变化趋势最大的是贵州燃气和华油公司，营业收入都实现了快速增长；其次是成都燃气，受 2020 年新冠肺炎疫情的影响，营业收入下降趋势比较明显；变化最小的是重庆燃气,2020年营业收入出现了小幅下降。

(3) 西南地区天然气产业终端销售企业利润数据对比分析。

西南地区天然气产业终端销售企业利润对比数据见表3-3。

表3-3 西南地区天然气产业终端销售企业利润对比表

单位：亿元

天然气终端销售企业	2018		2019		2020	
	利润	与同期相比	利润	与同期相比	利润	与同期相比
成都燃气	4.27	4.79%	4.51	5.56%	4.14	-8.21%
重庆燃气	3.48	3.77%	4.02	15.52%	4.14	-8.21%
贵州燃气	1.72	10.52%	1.91	11.03%	2.06	8.24%
华油公司	7.25	6.43%	8.33	14.90%	9.74	16.93%

西南地区天然气产业终端销售企业利润对比变化趋势见图3-5。

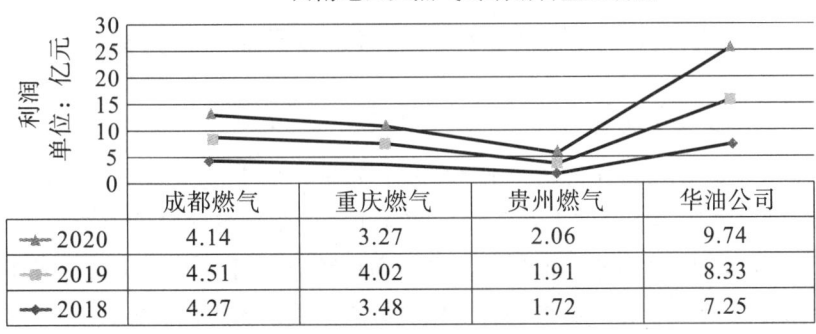

图3-5 西南地区天然气产业终端销售企业利润对比变化趋势

从表3-3和图3-5的数据和变化趋势可以看出，华油公司利润是最多的，并且呈现快速增长趋势；成都燃气和重庆燃气2019年利润出现小幅增长，2020年受到新冠肺炎疫情的影响，利润呈现小幅下降；变化幅度最小的是贵州燃气，但一直呈现小幅增长趋势。

西南地区天然气产业终端销售企业利润与上年同期对比变化趋势见图3-6。

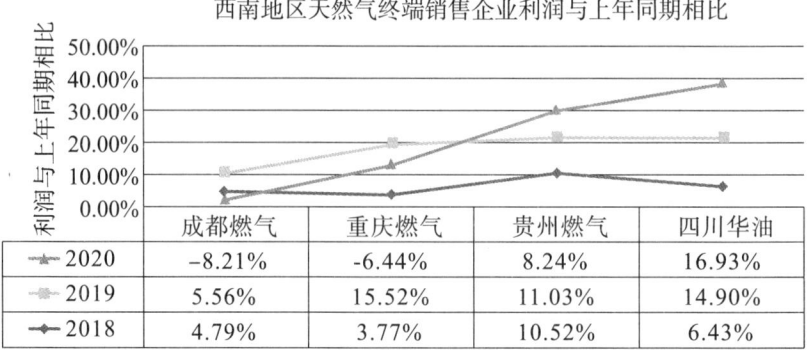

图 3-6　西南地区天然气产业终端销售企业利润与上年同期对比变化趋势

从图 3-6 的变化趋势可以看出，与上年同期对比，变化趋势最大的是华油公司和贵州燃气，利润都实现了快速增长；其次是重庆燃气，受 2020 年新冠肺炎疫情的影响，利润出现小幅下降；变化最小的是成都燃气，2020 年利润下降趋势比较明显。

3.1.2　西南地区天然气产业终端销售企业天然气管道建设现状

1. 成都燃气天然气管道建设现状

2019 年，成都燃气管道全长约 6847 公里，拥有储气站 3 座、配气站 6 座、门站 7 座、调压设施 1 万余座。2020 年，成都燃气输气管道全长 7155 公里，调压设施 1.33 万座，加气站 3 座。客户数量达到 308.77 万人，其中住宅客户 303.87 万人，在成都市场有比较明显的区域市场规模优势。

2. 重庆燃气天然气管道建设现状

截至 2019 年末，重庆燃气天然气供应范围已覆盖重庆市 25 个区县，资产总额 86.18 亿元，服务客户 512 万户。公司城市燃气输配管网已占全市城市燃气输配管网的 80% 以上。

3. 贵州燃气天然气管道建设现状

贵州燃气天然气城市管网总长度约为 6000 公里。公司城市燃气输配管网已占全市城市燃气输配管网的 80% 以上。公司在贵州省瓮安、安龙、德江、西秀区等 14 个乡镇取得管道燃气特许经营权，并收购新晨公司。业务领域不断扩大，公司在贵州省的市场占有率不断提高，有效促进了贵州燃气健康持续发展。

4. 华油公司天然气管道建设现状

2019年公司管网长度共计28757.71公里，其中输气管道355.73公里，高压管道1012.94公里，中压管道10823.37公里，低压管道（含立管）16565.67公里。阀门阀井11732座，调压箱（柜）61819座。2020年华油公司管网长度共计28854公里，其中输气管道420.57公里，高压（次高压）管道1052.82公里，中压管道10886.89公里（金属管道10006.05公里，非金属管道880.84公里），低压管道（含立管）16493.72公里（金属管道15693.74公里，非金属管道799.99公里，立管10512.46公里）。阀室（阀井）12249座，调压箱（柜）65508座。具体如图3-7所示。

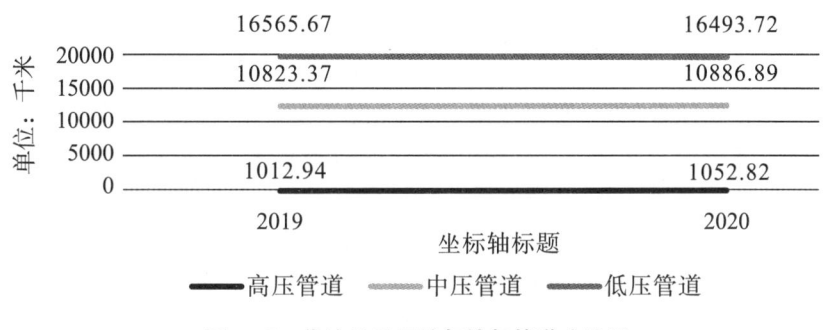

图3-7 华油公司天然气输气管道建设图

3.1.3 西南地区天然气产业终端销售企业客户服务现状

1. 成都燃气客户服务现状

成都燃气客户服务现状主要表现在燃气缴费、客户服务、增值服务几个方面：

（1）燃气缴费。

成都燃气启动网上营业厅、手机营业厅、微信服务号等互联网服务渠道建设项目，与互联网企业进行了战略合作，开展移动支付。成都燃气建立了自己的App应用系统，支持蓝牙智能卡充值、家用燃气普表缴费、CNG汽车加气卡充值、上门预约维修服务等，使用户无须往返营业厅排队购气，通过互联网及手机App即可实现足不出户，随时随地购买燃气。仅缴费形式就实现了多渠道的缴费服务，如网上营业厅、微信公众号、支付宝服务号，极大地缩减了实体营业厅中工作人员对常规缴费业务的处理时间。

(2)客户服务。

目前成都燃气客户服务主要通过网上营业厅、手机 App 和微信公众号三种形式进行客户服务,网上营业厅应用最广泛,是传统网上业务办理的主要入口。随着移动互联网兴起,智能手机普及率提高,手机 App、微信服务号在服务行业的使用越来越普遍,广受用户欢迎。三种方式的优缺点比较如表3-4所示。

表3-4 成都燃气客户服务方式比较

序号	项目	网上营业厅	手机 App	微信公众号
1	优点	功能全面,应用成熟,升级维护相对简单。	灵活性强,自主开发可实现功能定制,扩展性强。	普及率高,推广成本低,用户体验较好,使用方便。
2	缺点	不能实现移动互联,用户黏性差等。	推广难度大,审核严格,升级发布困难,推荐用户安装使用的成本较高等。	推送消息受限,功能相对较少。

成都燃气采用微信公众号的形式实现了客户手机拍照自动识别抄表功能、电子账单及阶梯气价账务分析功能、二维码服务信息识别功能、液化石油气预约送瓶功能以及业务自助办理(包括申请、付费、预约服务)功能和服务信息(产品营销、计划停气、账款催缴)的定向推送功能。

成都燃气成立了第三方客服公司,燃气用户通过 App 应用系统可以随时了解附近的社区服务站维修人员状态,实现自主下单;维修员提供上门服务后,用户在线对服务进行评价;由第三方客服公司基于用户评价进行服务效果结算。

(3)客户增值服务。

成都燃气利用自身优势开展商务增值服务,如利用燃气器具自有品牌开展燃气用具的商品推广等。成都燃气搭建了电子商务平台,打造一站式智能生活服务平台,为广大燃气用户提供燃气费用缴纳、缴费明细查询、燃气保险购买等便民服务。还收罗了来自全国各地的美食、特产以及便宜实惠的正品家具家电,坚决贯彻以更丰富的内容连接百姓的生活和消费的理念。

2. 重庆燃气客户服务现状

重庆燃气基于"互联网+客户服务"的理念,利用大数据、物联网、移动互联网等新信息技术,打造智慧燃气,规划建立一个覆盖操作层、业务层、管理层、决策层的信息化平台。深度融合互联网与燃气行业,创新服务模式,提供用户更加智慧化的客户服务，提升燃气集团的管理水平。

(1)"云自助"打造多渠道的用户自助服务平台。

信息化高速发展的时代，营业厅服务渠道单一，已不能满足多元化的用户渠道。重庆燃气应用 ESLink 易联云"云自助"平台，实现基于微信公众号、支付宝服务窗、网上营业厅（网厅）、掌上营业厅（掌厅）、ATM 终端（自助终端）等多方位的自助服务渠道，为用户提供 24 小时的线上业务服务：普表缴费（民用、工商）、预存（普表、IC 表）、支付宝代扣、IC 卡充值、物联网表远程充值、自助抄表、报装、报修、投诉、账单推送、欠费催缴、扣款通知、停气通知、安全信息推送、节日祝福、生日祝福等。办理业务不用等，自助服务全参与，执行过程互监督。企业降低了人力成本，客户服务受理效率高，客户满意度提升。

(2)"移动工单"整合资源、提升效能。

传统燃气安全问题由用户电话上报或安检员检查登记，问题反馈不及时，潜在安全隐患不能第一时间发现并处理。重庆燃气应用 ESLink 易联云"移动工单"平台，统一上下班管理；基于定位实现智能派工，提高外勤工作效率；一键式任务管理、任务实时推送与提醒可第一时间告知外勤人员，及时处理安全隐患；退单、抢单、工单处理与结单，拍照、签字、耗材与费用管理标准化规范，提高现场作业规范程度与质量，帮助企业智能化监管；地图导航、位置查询与轨迹管理、绩效统计与分析等功能，实现业务链整体工作效能的全面、有效提升，提高管控水平。

(3)"移动抄表"实现多态的抄表模式。

原有纸质版抄表，不易保存，数据易丢失；抄表人员上门，用户信任度低，难进门。因此，重庆燃气应用 ESLink 易联云"移动抄表"，手机移动化办公，数据实时写入后台数据库，抄表、录入工作一步到位，进一步提高抄表效率，提高数据录入工作效率，减轻后台工作人员负担。移动抄表作为一种新的抄表手段与传统抄表模式、用户自报表数模式、物联网表自动抄表模式共同组成一个多态的抄表业务流程。

(4)"移动安检"提升本质安全。

传统安检人员上门维修，没有维修记录存储，后期出现隐患易造成分歧；不能提前预约，造成安检人员到访不能进门，降低安检人员工作效率；安检流程不统一，后期不易于工作交接与管理，安检工作质量低。鉴于此，重庆燃气ESLink 易联云"移动安检"，可将现场照片拍下并上传至系统作为存档使用，安检结果实时入库，免除二次录入工作，提高安检工作结果的可信性，可有效提升安检工作质量,也可利用安检工作进行用户信息完善、用户用气情况核查等。

(5)"微座席"深度服务用户。

随着信息技术的快速进步,各领域的工作方式发生了根本性的改变,传统的呼叫中心服务形式也由之前的只提供语音服务形式,逐渐发展到了当下语音与多媒体数据并存的全媒体服务形式,产生了"微座席",实现电话语音呼叫中心与多媒体呼叫中心服务的并存与融合,实现与客户的多渠道互动,深度服务用户。重庆燃气应用 ESLink 易联云"微座席",整合微信、支付宝、App 掌厅、网厅等多渠道客户接入,原有的一个客户人员可同时服务多个渠道接入的客户,工作效率大大提高;结合多媒体交互方式,解决问题时让用户更满意,给用户提供更加贴心的服务。

(6)构建智能表统一管理平台。

通过智能燃气表统一业务管理平台,实现对多厂家、多类型、多渠道、多协议智能燃气表接入的统一业务管理,为物联网表的应用做好准备,并为数据采集与监视控制(SCADA)系统提供监控数据。不同厂家的智能燃气表管理系统只要满足标准要求,即可接入该平台进行统一管理。

(7)"云增值"为用户提供多彩的产品。

如今,移动化线上消费已成为众多消费者的首选,传统燃气行业线下营销渠道已不能满足客户服务需求。重庆燃气携手 ESLink 易联云打造智能化服务平台,开通微信、支付宝、App 掌厅、网厅等多种线上营销渠道服务,整合线下线上客户资源,除提供基础服务之外向客户提供增值服务,完善用户服务需求,提高用户满意度。重燃商城是重庆燃气与 ESLink 易联云共同打造的线上增值服务平台,以现有业务办理渠道,给客户提供更加精准的增值服务,为企业开辟潜在盈利路径;利用大数据分析客户业务数据,给客户提供所需的燃气具销售、燃气个人综合保险销售等服务。客户可以浏览商品列表、查看商品详情,并在线上下单;系统自动生成订单,并派发提货单和上门安装单,完成从采购、配送到安装、售后的一站式服务。

3. 贵州燃气客户服务现状

伴随着百姓的生活质量和消费水平的提高,其对生活质量以及居住环境的要求也越来越高。贵州燃气从客户管理出发,一方面加强客户服务管理,另一方面把以客户为主作为服务理念,注重新能源开发和新市场的拓展,全面提升服务质量,持续完善服务管理措施,组织开展"推'五心'服务、创'五星'品牌"活动。

(1) 开心——开开心心，让用户享受优质气源。

一是为了保障气源的供应并发展潜在客户，贵州燃气在加快燃气管网等基础设施建设方面下足了功夫，在拓展潜在用户的同时，全面推进老旧住宅的燃气管道建设，在为用户提供优质能源的同时还可以为后续的市场发展打下了坚实的基础。二是继续加强客户"看得到摸得着"路径建设。从普通指路路标到各种服务标识牌、监督牌等，从营业厅的普通客户服务到对残障人士特殊服务，例如设置无障碍铃、专人全程陪同办理业务，特事特办为残障人士提供全方位的用户服务。在保证基础业务办理的同时，也加强信息系统建设。例如通过建立线上的服务中心管理系统，实现基础服务网络化、科技化，利用网络掌上营业厅处理一些用户常见的问题，提供一些网络上的问题解答，利用网络大数据信息方便工作人员及时了解用户的详细信息、地址、交费情况、维修记录，以供为用户提供高质量的服务。三是办事公开透明化。对于用户不够清楚的办事流程，公司在营业厅等公开场合进行公示，并在窗口制定一次性告知制度，对于相关政策坚决执行"首问责任制""即办制"。

(2) 安心——多重保障，助用户安心享受生活。

安全问题作为用气安全上的重中之重，贵州燃气始终高度关注，落实安全工作是每年工作的重点。一是严于安全检查，做到事前预防。公司每年组织开展燃气安全检查，对安全隐患做到发现一个解决一个，对相关的隐患进行整改，对于归属用户的表后燃气设备，公司专人负责，电话回访进行督促。由于用户数量庞大，为了保障隐患的解决，公司利用客服系统录入安全隐患资料，后期用户办理业务的时候，系统会自动提醒该用户家里存在隐患。二是公司对主动配合隐患安全整改的用户提供相应的优惠减免政策。公司为解决用户家中燃气胶管安全隐患较多、安全系数不够高的问题，保障市民的用气安全，配合社区宣传不锈钢波纹软管以及带有熄火保护装置的燃气用具，用户可以去营业厅或网上申办更换。三是结合用户的实际需求联合保险公司推出用户综合保险，从意外事故、残疾、意外医疗费用、家庭财产损失等几个方面全方位保障用户的生命财产安全。四是提供奖励措施。公司针对发现公共区域安全隐患的及时报告者提供一些奖金。

(3) 细心——细心缜密，让用户体验周到服务。

贵州燃气对于客户的细心体现在多方面：首先，为便利万家，更新升级公司的缴费方式，其中包括增加第三方支付平台，增加储值卡的充值方式，将自制缴费机设立在社区楼下，方便一些不使用第三方支付的用户足不出社区就能自主缴费。其次，由于燃气费用的充值具有琐碎性，用户可能会忘记充值费用，为了防止用户忘记充值而导致用气的不便，对于账户变动以及需要充值的用户公司实行短信通知；对于公司的一些日常通知也通过短信的形式予以告知，比如紧急抢修造成的非计划停气时，方便用户合理安排用气时间。最后，营业的服务窗口是公司自身服务水准的展示台，公司的服务窗口从用户到访就开始用良好的服务态度伴随微笑再利用优美客气的语言为客户提供周到细致的服务。

（4）贴心——贴心服务，用户轻松体验全程代办。

贵州燃气对于贴心服务有自身的独到理解之处：首先是对非居民用户的贴心服务。对非居民用户用气量大、用气手续繁杂这一系列的问题，公司专门设立了专门的服务窗口进行专人办理。从用户办理业务开始，公司全程代办各项业务，简化其中需要用户参与的过程，最大化地为用户节约时间、简化手续，极大地方便用户。其次是利用自媒体宣传企业文化，建立品牌形象。利用目前最热门的社交平台、微信公众号等为用户提供有价值的信息，并大力打造微信公众号，实时推送企业的相关事项，用户也可以从微信公众号中了解公司的实时动态。

（5）诚心——诚心诚意，为用户提供优质服务。

贵州燃气在诚心服务上也是有目共睹的：一是筛选市民担任季度监督员，对公司从服务流程到服务水平进行全方位的监督考核，保证公司的服务质量；对特殊人群例如残障人员提供免费上门服务。二是运用各类宣传服务形式，不论是线上的电视宣传、公众号，还是线下的报纸、宣传册等方式进社区、进校园对用气安全进行宣传。三是加强自身服务员工的培训。要想建立健全企业服务规范，必须对员工进行全方位的服务培训，其中包括最基本的电话应答礼仪、客户接待礼仪等。服务人员在上岗前进行统一、良好的培训和考核，只有考核合格后方能上岗。四是开展班组晨会活动，推动良好企业服务文化形成。班组开展的各项活动是公司开展各项活动的基础，班组工作很大程度地影响了公司的服务质量，因此班组晨会尽量花较少的时间，对之前的工作进行总结，对当天的工作做出安排，对员工进行奖惩评价，以此打造良好的班组文化，打造良好的服务文化。

4. 华油公司客户服务现状

（1）客户服务精细化管理现状。

①客户信息管理现状。

2020年系统管理天然气用户达380万户，陆升公司、开阳公司、曲靖公司已陆续上线使用。全年完成了系统27项业务功能升级，包括催费提醒、批量调账等功能，同期开展了客户信息系统升级培训，通过精细化管理，提升了服务质量。第三方缴费笔数达到 2000 万笔，较 2019 年 1500 万笔提升了 25%，占总缴费笔数比例由年初 75% 提高至 83%。

②标准化建设现状。

坚持以基础管理为抓手，编制下发《违约金指导意见》《抄表管理办法》《便民服务管理办法》，不断从制度设计上完善客户服务标准框架。下发《关于公司 2020 年 1—9 月客户服务相关工作情况的通报》，公示存在的问题和薄弱环节，督促各单位进一步补齐业务短板。按照公司大力推进客户服务标准化的要求，重点对公司客户服务业务涉及的开户申请、整改维修、欠费重开气等 20 余项业务进行了梳理，初步优化了业务流程，明确了办理时限，提高了工作效率。完成客户服务指导手册的编制工作，通过不断完善管控体系，提高管理效率。

③入户安检工作现状。

受疫情影响，2020 年初各单位暂停开展燃气用户入户安检及抄表工作，4 月初，结合当地政府疫情防控具体要求，有序恢复入户安检及抄表工作。计划完成率 93.68%，实际安检入户率 81%，Ⅱ级隐患工作闭环率 98%，实际整改率 69%。安检系统上传安检照片约 715 万张。

2020 年完成了入户安检系统功能升级、新增抽样安检稽核、决策报表共计 20 项功能，实现了入户安检有计划、有实施、有记录、有监管、有考核的全过程管理。开展了 55 人次的安检系统培训工作，通过安检系统的使用培训和日常监督管理，进一步加强入户安检工作。完成了凯源公司和广西兴能公司安检模块全面上线运行。

④投诉管理现状。

2020 全年共接单 927 件，关单 869 件，关单率 93.75%。将投诉类型细化为 6 类，建立定期投诉分析机制，汇总每月投诉报告。查找业务不足，全年共督促各单位处理投诉 80 余个，找出服务中存在的共性问题和短板，提出改进措施，提高服务质量。

⑤微信公众号推广现状。

以满足燃气客户需求为切入点，打造一站式服务，大力推广微网厅的应用。2020 年微信公众号注册用户由 8 万余户增长至 28 万余户，增长了 250%；绑卡用户由 6 万余户增长至 21 万余户，增长了 250%；关注用户由 37 万余户增长至 48 万余户，增长了 29%；处理了相关业务 2.6 万余项。新增网上用气申请、采暖认证等功能，让用户享受到足不出户即可办理业务的便捷服务，塑造了企业良好形象。

(2) 呼叫中心建设现状。

按照"区域统一呼叫、工单流转分散处理、流程闭环管理"的原则，已接入公司所属川渝地区22家燃气公司，为380余万用户提供服务，实现了呼叫平台的统一规范运行。

①呼叫中心2020年受理用户诉求67万余项，转人工电话量70万余通，接听率80%；全年回拨7万余通，回拨率100%。共建各类工单67万余件，派单17万件，对投诉及报险工单100%回访，回访好评工单占比为78.68%。全年质检量4.5万个，质检优良率83.4%；通话评价满意度99.6%，业务服务水平及用户服务满意度均得到提高。

②规范各燃气公司的呼叫相关业务。下发《关于进一步加强呼叫中心相关业务管理的通知》《关于报送关单率统计表及燃气业务知识更新表的通知》，对各燃气公司的工单流转、各环节流程以及业务知识变更等加强管理，从过程上进行监督，各单位关单情况和公告发布有所改善。

③发挥呼叫中心直接面对用户、受理业务广泛的优势，对工单业务流程中发现的问题以及用户对燃气公司服务的意见和建议，与各燃气公司进行反馈和沟通，开展针对性改进和优化，持续提高相关业务办理质量和效率。全年共反馈业务问题和优化600余项，各燃气公司平均工单关单率从38%提高到84%，呼叫服务的桥梁纽带作用得到明显发挥。

④按照公司对呼叫中心建立精细化、标准化管理模式的要求，完成了呼叫系统的升级优化，梳理了公司19项呼叫业务流程，编制了《华油呼叫中心燃气业务流程》手册，推动了呼叫中心服务向专业化水平迈进，客户服务业务的标准化建设管理逐步完善。

(3) 燃气便民服务发展现状。

按照公司"大力推进燃气便民服务"的整体部署，客户服务管理部作为公司燃气便民服务的主管部门，严格执行公司燃气便民服务的总体安排部署，指导各单位全力推进燃气便民服务，业务规模实现快速增长。

①服务市场取得明显突破。

按照"户内改造为主，燃气报警器及燃气保险为辅，其他服务业务协同推进"的业务拓展思路，顺利完成2020—2021年综合服务承包商招标及工作量分配，25家燃气公司实施户内改造业务，实现改造收入7500余万元。完成2020—2021年燃气报警器采购及安装招标工作，全年燃气报警器及燃气设备销售收入达2722万元，利润959万元；燃气保险服务利润612万元。此外，各单位根据自身经营实际,拓展了垃圾费代收、非居户内燃气安装改造及CNG站便民洗车等服务业务,业务范围得到进一步拓展。

②业务管理体系持续完善。

持续完善燃气便民服务业务管理体系,开展业务专项法律论证及风险评估,并落实优化整改措施,确保业务运行合规受控。加强业务运行管理,开展业务专项调研10余次,协调解决业务推进中遇到的各类问题,固化形成了"年初有指标、每月有分析、半年有总结、年终有考核"的业务运行模式。

③业务服务效率明显提升。

加强业务管理工具的推广运用,工单调度系统在20家燃气公司全面运行,完成重庆片区工单调度系统移动支付模块上线,公司户内改造业务实现了网上统一流转和管理,服务效率持续提升。按照为用户提供"一站式"燃气综合服务的思路,理顺燃气便民服务与相关客户服务业务的服务链条,开展工单调度系统与客户信息系统的优化升级,优化调整相关服务流程,实现燃气便民服务与呼叫服务、启封通气、入户安检等服务流程的整合,业务服务体验进一步提升。

(4) 营商环境建设现状。

制定下发了《华油公司关于进一步优化燃气接入营商环境管理办法(试行)》,明确了工作职责,规范了业务流程,制定了考核细则。调研基层单位营商环境工作,基本掌握了营商环境现状,通过大力开展营商环境试点工作,总结推广优秀经验,进一步优化流程,压缩办理时限、提高办事效率。全年共收到燃气接入申请1801户,燃气接入办理周期缩减50%以上,服务时效和用户满意度得有效提升。

3.1.4 西南地区天然气产业终端销售企业其他物质文化现状

物质文化可通过产品、服务、硬件环境和设施等载体来体现。我们以华油公司为例说明西南地区天然气产业终端销售企业其他物质文化现状。

1. 企业的日常工作环境

华油公司总部设立在高端写字楼内,办公区有办公室、会议室、茶歇间等,装修简约大方,为员工尽可能地提供一个和谐舒适的工作环境。值得一提的是华油公司总部不仅在办公地点为员工提供舒适办公环境,还在办公区域设立乒乓球室、员工健身房,以及员工阅读室(读物包括党政书籍、文学书籍等),相关文体设施一应俱全,一方面能保证员工思想上紧跟时代潮流,另一方面能保证员工拥有一个好的体魄去迎接工作的挑战和享受生活。

目前工会已建立基层工会委员会36个，会员3263人，专兼职工会干部215人，职工入会率100%。曾先后荣获全国职工技协工作先进集体、中石油"石油文化艺术工作"先进单位、全国第六届和第七届"书香三八"读书活动优秀组织奖、四川省模范职工之家等荣誉称号。华油公司始终把职工之家建设工作作为工会工作的重中之重来推动，结合工会的职能职责、职工的所思所盼，不断增强职工之家的功能性、实用性和服务力，使其真正建成职工充分享有的民主之家、学习之家、温暖之家、发展之家、和谐之家，让每个职工都对其有亲近感、依赖感和归属感，使工会真正成为职工的"娘家人"。

2. 企业形象、企业建筑等其他物质文化方面

华油公司目前尚未有独立的企业Logo，采用中石油统一的"宝石花"形象，并进行统一管理、统一规定。在日常的工作中，企业有统一的中石油制服以及统一的石油徽章。对于企业的沟通交流，上至集团公司总部下至各个子公司，都有相应的企业文化、安全文化宣传栏。不仅如此，华油公司开发并积极维护自身的微信公众号，对企业的领导寄语、优秀事例以及相关业务知识进行实时传达，为企业自身形象的树立打下了坚实的基础。

3.2 西南地区天然气产业终端销售企业精神文化建设现状

企业的精神文化是企业文化的首要体验，公司该干什么，不应该干什么，提倡什么，反对什么都是通过公司的精神文化决定的。企业精神文化是企业的灵魂所在。它包括但不限于企业的使命、愿景、精神、宗旨、核心价值观、管理理念等。本节将对成都燃气、重庆燃气、贵州燃气的精神文化现状进行简述，对华油公司精神文化建设进行详尽的描述。

3.2.1 成都燃气精神文化建设现状

成都燃气致力于用专业的服务为用户提供安全清洁的能源，不断发展壮大供气业务，并通过投资燃气供应链相关业务，运用先进的管理运营公司，不仅使股东利益最大化，还使利益相关者价值最大化。秉承"勤奋，诚信，和谐"的企业精神，在消费者心里树立真诚奉献、情暖万家的企业形象。

成都燃气的精神文化理念如下：

1. 企业使命

为顾客提供清洁安全的燃气和高效专业的服务，使社会、客户、员工、股东各方面满意。

2. 企业愿景

成为国内一流的燃气运营服务商。

3. 企业精神

勤奋，诚信，和谐。

4. 企业形象

真诚奉献，情暖万家。

5. 经营理念

社会效益最好，客户服务最优，员工价值最大，股东利益最佳。

6. 经营思路

规范管理，安全供气，加强发展，提高业绩。

7. 经营方针

安全为基础，管理为手段，发展为动力，效益为目的。

8. 服务宗旨

安全平稳供气，廉洁优质服务。

9. 服务理念

以情输送温暖，用心点燃幸福。

3.2.2 重庆燃气精神文化建设现状

重庆燃气是入住重庆最早的燃气公司，也是拥有丰富燃气经验的企业，重庆燃气不论是基础设施的建设还是燃气的输送供应方面都具有得天独厚的优势。重庆燃气以"洁净城市，美好生活"为企业使命，致力打造全国一流城市燃气供应与综合服务商，秉承"奉献光热，追求卓越"，追求"诚信、优质、安全、创新"的企业精神。依法合规地运营，通过充足的气源、安全合理的燃气输配管网、充分的储气调峰设施和高度自动化的调度手段、完善的抢险应急救援机制及全方位、人性化的优质服务打造重庆市天然气安全供应保障体系，为中国最年轻的直辖市——重庆构建起保障清洁能源供应的"蓝色命脉"。

重庆燃气的精神文化理念如下：

1. 核心文化理念

（1）企业使命：洁净城市，美好生活。

（2）企业愿景：全国一流城市燃气供应与综合服务商。

（3）核心价值观：奉献光热，追求卓越。

（4）企业精神：诚信、优质、安全、创新。

2. 子文化理念

（1）诚信文化：诚实不欺，信誉至上，合规正直。

（2）服务文化：客户至上，全程守护，服务社会。

（3）安全文化：本质安全，预防为重，人本管理。

（4）创新文化：科学求新，匠心独运，善思勇践。

（5）廉洁文化：风清气正，廉洁自律，责任担当。

（6）绿色文化：低碳能源，绿色相伴，美丽家园。

3. 企业氛围

心齐，气顺，风正，劲足。

4. 品牌文化

奉献绿色，美好生活。

5. 品牌主题定位语

燃气赋能，让生活更加美好。

3.2.3 贵州燃气精神文化建设现状

贵州燃气建立了以企业愿景、核心价值观、企业使命、人文理念等八条理念为精髓的核心理念体系，确定了贵州燃气学习理念、沟通理念、团队理念、安全理念等十一条重要的执行理念，并通过多元的培训方式在集团内部员工中推广，使得全员都能加入企业文化建设的工作中来；根据质量管理体系的内容要求，通过与专业咨询管理公司合作，编制完成了《贵州燃气企业文化建设视觉识别系统（VIS）标准执行手册》《贵州燃气企业理念手册》和《贵州燃气企业行为手册》。VI视觉识别系统、MI理念识别系统、BI行为识别系统的整合，形成了完整的贵州燃气企业CI系统，为公司企业文化建设的整合提供了操作规范。为深入推进企业文化建设工作，公司在2010年组织了"贵州燃气企业文化建设宣誓签名仪式"，开展了"贵州燃气集团企业文化建设专项培训"，拟定了《企业文化建设管理实施流程》，对办公楼、储配站、加气站、营业服务站点的外部形象以及相关设备、用品标识进行了统一规范。

在进行外部形象规范的同时，公司制定了《贵州燃气（集团）有限责任公司企业文化视觉、理念、行为规范培训计划》《对外窗口岗位文明礼貌用语》《员工手册》《员工管理制度》等规章制度，并进行了集中培训，逐步将这些行为规范渗透到员工日常工作生活中。以《贵州燃气报》、贵州燃气集团内部网络以及企业文化宣传橱窗为阵地，加强企业文化和生产经营、先进典型事例的宣传和报道工作。以弘扬传统文化、学习道德模范、传播文明礼仪、倡导社会公德为重点，围绕清洁能源、低碳经济、环境友好、资源节约等主题开展形式多样的宣传活动，引导员工养成讲文明、讲生态、讲秩序的好习惯。在努力提升员工思想道德素质和生态文明素养的同时，营造了良好的企业文化氛围。

贵州燃气以"迈向绿色能源新时代，建设生态和谐新生活"为企业使命，以"致力一流品质服务，共建卓越能源集团"为企业愿景，秉承"厚德博怀、坚忍自强、团结进取"的企业精神，树立"求诚立信、中通外直、惠泽百姓"的企业价值观。

3.2.4 华油公司精神文化建设现状

俗话说："小企业的管理靠权力，中企业的管理靠制度，大企业的管理靠文化。"许多优秀的企业都形成了层次清晰的企业文化，优秀企业文化的形成并不是一蹴而就的，这一过程往往需要经过多年的精心打磨累积总结提炼而成。华油公司于2007年成立，如今已快走过14年的风雨。

近年来，公司以"再次创业、再次跨越"为思想引领，以"安全、规范、效益、发展"为工作方针，按照"以安全质量为基础、以市场发展为根本、以资本运营为手段、以服务合规为保障"的工作思路，加快推进"西南第一、国内一流"燃气集团公司建设，高质量发展成效优于预期，规模效益快速增长。拥有各类燃气用户440万户，综合竞争力逐步提升。公司在抓好改革调整、市场拓展、隐患治理的同时，从班子到员工都坚持做到用自身言行维护企业形象，树立企业品牌，全员荣誉感、自豪感进一步增强。作为石油企业，华油公司响应西南油气田的号召，大力弘扬石油精神、大庆精神、铁人精神，重塑企业良好形象，并且大力落实2015年中石油集团作出的重塑"忠诚担当、风清气正、守法合规、稳健和谐"良好形象的重要部署。

1. 华油公司核心文化理念

华油公司核心文化理念体系具有清晰的逻辑层次（见图3-8）。

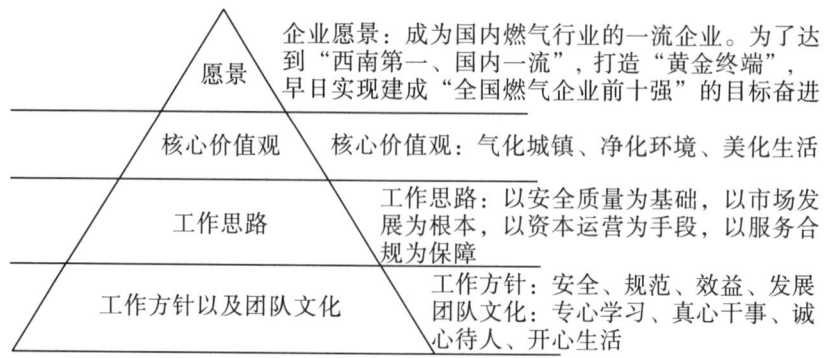

图 3-8 华油公司核心文化理念体系

从统领全局的使命愿景，聚焦到企业内在核心价值观，力求将价值观在员工中内化于心，又将文化转化为企业可实现的企业目标，转化为企业的工作思路，表现为具体的企业工作方针以及团队文化。

2. 华油公司子文化理念

（1）市场竞争理念：守土有责、寸土必争。

（2）效益理念：人人创新、全员创效。

（3）队伍形象：忠诚敬业、技术过硬、执行有力、风清气正、团结和谐。

（4）和谐团队理念：专心学习、真心干事、诚心待人、开心生活。这四句话是一个完整的体系。"专心学习"的重点是解决素质问题，只有通过学习才能提高素质；"真心干事"的重点是解决敬业问题，只有通过干中学、学中干才能提高业务能力；"诚心待人"的重点是体现品德问题，要有宽容之心、包容之心，要多看别人长处，少看别人短处，以人之长补己之短；"开心生活"的重点是体现生活价值、生活品位。

（5）学习理念：创建学习型组织，争做知识型员工。

（6）岗位理念：有岗必有责，上岗必担责，履职必尽责，失责必追责。

（7）廉洁理念：忠诚担当、风清气正、守法合规、稳健和谐。

综上所述，西南地区天然气产业终端销售企业核心文化理念对比如表 3-5 所示。

表3-5 西南地区天然气产业终端销售企业核心文化理念对比

项目	成都燃气	重庆燃气	贵州燃气	华油公司
企业使命	通过为顾客提供清洁安全的燃气和高效专业的服务,实现社会、客户、员工、股东各方面满意	洁净城市,美好生活	迈向绿色能源新时代,建设生态和谐新生活	气化城镇、净化环境、美化生活
企业愿景	成为国内一流的燃气运营服务商	全国一流城市燃气供应与综合服务商	致力一流品质服务,共建卓越能源集团	成为国内燃气行业一流企业
企业精神	勤奋、诚信、和谐	诚信、优质、安全、创新	厚德博怀、坚忍自强、团结进取	忠诚敬业、服务守信、追求卓越、永不懈怠

3.3 西南地区天然气产业终端销售企业制度文化建设现状

作为企业文化的重要组成部分——制度文化与精神文化相互依存,在一定程度上来说制度文化是精神文化的重要体现,也是物化的精神文化。制度文化具体规定了管理者和员工应该怎么做,将管理者的各项要求转化为具体的规章制度,将企业使命与员工工作内容结合起来,使得企业目标更好地实现。

3.3.1 成都燃气制度文化建设现状

成都燃气严格遵循《公司法》《证券法》《上市公司治理准则》《上海证券交易所股票上市规则》等有关法律法规以及《公司章程》的相关要求,不断完善法人治理结构,规范公司运作,建立健全公司内部管理和控制制度,提高公司治理水平。公司董事、监事工作勤勉尽责,公司高级管理人员严格按照董事会授权忠实履职,认真维护公司和全体股东的利益。

1. 股东与股东大会

成都燃气严格按照《公司法》《公司章程》《股东大会议事规则》的要求通知、召开股东大会。

2. 董事与董事会

成都燃气章程规定董事会由13名董事组成,其中独立董事5人。

3. 监事与监事会

成都燃气监事会的人员及结构符合国家法律法规和《公司章程》的规定。

4. 公司与控股股东

成都燃气控股股东按《公司法》要求依法行使出资人的权利并承担义务。

3.3.2 重庆燃气制度文化建设现状

重庆燃气按照《公司法》《证券法》《上市公司治理准则》《上海证券交易所股票上市规则》等法律法规及《公司章程》的要求，不断完善法人治理结构，建立健全公司内部管理和控制制度，持续深入开展公司治理活动，规范公司运作，提高公司治理水平。公司董事、监事工作勤勉尽责，公司高级管理人员严格按照董事会授权忠实履职，认真维护公司和全体股东的利益。

1. 股东与股东大会

重庆燃气严格按照《公司法》《公司章程》《股东大会议事规则》的要求通知、召开股东大会。

2. 董事与董事会

重庆燃气章程规定公司董事会由11名董事组成，其中独立董事4人。

3. 监事与监事会

重庆燃气监事会的人员及结构符合国家法律、法规和《公司章程》的规定。

4. 公司与控股股东

公司控股股东按《公司法》要求依法行使出资人的权利并承担义务。

3.3.3 贵州燃气制度文化建设现状

贵州燃气严格按照《公司法》《证券法》《上市公司信息披露管理办法》等有关法律法规，结合公司实际情况，进一步完善公司规范运作管理制度，加强内部控制制度建设，不断规范公司运作，提高公司治理水平。

1. 股东与股东大会

贵州燃气股东按照《公司章程》《上市公司股东大会规则》的规定，按其所持股份享有平等地位，参加股东大会，并承担相应义务。

2. 公司与控股股东

贵州燃气控股股东严格规范自己的行为,通过股东大会依法行使其权利并承担义务。

3. 董事与董事会

贵州燃气严格按照《公司法》《公司章程》规定的选聘程序选举董事,公司董事会人数和人员构成符合法律法规的要求。

4. 监事与监事会

贵州燃气严格按照《公司法》《公司章程》规定的选聘程序选举监事。

3.3.4 华油公司制度文化建设现状

华油公司为了保证组织的健康高效的发展,在公司内部有着较完善的制度保障,比如公司的领导体制、内部管理制度等。

1. 华油公司的领导体制

华油公司实行公司制,公司根据相关法律法规规定,明确治理结构和职能职责,制定了《公司章程》。公司的一些重要事务的决定、重要方针政策的制定、日常规章制度的设立由管理层开会商讨决定。

华油公司建立了相对比较完整的内部控制、财务管理、投资管理和人事管理等制度体系,以此对重大事项进行决策。华油公司制定的管理制度覆盖了综合管理、行政管理、人力资源管理、财务管理以及党建管理等各个方面。不断完善的规章制度,为公司的有序发展提供了强有力的支持和保障。

2. 华油公司内部管理制度建设

相当多公司因忽略了内部管理系统的构建或构建得不完善、不科学、不符合公司实际而难以为继。正是看到这些失败的经验教训,华油公司自成立以来,就非常注重内部管理体系的建设。

(1) 财务管理制度建设。

华油公司完善工作流程和权限,根据业务情况制定了完善的财务管理制度。严格按照审批程序确定资金使用,同时对子公司的资金进行总体把控,提高了资金利用效率,降低了资金成本,确保了资金安全。

(2) 企管法规制度建设。

华油公司贯彻执行国家法律法规和上级有关规章制度,负责组织制定公司企管内控、法律事务、股权管理、合规管理、合同和市场准入管理等相关的规章制度，对所属单位进行业务指导和督促管理，严格管理公司的项目投资、风险控制和资金支付。

(3) 人力资源管理制度建设。

华油公司结合自身的发展需求，根据国家有关规定，制定了人力资源管理制度、薪酬管理办法、绩效考核管理办法、中层干部选拔任用管理制度等，实现了人事操作管理标准化和制度化。公司形成了人才的内培外引机制，营造了用人唯贤的用人氛围，实现了员工人尽其才的机制。

(4) 子公司管理制度建设。

华油公司建立了子公司管理制度。在充分履行出资人职责下，子公司各项重大事项需由公司进行决策，如增加或减少注册资本，子公司合并、分立或变更等。

3. 华油公司安全管理制度建设

华油公司安全环保工程常抓不懈，岗位安全责任制层层落实。抓好全员安全环保责任体系建设，完成公司所有岗位安全生产责任清单编制，并发布实施。修订安全环保专项奖管理办法，调整优化考核标准，每季度对所属单位考核前、后三名分别奖励或扣除绩效奖，做到严格奖惩、精准激励。强化QHSE管理制度执行，对存在突出问题的单位，从主要领导到部门负责人分别扣发绩效奖。

华油公司 QHSE 体系建设持续推进。开展体系内审，举一反三从管理上深挖原因，抓好问题闭环整改，体系运行基本有效。持续推进基层站队QHSE 标准化建设，修订完善"三手册一图册"，开展规章制度与手册、手册与现场实际"双对标"，提高手册符合性和现场执行力。公司被评为西南油气田公司 2019 年度"QHSE 管理先进单位"。公司隐患治理收效明显，持续推进全公司范围内隐患全面排查治理，整治隐患多项。本质安全水平进一步提升，"两个现场"风险始终受控。坚持风险作业公示，强化作业许可管理，保证风险作业安全完成。严格承包商管理，有效管控生产现场安全风险。开展重大自然灾害突发事件应急演练、防洪防汛演练，有效应对宜宾地震及广西强降雨天气，提高了应急响应速度及处置能力。

4. 华油公司人才培养制度建设

华油公司不断强化人才队伍建设，选拔骨干和优秀人才。形成"有为才有位"的用人导向，注重从政治素质和品行作风方面发现培养干部，在重大事项和关键时刻考察识别干部，真正把忠诚干净、有担当的干部选出来。始终坚持并强力实施人才强企战略,创新三支人才队伍建设,努力实现人力资源向人才资源的转化,为公司发展提供智慧支撑和人才保障。一是创新管理人才队伍建设。进一步加大《干部选拔任用工作条例》《四川华油集团有限责任公司科级领导人员管理暂行办法》及相关配套制度的贯彻执行力度,建立健全干部选拔任用工作机制,努力形成用好的方法选拔人、用好的机制评价人、用好的制度监督人的选人用人工作新机制。出台《机关工作人员考核管理办法》,着力建设一支政治坚定、业务精良、作风过硬、纪律严明的高素质机关干部队伍。二是创新技术人才队伍建设。积极争取上级政策支持,从高校引进急需专业大学毕业生,继续从兄弟单位中引入技术性专业人才,使技术人才配备逐步适应和满足公司发展需要。抓好现有专业技术人才成长顶层设计,充分挖掘和发挥其专业特长。办好《华油科技园地》《华油思想政治工作研究》内部刊物,提供各类人才展现才华的平台。三是创新技能人才队伍建设。结合实际贯彻落实好西南油气田《关于规范操作服务人员聘任到管理、专业技术岗位工作的通知》精神,加强和促进技能人才队伍建设。严格按照全员培训需求矩阵的要求,完善岗位能力需求和评估标准,实施全员培训计划,开展岗位练兵和技能竞赛,着力提升职工队伍素质。

5. 华油公司基层班组制度建设

华油公司始终把打基础促管理作为基层建设工作的出发点和落脚点,不断增强基层活力。一是做好西南油气田公司生产一线各类场站基础资料模版(新版)的推广规范工作,促进班组基础资料的规范管理。二是召开了三年一次的基层建设工作会议,持续加强"五型班组"创建,做好"红旗单位""红旗班组"的考核评比工作。

华油公司加强班组文化建设,以"五型班组"创建活动为载体,持续抓好"五型班组"建设,认真落实"五型班组"创建的指导和达标考核工作。"十三五"期间,公司"五型班组"创建率保持在95%以上。以班组长队伍建设为重点,开展公司优秀班组长选拔活动和班组长轮训计划,保证所有班组长每三年有一次培训提高的机会。深化班组文化建设,指导每个成建制班站提出建班理念、确立奋斗目标、喊出响亮口号。推广"流动红旗""星级班组""服务明星"等评比活动经验,推动班组建设平衡发展,不断提高班组建设整体水平。

3.4 西南地区天然气产业终端销售企业行为文化建设现状

如前所述,企业行为文化指的是企业成员在生产、生活、学习以及娱乐过程中产生的一系列共同的行为特点和工作习惯。员工的行为规范一般会受到企业制度的约束,一旦形成了行为共识和自觉意识,员工的一切行为将会按照企业制度的相关规定或者按照企业期望的方向去实施。行为文化是企业文化的重要表征,对企业的物质和制度文化建设具有重要和明显的影响。

3.4.1 成都燃气行为文化建设现状

成都燃气凭借过去积累的经营经验,不论是天然气的采购还是天然气的输配方面都有书面成文的制度相约束,相关的工作需要配合已有的制度开展。成都燃气的行为文化主要表现在以下几个方面。

1. 科技创新行为

公司对研发和技术创新予以高度关注,并鼓励员工进行技术创新,已成功在城市地下隧道空间同步建设燃气管网和电力、通信、供热、给排水工程管线,打造城市地下综合管廊。

2. 安全管理行为

公司坚持"生命至上",按照党、政府、集团关于安全生产、统筹发展的决策部署,分层安全责任,聚焦核心风险,开展库存管理和诚信经营"双管齐下"。"车轮"驱动"五化"战略推动本质安全水平进一步提高,推动安全生产形势进一步稳定和好转,未发生安全责任事故。

3. 社会公益行为

公司一直热心公益事业,一直将社会责任牢记心中。在新冠肺炎疫情发生后,为保证用户的正常使用,助力相关行业复产复工,公司冲在一线开展一系列的保障工作。

3.4.2 重庆燃气行为文化建设现状

重庆燃气是在重庆片区最先从事城市燃气经营的企业,在燃气运营以及安全管理方面有着丰富的经验。其行为文化建设主要表现在以下几个方面。

1. 科技创新行为

重庆燃气科技创新投入占主营业务收入的比重为 1.2%。2020 年公司承建的国内首个省级燃气管网地理信息系统正式投入运行，实现全市 37 个区县、64 家燃气公司、2.6 万公里管网信息整合；新增国家专利授权 3 项，计算机软件著作权 2 项。

2. 安全管理行为

公司将"人民至上、生命至上"的理念作为安全工作的理念，努力将全年的死亡责任事故控制到零，致力为重庆的燃气安全做出贡献。

3.4.3 贵州燃气行为文化建设现状

贵州燃气用专业的服务经营城市燃气已有 30 多年的历史，并拥有一支专业且稳定的技术人员队伍以及管理团队，他们在城市燃气输送、生产供应、服务及城市燃气工程设计、施工、维修业务等方面积累了丰富的安全运行管理经验。其行为文化的建设主要表现在以下几个方面。

1. 科技创新行为

公司在天然气管网建设、输配电、应急调峰、安全管理、信息化建设、新装备应用等方面积累了丰富的理论和实践经验。为保证公司稳定发展，公司大力开发新技术，已获得实用新型专利多项。

2. 安全管理行为

公司严格落实安全责任，持续不断完善健康、安全、环境管理三大基础体系，推进安全壁垒，下沉安全重心，加强"双控体系"建设，强化重大风险管理，建立安全信息管理系统，严防第三方施工破坏，持续推进危旧管道改造，提升管网安全，实现全年安全生产目标。

3. 社会公益行为

无论是面对新冠肺炎疫情还是极端天气，公司始终不忘初心，攻克难关，对于群众以及客观环境提出的难题，都着力解决，积极履行社会责任，切实满足各类用户需求。

3.4.4 华油公司行为文化建设现状

华油公司行为文化包括管理人员行为文化、服务人员行为文化和安全管理行为文化。

1. 管理人员行为文化

企业管理人员的意愿在很大程度上决定着企业未来发展的方向，企业管理者的行为会影响基层员工的工作行为。

(1) 务实党建行为文化。

华油公司以"务实党建"为统领，在制度设计、机构设置、工作开展、活动载体上务求实效，强化各级党员领导干部落实管党治党责任，推动全面从严治党向纵深发展，逐步实现党建与生产经营深度融合。坚持以高质量党建引领高质量发展，团结带领全体干部员工以坚定的信心、必胜的决心克服地震洪水自然灾害、疫情与低油价双重冲击等诸多困难，推动规模、管理、服务有效提升，天然气销量、经营收入、净利润三项关键业绩指标连创历史新高，实现了三年"再造一个华油"的阶段性目标，高质量发展动力更加强劲。

(2) 内部规范管理行为文化。

华油公司股权管理日趋复杂，截至2020年12月，公司所属法人实体共计40个。切实履行各所属单位股东会、董（监）事会会前审查程序，对对外投资公司股东会、董监事会议案的合法性、规范性进行审查，并提交相关职能部门会审签署处理意见，再呈报控（参）股公司董事长及股权分管领导审批，确保各公司法人治理机制运行顺畅。"十三五"期间华油公司共审查会前议案近300次，各单位会前审查率达95%以上。

对于加强内控与风险管理方面：一是加强风险管理基础工作，开展年度风险事件收集、分析。每季度形成《华油公司风险事件汇总表》和《风险事件分析报告》向分公司报送。每年组织开展重大风险评估工作，形成《四川华油公司重大风险清单》与《四川华油公司年度风险管理报告》，为公司领导决策及全年风险管理工作开展提供参考；开展流程适应性分析，形成《四川华油公司适用流程风险控制管理清单》。二是强化体系运行评价监督，组织开展自我检查测试。截至2020年，共对25家所属单位开展了自我测试检查工作，针对高风险管理领域、重要流程、关键控制点的自我检查完成率为100%。三是对分公司内控体系运行及评价起到重要支撑作用。"十三五"期间，选派专业骨干人员参与分公司内控专项测试10余人次，选派专业骨干人员参与集团公司管理层测试1人次，业务人员的专业素养和工作作风得到西南油气田分公司一致好评；作为终端燃气公司业务典型，主导了内控管理手册（投资公司分册）的修订工作，提出手册修订意见100余条，针对各终端公司的不同特点，建立了50余个专有流程，明晰了内控管理手册（投资公司分册）的管理层级界面，手册的完整性和可操作性得到优化。

(3) 干部队伍选拔行为文化。

大力推进干部队伍年轻化进程，注重从相对偏远和艰苦岗位、生产和管理一线选拔任用德才兼备的年轻干部，推选优秀青年干部进基层单位领导班子。广开渠道吸纳人才，"十三五"期间招聘了应届大学毕业生及工程建设、造价管理、油气储运等专业成熟人才，为高质量发展储备优秀人力资源。2019年底完成管理及专业技术岗位操作服务人员聘任，2020年开展经营管理和专业技术岗位公开竞聘，为优秀人才施展才华提供广阔舞台。2019年起，以"人人过关"为原则，每年举办一次操作员工职业技能竞赛，三年内实现操作员工全覆盖，为选拔高技能人才打好基础。"十三五"期间共涌现出10名技术标兵、58名优秀技能人才。

(4) 关心关怀职工行为文化。

一是强化民主管理，建设"民主之家"。通过职代会、工代会和职代会团（组）长联席会的形式，畅通民主管理渠道。二是发挥教育引导，建设"学习之家"。坚持把政治标准放在首位，加强工会干部思想淬炼和政治历练，提高工会干部政治能力。三是坚持以人为本，建设"温暖之家"。始终把关爱职工、服务职工贯穿于建家工作之中。四是围绕中心工作，建设"发展之家"。围绕公司生产经营实际，组织开展"安康杯""开源节流降本增效"和市场营销等多种形式的劳动竞赛，切实有效发挥劳动竞赛在生产经营中的推动作用。五是丰富文体生活，建设"和谐之家"。把广泛开展文体活动作为丰富职工文化生活、增进团结、凝聚人心、稳定队伍的大事来抓。搭建公司、片区和基层单位3级职工文体活动体系，建立工会文体人才库。

2. 服务人员行为文化

华油公司作为天然气产业终端销售企业，为客户提供良好的服务，既可以提升华油的品牌形象，又在客户心里树立良好的印象。

(1) 服务人员仪容仪表。

①服务人员头发要求干净、整洁、无头屑、不染夸张颜色。男性不留长发，女性的长发应拉起并用发夹固定在脑后。客服前台的女士应佩戴统一颜色的头饰。服务人员眼睛无粪便，无困倦，无斜视。女性应画与衣服颜色相配的浅色眼影，避免使用浓重的眼影，不要使用假睫毛。服务人员耳朵干净，不要戴奇怪的耳环；鼻子鼻孔干净，无流鼻涕，无外露鼻毛；胡子剃得干净或整齐。

②服务人员着装标准要求：前台女性应统一佩戴丝巾；服务人员勤洗澡，勤洗换衣服，要特别注意制服领口和袖口的清洁。衣服、领带熨烫整齐，不得

弄脏；女性佩戴耳环不宜超过一副，款式宜为素耳针；手腕上不得佩戴手表以外的其他装饰品，手指上不得佩戴异形戒指，佩戴不超过一件；穿黑色或深色皮鞋，避免赤脚、露趾鞋或不干净的皮鞋；男性不宜穿白色袜子，女性穿裙子时应穿肉色连裤袜。

（2）服务人员形体仪态。

①服务人员站姿要求挺直、均衡、灵活。在长时间站立的情况下，服务人员可以采取一些站立姿势的变化来缓解疲劳，但在变化中力求优雅，不给人慵懒的感觉。对于特定要求，可以将身体重心转移到左腿或右腿，让另一条腿放松休息。但是，如果客户靠近，应立即恢复其标准姿势。

②服务人员坐姿标准要求：女性用右手轻轻按压裙子的前角，左手抚平裙子，从椅子的侧面进入，慢慢坐在椅子上的2/3处。背部挺直，不要靠在椅背上，大腿和小腿成90°角，双脚并拢，双手轻轻放在膝盖上，嘴巴微闭，微笑，双眼盯着说话的人。当因久坐而感到疲倦时，可以改变腿姿，即在标准坐姿的基础上，腿可以自然地向右或向左倾斜。离座时动作轻缓，将座椅还原。离开座位时，如果旁边有顾客，必须用言语或手势示意他们才能起身。再入座时，同样需先示意。

男性应从椅子的一侧靠近椅背就座，笔直挺拔，不可前倾或后倾，如坐在深而软的沙发上，应坐在沙发的前面而不是向后靠在沙发上。双手伸直或轻轻放在膝盖上，双脚平行，大腿和小腿成90°。离开座椅时，轻轻移动以恢复座椅。离开座位时，如果旁边有顾客，必须用言语或手势示意他们才能起身。再入座时，同样需先示意。

（3）服务人员表情神态。

①服务人员表情总体要求：表情亲切自然而不紧张，真诚热情而不过于亲密，目光专注大方而不走动。

②服务人员微笑要求：在与客户沟通的过程中，无论是否是线下的面对面，都应该保持微笑。微笑是服务人员在工作中的标准表达。微笑应该是发自内心的微笑，应该是真诚的、温和的、及时的。

③服务人员眼神标准要求：凝视客户的眼睛不仅可以表明您完全专注于客户，还可以表明您正在倾听客户所说的话。与客户长时间交谈时，可以将客户的整个面部作为凝视区域。凝视顾客的脸时，最好不要着眼于一个点，而是用散点来柔和目光。当客户距离较远时，服务人员一般应将注意力集中在客户的全身。交接物品时，应看顾客的手。与客户交谈时，视线落在对方的鼻子之间，偶尔可以直视对方的眼睛。恳请对方时，注视对方的双眼。向客户表示尊

重,切勿斜视或光顾他人。

④服务人员倾听要求:服务人员在倾听客户的要求或意见时,应当暂停其他工作,目视客户,并以眼神、笑容或点头来表示自己正在洗耳恭听。在倾听过程中,可适当加入一些"嗯""对"保持回应。肢体不得左右摇摆,手不得摸发、脸等不雅动作。

(4) 服务人员用语标准。

男性一般叫先生,未婚女性叫小姐,已婚女性叫女士。当无法确认客户是否已婚时,年龄小的可以称为"小姐",年长的可以称为"女士"。知道客户的姓氏后,可以称其为"××先生/××女士"。对于第三方,应该叫"那位先生/那位女士"。

(5) 服务人员特定情况下的行为规范。

接听电话时在三声响铃内接听电话,简易打个招呼并报单位名称,如"您好,××燃气"。对方讲话未听清时:"对不起,请您再说一遍,谢谢。""对不起,听不清您的声音,麻烦您声音大一点,好吗?"当需要对方等待时要说"请您稍等",但不宜超过一分钟。当对方提出的问题难以回答,需要询问领导或询问其他部门时:"对不起,请留下您的联系方式,我们会尽快答复您。"在接听电话的过程中,应根据实际情况随时说"是"或"对",以表明你在专心聆听。重要的话要做好记录,清楚记录来电者的单位、姓名、通话时间、通话点、是否回拨、回拨时间等,并在录音时重复对方的话,检查是否有任何错误,然后等待对方自行结束通话。

3. 安全管理行为文化

华油公司切实强化安全管理,认真落实安全生产,以全面贯彻落实企业主体责任为重点,牢固树立安全质量"零事故"理念;深入推进安全质量稽查工作的体系建设,加大安全质量稽查和隐患排查治理力度,突出"事前预防";进一步规范过程控制,深入开展安全生产月等活动,继续推行牢记重特大生产安全事故教训等活动,严肃落实质量安全责任。以开展"安全生产月"活动为载体,坚持"以月促年",紧扣"消除事故隐患、筑牢安全防线"活动主题,相继举行了安全文化口号竞赛、微信公众号的安全文化推广、对员工和用户进行燃气安全竞赛和燃气安全教育培训等活动。

华油公司发布了安全环保专项奖管理办法,设立年度专项奖,有效建立安全环保绩效考核长效机制。制定2018—2020年隐患整治计划,投入专项资金,完成重点隐患治理项目多个,扭转安全环保被动局面。抓好隐患全面排查及治理试点,形成独具终端燃气特色的管道及附属设施、燃气用户安全管理两大类共17项具体工作方法、12项隐患判定标准,大力推进隐患全面排查治理,夯实本质安全。

3.5 西南地区天然气产业终端销售企业文化存在的问题

通过上述对西南地区天然气产业终端销售企业文化建设现状的分析,可以总结出西南地区天然气产业终端销售企业在企业文化建设上取得的成绩和一定的不足,本节将对西南地区天然气产业终端销售企业文化建设存在的问题进行分析,以利于制定科学的应对策略。

3.5.1 西南地区天然气产业终端销售企业物质文化建设存在的问题

1. 个别企业物质文化建设缺乏个性和创新意识

根据前文对西南地区几家天然气产业终端销售企业物质文化的分析可以看出,目前天然气产业终端销售企业物质文化建设存在的突出问题是企业物质文化建设缺乏个性和创新意识。企业物质文化建设必须与自身情况、长远发展的战略目标相适应。

2. 物质文化建设有待进一步强化

通过对西南地区天然气产业终端销售企业的调查结果以及访谈来看,许多员工认为企业应该加强物质文化建设。尤其是华油公司还没有确定独立的Logo,仍沿用中石油集团的Logo,这会对企业形象建设有一定的影响,员工身份的多元化会影响基层的信息化管理。

3.5.2 西南地区天然气产业终端销售企业精神文化建设存在的问题

1. 个别企业精神文化建设缺乏战略统筹

由于企业文化建设是一项系统工程,不是一朝一夕就能建成的,所以,西南地区天然气产业终端销售企业在建设企业精神文化时,要依据企业的战略和目标,从企业的长远发展角度,根据企业愿景和使命,统筹考虑。还有个别公司机关与各分公司企业精神文化的传承与融合力度不够。燃气公司的下属公司、子公司数量多且地区分布广,这些子分公司在不断发展中形成了独特的文化,拥有了相对稳定的员工基础和更适应性的企业环境。这就导致了集团公司与子公司之间很难形成一致的企业文化体系。

2. 个别企业精神文化建设流于形式

从实际来看，西南地区天然气产业终端销售个别企业的文化理念并没有得到真正的体现。根据问卷发现，有的西南地区天然气产业终端销售企业员工没有完全表现出对精神文化建设的认同，因此口号仅仅是口号，并没有完全落实到企业的实际经营活动中。在访谈中个别对象认为对文化建设理念的理解很差，表现为企业个别员工对自己身份的认同感不够，导致员工的归属感不够强。

3.5.3 西南地区天然气产业终端销售企业制度文化建设存在的问题

1. 个别企业制度文化建设缺乏灵活性

在关于西南地区天然气产业终端销售企业制度文化的调查中发现，制度的完善性和实际工作之间存在一定冲突，整体制度的合规性与各个部门的灵活性相冲突，上级制定的制度合规性与实际工作之间的灵活性有待进一步协调。有被调查员工表示公司当前工作流程繁琐复杂，严重影响了工作效率。在访谈中个别员工表示企业在对外过程中办事效率较高，但对内服务意识较弱，在面对内部各部门沟通与协助时没有快速的响应机制，从而出现了部门间相互掣肘、各扫门前雪的情况。

2. 个别企业规章制度落实不力，部分员工工作积极性欠缺

虽然西南地区天然气产业终端销售个别企业制定了一系列的规章制度，如岗位责任制度、激励奖惩制度、生产技术和业务管理制度以及各种操作规范等，但其执行度不高，贯彻度不大，各种规章制度和操作规范没有深入人心。在工作中，一些员工做事不是依据企业的规章制度和行为规范，而是凭着自己的感觉和印象，比较随意；在制度的执行中，人情占了相当大的比重。在对中层、基层的问卷调查中发现，约有30%的员工认为"缺少激励机制"是制约本企业发展的最大因素，另有24%的中层群体认为"管理体制不灵活"是制约企业自身发展的另一大因素。这说明在完善西南地区天然气产业终端销售企业文化建设中，应改善激励考核体系，进行权利、责任与利益的平衡管理，充分发挥企业中层的中坚作用。

3.5.4 西南地区天然气产业终端销售企业行为文化建设存在的问题

1. 行为文化建设有待深化

西南地区个别天然气产业终端销售企业缺乏统一的行为规范，缺乏统一的

行为规范培训，员工自主学习意识薄弱。长期不重视员工的学习与成长会给企业带来内驱力不足、发展没有后劲的结果。通过访谈我们了解到个别员工自主学习意识弱的原因有内外因两种：内因主要是自身的惰性及思想意识上的不重视，因学习是持续性的工作，短期内不见成效，可能与自己的加薪、升职无直接关联，因而大多数员工自主学习意识薄弱。外因主要是企业没有营造浓厚的学习氛围和学习计划来带动员工学习，也没有给员工施压必须不断学习，即企业没有相关政策及激励机制引导员工提升自己。

2. 个别企业公共关系有待进一步强化

西南地区天然气产业终端销售企业作为社会中的一员，离不开社会这个赖以生存的环境。企业的公共关系不仅包括与供货商、经销商和客户的关系，还包括与政府、当地媒体、社区的关系等，这些关系均有待进一步强化。

3. 个别企业文体活动少，员工生活单调

篮球比赛、羽毛球比赛、乒乓球比赛以及各种知识竞赛看似与企业经营无关，但其实多举办这类活动，不仅可以提高员工的身体素质，更可以增强团队凝聚力，增强企业各部门的沟通，活跃企业气氛，融洽部门关系。同时，管理层也可以借助这类活动，宣传企业文化、展示企业形象。但是，尽管一些西南地区天然气产业终端销售企业中年轻人占大多数，却很少自发地开展文娱活动，文化生活贫乏，缺乏丰富的文体活动来缓解工作压力。

第 4 章　西南地区天然气产业终端销售企业文化现状定量分析

上文对企业文化的定性研究，选取了成都燃气、重庆燃气、贵州燃气、华油公司为对象进行分析比较，对西南地区天然气产业终端销售企业文化建设现状进行了现状描述，并选择经过多年发展成为西南油气田终端销售主力军、整体规模实力位居西南地区第一的华油公司进行详细的企业文化定性分析。本章将以华油公司为例，通过实地访谈以及问卷调查的方式收集相关数据，并通过量化的方式对华油公司的企业文化现状进行定量分析，以便更加真实客观地反映西南地区天然气产业终端销售企业在企业文化建设中存在的优势与不足。

4.1　华油公司企业文化建设现状调查及分析

4.1.1　调查方法与调查问卷设计及统计

1. 调查方法

为保障调研的时效性和客观真实性，本次华油公司企业文化建设调查以问卷调查和现场座谈的形式为主；事先根据华油公司具体实际情况量身设计调查问卷，随后面向集团公司各机关部门、基层单位通过不记名方式进行统一发放填写。同时，调研小组花费三周时间深入华油公司 12 个相关机关部门和 8 个基层单位进行面对面访谈交流，进一步确保研究结果与华油公司企业文化的实际情况高度一致。匿名问卷的方式在某种程度上保证了问卷结果的真实性，我们期望通过此次问卷调查得到华油公司员工最真实的想法，从而切实地解决一些企业文化发展建设过程中的具体问题。

2. 调查问卷设计

本次问卷采取不记名的方式进行发放。问卷的第一部分主要涉及填写人的基本信息，如性别、工龄、单位、岗位、学历等。为力求准确并结合华油公司的实际情况,项目组将企业文化问卷的主体部分设计为企业文化的总体认识和对精神文化、和谐文化、绿色文化、物质文化、高效文化、创新文化、团队文化、形象文化、基层文化9个基本维度,包含28个因子。答案选项根据国际通用的李克特五级量表设置为5项:非常同意、同意、中立、不同意和非常不同意。为便于量化和统计分析,根据同意程度由1分至5分进行递减,即非常同意得5分,同意得4分,中立得3分,不同意得2分,非常不同意得1分。本次问卷调查运用此方法将量表中各题得分累加得出态度总分,它直观地反映了被调查者对某项事物或主题的综合态度。

3. 调查结果统计

本次企业文化问卷发放到华油公司各机关部门和基层单位,共计回收2494份,其中有效问卷2494份。调研小组对每份问卷进行详细的归类统计后得出了每个具体问题答案及选项比例,形成了翔实的调查问卷报告,为后续的企业文化定量分析打下坚实的数据基础。

根据有效回收问卷对调查对象的性别、政治面貌、年龄、学历、职位和工龄等个人基本情况进行了统计,统计结果如图4-1至4-6所示。

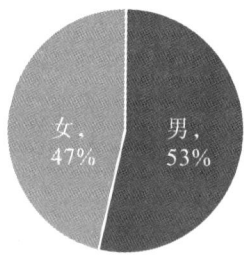

图4-1 企业文化问卷员工性别统计

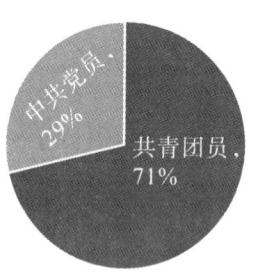

图4-2 企业文化问卷员工政治面貌统计

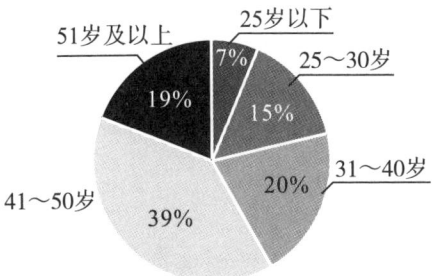

图4-3 企业文化问卷员工年龄统计

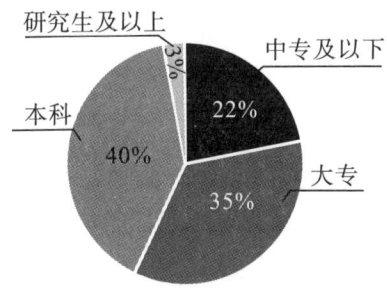

图4-4 企业文化问卷员工学历统计

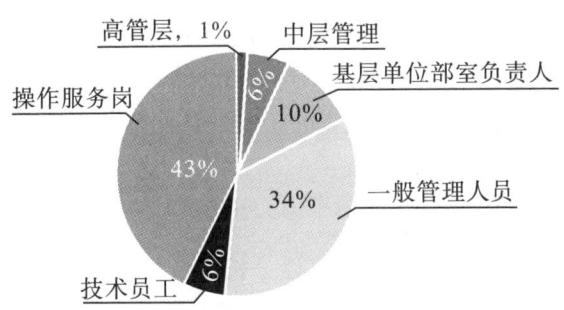

图4-5 企业文化问卷员工职位统计

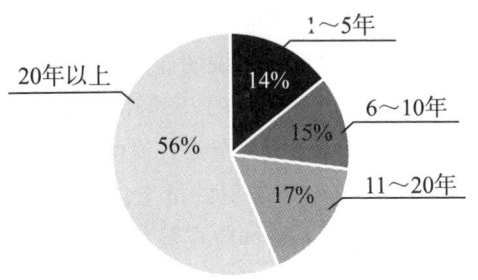

图4-6 企业文化问卷员工工龄统计

4.1.2 精神文化调查结果分析

调查问卷主要从企业愿景及使命、企业价值观、企业精神3个方面综合反映企业精神文化的状况。

1. 企业愿景及使命

我们对"企业的愿景及使命"选项进行统计分析，整体平均分为4.34；其中，有90%以上的员工都认为华油的愿景及使命清晰，而且非常赞同和赞同，对自己有很大的激励作用，可以有效完成。同时，94.22%的被调查人员认为需要进行华油公司企业文化的体系建设，这说明了华油公司企业文化建设的必要性。

2. 企业价值观

我们对"企业价值观"选项进行统计分析，总平均分为4.30。其中，有89.88%的员工对整体的企业价值观选择了非常同意和同意，说明员工对华油公司企业价值观认同度高，达到了满意的状态；有91.34%的员工认为华油公司有明确的价值观引导，说明华油公司的价值观能够起到很好的引领示范功效；有87.73%的员工对华油公司的价值观广泛认同，而有11.31%的员工对企业价值观认同持中立态度，说明还需要进一步的宣贯；有90.66%的员工认为华油公司的价值观宣传做得很好；有89.82%的员工认为企业价值观需要进一步完善，说明华油公司应该在目前价值观的认同感的基础上，进一步完善企业价值观体系。

3. 企业精神

我们对"企业精神"选项进行统计分析，整体平均分为4.32，说明员工整体对企业精神的认可。其中，有89.21%的员工认为领导能够在平常的工作中谦虚谨慎并且起到良好的模范带头作用；有88.29%的员工认为领导有勤俭节约的传统作风，不铺张浪费；有90.66%的员工将自己看作为华油公司的一分子，并且以身为华油人而感到自豪，说明企业精神在员工中能够很好展现，并且能够使员工有归属感和自豪感；有91.98%的员工认为同事之间能够团结一心，奋勇拼搏，一心为企业目标努力奋斗，说明企业精神能够很好地发挥其团结员工、激励员工的作用；有87.65%的员工认为华油公司的企业精神有待提炼和明确，说明华油公司的企业精神应在保留其激励功效和帮助员工提升归属感和自豪感的同时，进一步提炼和明确，再进行企业精神的宣贯。

综上所述，精神文化维度调查情况如表4-1所示。目前华油公司的精神文化总体来说是不错的,平均分达 4.32,不论是企业价值观,还是企业精神的传播和员工对精神文化的认识,超过 90% 的员工都非常认同。但是仍有部分员工认为企业价值观、企业精神应该进一步完善。

表 4-1 精神文化维度调查情况

指标	题号	平均分	维度平均分
企业愿景及使命	A1	4.44	4.34
	A2	4.38	
	A3	4.21	
	A4	4.34	
	A5	4.33	
企业价值观	A6	4.35	4.30
	A7	4.27	
	A8	4.31	
	A9	4.26	
企业精神	A10	4.33	4.32
	A11	4.32	
	A12	4.36	
	A13	4.37	
	A14	4.24	
总体平均分			4.32

4.1.3 和谐文化调查结果统计分析

在调查问卷中和谐文化主要从员工队伍、业务稳定、地企和谐三个方面体现,下面我们分别从这三个方面对调查问卷的统计结果进行分析。

1. 员工队伍

我们对"员工队伍"选项进行统计分析,该项的平均分为 4.35,整体选择同意的员工占比为 90.85%。其中,有 95.31% 的员工认为工作环境稳定,暂不考虑辞职,说明华油公司的员工稳定性较好,员工非常珍惜华油公司的工作机会;有 85.12% 的员工认为公司的福利待遇和晋升空间吸引他认真工作,说明华油的福利待遇和员工职业生涯规划较好,能够促使员工认真工作;有

93.82%的员工认为与同事和睦相处,同事间相互熟悉,互帮互助,说明华油公司内部员工互帮互助,员工之间的关系氛围和感情良好;有89.13%的员工认为公司内部员工关系融洽,经常开展团队建设活动,说明华油公司重视团队建设,员工关系融洽。

2. 业务稳定

我们对"业务稳定"选项进行统计分析,该项整体平均分为4.30,选择非常同意和同意的人员占比90.36%。其中,有89.58%的员工认为公司业务完善,整体抗风险能力强;有91.18%的员工认为油价波动剧烈,公司发展形势严峻。这说明华油公司整体对风险有清晰的认识,能够采取积极措施应对。

3. 地企和谐

我们对"地企和谐"选项进行统计分析,该项总体平均分为4.35,整体有91.59%的员工认为华油公司的地企和谐工作做得很好;其中,有94.02%的员工认为华油公司在西南地区体量大,作为纳税大户,对当地政府税收做出了重大贡献;有89.69%的员工认为公司的发展为当地带来一定的就业机会,说明企业在依法按规缴纳税金的基础上,也承担了相应的社会责任;有91.05%的员工认为公司自身的发展带动了当地其他产业的发展。

综上所述,和谐文化维度调查情况如表4-2所示。华油公司的和谐文化维度总体平均分为4.33;员工队伍和地企和谐平均分均为4.35,表明大部分员工对企业的员工队伍建设以及地企和谐建设表示肯定;业务稳定分值为4.3,也处在满意水平上。

表4-2 和谐文化维度调查情况表

指标	题号	平均分	维度平均分
员工队伍	B1	4.46	4.35
	B2	4.24	
	B3	4.39	
	B4	4.3	
业务稳定	B5	4.29	4.30
	B6	4.32	

续表4-2

指标	题号	平均分	维度平均分
地企和谐	B7	4.41	4.35
	B8	4.31	
	B9	4.34	
总体平均分			4.33

4.1.4 绿色文化调查结果统计分析

在调查问卷中绿色文化主要从绿色生产、绿色行为、环境保护三个方面体现，下面我们分别从这三个方面对调查问卷的统计结果进行分析。

1. 绿色生产

我们对"绿色生产"选项进行统计分析，该项整体平均分为4.35，选择同意和非常同意的员工占比91.73%。其中，95.27%的员工认为公司生产严格遵循环保制度，能够按制度进行绿色生产；有93.07%的员工认为公司致力于普及环保知识，并定期或不定期举行环保活动，说明华油注重环保，也致力于在员工队伍中进行绿色环保宣传；有89.89%的被调查人员认为公司致力于工艺生态化，说明华油公司在重视技术创新的同时还重视与生态发展的结合；有86.81%的员工认为公司有透明的交流平台，并经常跟其他燃气公司进行交流学习，说明华油公司鼓励同行业员工相互之间沟通交流，向其他燃气公司的员工相互学习；有93.59%的员工认为公司在清洁生产、保护环境方面欢迎社会监督，说明华油公司在清洁生产、环境保护中做得很好，并对绿色生产方面所做的工作和努力很有信心。

2. 绿色行为

我们对"绿色行为"选项进行统计分析，整体平均分为4.33，该项选择非常同意和同意的员工占比90.8%。其中，92.14%的员工认为自己工作期间举止文明，谈吐典雅，生活方式健康，说明华油公司员工具备良好的素质，能够在工作和生活期间严格要求自己，做到从小事做起、从我做起。

3. 环境保护

我们对"环境保护"选项进行统计分析，该项平均分为4.44。其中，有95.75%的员工认为华油公司注重发展循环经济，公司在提高企业效益的同时，注重减少对环境的污染,说明华油公司员工的环保意识较强,响应国家号召进行可持续发展,减少企业的环境污染。

综上所述,绿色文化维度调查情况如表4-3所示。华油的绿色文化维度总体平均分为4.37,表明在绿色文化建设上员工整体上是满意的。特别是在环境保护方面分值达4.44,表明华油公司在环境保护上非常重视,切实履行好企业的社会责任。在绿色生产以及绿色行为上分值分别为4.35和4.33,企业在生产以及行为上都树立了较强的环保意识,表明大部分员工对企业的绿色生产以及绿色行为表示肯定。

表4-3 绿色文化维度调查情况表

指标	题号	平均分	维度平均分
绿色生产	C1	4.44	4.35
	C2	4.37	
	C3	4.32	
	C4	4.26	
	C5	4.38	
绿色行为	C6	4.36	4.33
	C7	4.31	
环境保护	C8	4.44	4.44
总体平均分			4.37

4.1.5 物质文化调查结果统计分析

物质文化在调查问卷中主要从产品和服务、生产环境、员工条件三个方面体现,下文分别从这三个方面进行调查问卷的统计结果分析。

1. 产品和服务

我们对"产品和服务"选项进行统计分析,该项总体平均分为4.31,且总体选择非常同意和同意的占比达89.93%,说明目前华油公司的产品和服务整体上是令人满意的。其中,有89.97%的员工认为公司业务广泛、产品多样且服务多元,说明华油公司目前的业务和产品综合性、多元性较强;有91.5%的员工认为企业的销售量稳定,有可持续利润增长,说明企业发展稳定,员工对企业的盈利能力很有信心;有91.38%的员工认为企业的生产设备完善，安全系数高，说明大多数员工对企业生产设备的安全问题持肯定态度，企业在安全生产方面把关较严，员工对于安全生产问题不懈怠；有88.89%的员工认为能够提供主动、热情、周到的服务，说明华油公司作为终端燃气公司不仅注重产品的销量，还非常重视日常增值服务。

2. 生产环境

我们对"生产环境"选项进行统计分析，总体平均分为4.31，有91.16%的员工对生产环境表示非常同意和同意。其中，有88.29%的员工认为企业一线生产设施先进、完善，生产条件较好，说明企业一线生产的环境、条件较好，员工对于企业目前的生产环境满意；有94.02%的员工认为企业生产基地实行严格管理，严控风险，说明企业重视生产环境的风险控制，在一线日常生产中对安全问题能够做到防微杜渐。

3. 员工条件

我们对"员工条件"选项进行统计分析，总体平均分为4.09，整体上选择非常同意和同意的员工占比达79.87%。其中，有87.25%的员工认为公司员工的整体素质符合未来公司发展的需要，说明目前企业员工整体素质较高，并且大体上符合未来企业发展的需要。有72.49%的员工认为员工人数充足，工作轻松有效；有19.57%的员工对此保持中立态度，说明部分员工对少部分人的工作效率持保留意见，需要进一步改革调动少部分人的积极性。

综上所述，物质文化维度调查情况如表4-4所示。华油公司目前的物质文化总体来说是不错的，平均分达4.24。企业的产品和服务以及生产环境是不错的，均保持在4.31。员工条件相对来说比其他物质文化调查选项分值低，故而下文将对物质文化的建设提出优化意见。

表4-4 物质文化维度调查情况表

指标	题号	平均分	维度平均分
产品和服务	D1	4.29	4.31
	D2	4.34	
	D3	4.33	
	D4	4.29	
生产环境	D5	4.25	4.31
	D6	4.37	

续表4-4

指标	题号	平均分	维度平均分
员工条件	D7	4.23	4.09
	D8	3.94	
总体平均分			4.24

4.1.6 高效文化调查结果统计分析

在调查问卷中高效文化主要从学习文化、专业文化、管理文化三个方面体现，下面我们分别从这三个方面对调查问卷的统计结果进行分析。

1. 学习文化

我们对"学习文化"选项进行统计分析，该项平均值为4.25，选择非常同意和同意的占比为88.34%。其中，有87.17%的员工认为做到了自我学习与团队学习相结合，并在业余时间能较好地自我学习，说明企业的学习氛围良好，员工能够利用自己闲暇时间进行学习生活；有87.05%的员工认为能自我思考，为配合企业转型和发展需要，主动调整自身知识结构，积极掌握相关工艺和新技术，说明华油员工能够通过日常的工作发现自身业务能力的不足，并且主动积极学习；有90.82%的员工认为公司时常征集典型事迹，树立模范和先进，组织并号召全体员工学习，说明华油公司在内部树立典型，并组织号召员工学习先进，培养员工的学习习惯。

2. 专业文化

我们对"专业文化"选项进行统计分析，该项整体平均分为4.24，选择非常同意和同意的占比为87.39%。有88.94%的员工认为员工着装统一、规范，不存在工作时不穿工服现象，说明华油员工对工作标准严格执行，员工能够以很高的标准严格要求自己；有85.85%的员工认为个人综合素质强，专业技术水平高，能独立有效地解决自己工作中的问题，说明华油员工专业性强，技术过硬，有很强的专业素养。

3. 管理文化

我们对"管理文化"选项进行统计分析，该项平均分为4.29，该项目选择非常同意和同意的占比91.8%。其中，有88.5%的员工认为公司在条件允许的情况下，尽量采纳员工意见，并对员工提出的意见及时反馈，说明华油是一个广纳意见、崇尚民主的企业；有91.3%的员工认为自身对已达成一致的公司决策给予充分支持，说明华油员工对企业的决策予以执行，企业决策具有科学性。有86.81%的员工认为员工有机会定期或不定期对华油公司提出民主建议，说明华油的管理是民主化的，广纳建议，积极接纳员工的建议；有90.14%的员工认为公司制定有具体管理章程，且分工精细化、目标精细化，说明华油公司分工明确，保证了企业管理的高效性；有92.3%的员工认为公司已经就提质增效进行了宣传教育，制定了具体行动措施，说明华油重视自身的效益并对企业的管理目标做到了充分的宣传以及制订了相关的行动计划。

综上所述，高效文化维度调查情况如表4-5所示。华油公司的高效文化维度总体平均分为4.26，表明在高效文化建设上员工整体上是满意的，员工普遍认为企业在日常的管理中做到了高效。管理文化指标得分4.29，但学习文化和专业文化得分略低于整体的平均分，在日后的企业文化建设中应该加强对学习文化和专业文化的建设。

表4-5 高效文化维度调查情况表

指标	题号	平均分	维度平均分
学习文化	E1	4.23	4.25
	E2	4.23	
	E3	4.29	
专业文化	E4	4.27	4.24
	E5	4.22	
管理文化	E6	4.26	4.29
	E7	4.31	
	E5	4.23	
	E9	4.29	
	E10	4.34	
总体平均分			4.26

4.1.7 创新文化调查结果统计分析

在调查问卷中创新文化主要从科技创新、思想创新、管理创新三个方面体现，下面我们分别从这三个方面对调查问卷的统计结果进行分析。

1. 科技创新

我们对"科技创新"选项进行统计分析,该项整体平均分为4.23,选择非常同意和同意的占比为86.37%。其中,87.09%的员工认为公司很重视在生产上的科研投入;83.88%的员工认为科研投入收到的效果较好,如总成本得到有效控制、单位操作成本降低,但仍有14.6%的员工对此保持中立,说明华油公司可能需要在科研投入和产出成果上加大力度;有85.84%的员工认为公司为员工创新努力营造良好氛围,支持员工搞科技创新,科研经费充足,但仍有12.71%的员工对此保持中立,说明华油公司还需要加强对科研氛围的营造以及科研费用的支持;有88.65%的员工认为公司经常会鼓励员工举行一些创意比武或展示之类的文化活动,说明华油公司有在积极开展创意活动,提升员工的创新意识,积极培育创新文化。

2. 思想创新

我们对"思想创新"选项进行统计分析,该项平均分为4.26,选择非常同意和同意的人员占比为87.84%。其中,有91.62%的员工认为公司鼓励和支持员工的自主创新;有84.4%的员工认为公司的创新氛围浓厚,员工的自主创新意识很强;有87.49%的员工认为有同事有一些比较好的创意,在公司的鼓励和帮助下付诸实施。

3. 管理创新

我们对"管理创新"选项进行统计分析,该项总体平均分为4.26,总体上有88.55%的员工选择了同意,说明大部分员工对公司的管理创新制度和工作是满意的。其中,88.37%的员工对公司有激励员工创新的规章制度表示同意,说明华油公司激励员工创新规章制度和工作做得很好,有切实的制度和行为保障;有88.73%的员工认为公司有意识地借鉴其他企业的先进管理经验,进行管理方法的创新。

综上所述,创新文化维度调查情况如表4-6所示。华油公司的创新文化中管理创新维度总体平均分较低(为4.25),管理创新和思想创新分值均为4.26,科技创新分值最低(为4.23),表明华油公司员工对创新文化认同度不高,故而下文将对华油公司创新文化的建设提出优化意见。

表 4-6 创新文化维度调查情况表

指标	题号	平均分	维度平均分
科技创新	F1	4.24	4.23
	F2	4.2	
	F3	4.23	
	F4	4.26	
思想创新	F5	4.31	4.26
	F6	4.2	
	F7	4.25	
管理创新	F8	4.26	4.26
	F9	4.27	
总体平均分			4.25

4.1.8 团队文化调查结果统计分析

在调查问卷中团队文化主要从团队精神、分工协作、目标管理、情感交流、员工管理五个方面体现，下面我们分别从这五个方面对调查问卷的统计结果进行分析。

1. 团队精神

我们对"团队精神"选项进行统计分析，总体平均分为4.37，93.63%的员工选择非常同意和同意，表明华油公司的团队精神在员工中的认同度高。93.99%的员工认为团队精神在公司的发展中很重要，能够使员工团结一心；有95.91%的员工表示能够在日常的工作中对需要帮助的同事予以帮助；有90.86%的员工表示能够在当个人利益和团队利益发生冲突时，顾全大局，牺牲个人利益，表明员工有很强的团队意识；有93.74%的员工愿意在与同事发生冲突的时候交换看法，和同事之间相互商量解决问题，同事之间不仅能够做到互帮互助，还能做到相互之间良好的沟通，说明华油公司的团队氛围良好，极大地促进了企业精神文化建设。

2. 分工协作

我们对"分工协作"选项进行统计分析，该项平均分为4.28，有89.74%的员工表示对企业的分工协作情况表示满意。其中，有87.61%的员工认为公司各部门分工明确，职能清晰，说明华油公司有较好的职能分工，能够做到各司其职，体现了企业分工协作的制度安排；有91.86%的员工认为自身对其他部门提出的协作要求积极主动配合，快速响应，体现了华油公司内部同事们之间的相互协作，更好地完成企业赋予员工的使命和任务。

3. 目标管理

我们对"目标管理"选项进行统计分析，该项平均分达4.33，有92.76%的员工认为华油公司有良好的目标管理，赞同目标管理的内容。其中，92.74%的员工认为团队每阶段都有明确具体的生产经营目标，说明公司的目标管理制度做得很好，有明确清晰、切实可行的生产经营目标；有92.78%的员工认为团队员工执行力较强，基本能够完成公司制定的目标，说明华油公司员工有较强的执行力，能够完成公司制定的目标。

4. 情感交流

我们对"情感交流"选项进行统计分析，该项平均分为4.32，选择非常同意和同意的人员占比为89.76%。其中，有96.47%的员工认同华油公司为员工安排定期体检制度；有92.3%的员工认为同事之间会探望生病的员工，给有喜事的员工送去祝贺；有88.83%的员工认为领导关心员工身体素质及心理健康，定期采取一定的措施为员工减压；有80.76%的员工认为公司关心并尽力解决员工子女上学问题；有90.05%的员工认为华油公司经常组织开展文化活动，丰富员工文化生活；有90.38%的员工认为公司认同员工的新观念、新工作方法，充分相信员工的能力；有87.97%的员工认为公司内部注重师徒间、领导与员工之间的感恩文化；有91.62%的员工认为员工与员工之间、员工与领导之间相互尊重。从该项整体来看，华油公司内部注重情感交流，不论是从同事之间的关心，还是上下级领导关心来看，不论是工作上的沟通，还是生活里交流都非常全面。

5. 员工管理

我们对"员工管理"选项进行统计分析，该项平均分为4.28，且整体选择同意项的员工为89.09%，说明公司在员工管理方面做得不错，大多数员工都满意。其中，有86.57%的员工认为相对分散的生活基地管理模式符合生产实际，有利于员工工作和生活，说明华油公司在相关的管理制度上做得好；有86.69%的员工对各个基地之间经常组织互访、联谊、相互交流学习等活动表示赞同，说明公司对员工学习交流活动安排得很好，员工对互访活动、联谊等很满意；有89.45%的员工认为公司在培养管理人才方面制度合理，注重强化员工执行能力，说明华油公司员工的人才培养管理制度合理，能够很好地激发员工的工作能力；有88.02%的员工认为华油公司对工作能力突出的员工实行提升等奖励，有一套完善且合理的激励制度，说明华油公司的激励制度完善合理，能够很好地调动员工积极性，激励员工工作；有89.39%的员工认为企业定期邀请优秀专家，开展职业技能培训，组织考试，通过者取得资格证，说明公司注重员工的学习制度和技能提升；有90.54%的员工认为公司对表现好的普通员工实行精神或者物质奖励，说明华油公司的精神和物质激励制度良好，能够起到激励员工的作用；有92.94%的员工认为公司对孕、产期妇女给予关心与理解，体现了华油公司对女性员工的关怀制度。

综上所述，团队文化维度调查情况如表4-7所示。华油公司目前的团队文化总体来说是不错的，平均分达4.32。团队精神在员工中认同感状况很高，能够保持在4.37；其次是团队文化中的目标管理分值达到了4.33；再次是团队中的员工情感交流，员工大体满意，分数保持在4.32，但在分工协作和员工管理上分数相对较低，公司应该加强对分工协作和员工管理的重视。总体上员工对企业的团队文化是持满意态度的，但应该在分工协作和员工管理上继续加强企业文化建设。

表4-7 团队文化维度调查情况表

指标	题号	平均分	维度平均分
团队精神	G1	4.38	4.37
	G2	4.42	
	G3	4.32	
	G4	4.36	
分工协作	G5	4.23	4.28
	G6	4.32	
目标管理	G7	4.34	4.33
	G8	4.33	
情感交流	G9	4.47	4.32
	G10	4.36	
	G11	4.3	
	G12	4.17	
	G13	4.31	

续表4-7

指标	题号	平均分	维度平均分
情感交流	G14	4.31	4.32
	G15	4.28	
	G16	4.33	
员工管理	G17	4.23	4.28
	G18	4.24	
	G19	4.28	
	G20	4.26	
	G21	4.28	
	G22	4.3	
	G23	4.36	
总体平均分			4.32

4.1.9 形象文化调查结果统计分析

在调查问卷中形象文化主要从外在形象、内在形象两方面体现，下面我们分别进行分析。

1. 外在形象

我们对"外在形象"选项进行统计分析，该项平均分为4.35，选择非常同意和同意的人员占比为92.18%。其中，有91.1%的员工认为亲戚和朋友认为华油公司是一个清洁绿色、优质的大型企业；有93.27%的员工认为员工在工作之余谨记自己是华油人，保持良好的社会形象，说明华油公司的外在形象建设上做得很好，能够很好地对外维护自身的形象。

2. 内在形象

我们对"内在形象"选项进行统计分析，该项平均分为4.39，选择非常同意和同意的人员占比为93.95%。其中，有94.43%的员工认为自身卫生习惯良好，工服时刻保持整洁、干净；有93.47%的员工认为自身的精神面貌好，做事积极，心态阳光，充满自信。这说明华油公司员工不仅注重外在的妆容整齐，还注重内在的心态和展现出来的精神面貌，能够很好地维护华油公司自身的内在形象。

综上所述，形象文化维度调查情况如表 4-8 所示。华油公司的形象文化维度总体平均分为 4.37，表明在形象文化建设上员工整体上是满意的，员工普遍认为公司在日常的企业文化建设中注重对企业形象的建设。内在形象和外在形象相较而言，华油公司的内在形象得分更高，公司以后可再加强建设企业的外在形象。

表 4-8 形象文化维度调查情况表

指标	题号	平均分	维度平均分
外在形象	H1	4.32	4.35
	H2	4.37	
内在形象	H3	4.39	4.39
	H4	4.38	
总体平均分			4.37

4.1.10 基层文化调查结果统计分析

在调查问卷中基层文化主要从基层精神、基层学习、基层生活三个方面体现。下面我们分别从这三个方面对调查问卷的统计结果进行分析。

1. 基层精神

我们对"基层精神"选项进行统计分析，本项的总体平均分数为 4.32，且总体选择非常同意和同意的员工占比达到 90.97%，说明员工整体上对公司的基层文化持满意态度。其中，有 90.26% 的员工认为公司根据地理位置和员工状态的不同进行独特的基层文化建设，说明华油公司能够因地制宜，因人而异地进行基层文化建设，基层文化的特色性突出；有 92.54% 的员工认为基层员工能够很好地将生产作为第一原则，齐心协力搞生产，说明华油公司基层员工大多都以公司生产为己任，将公司效益牢记心间，为公司发展贡献自己的一份力量；有 90.14% 的员工认同基层领导与员工之间能够相互协商，共同解决工作上的问题，表明基层的领导和员工对工作中的问题能够很好地协调和解决。

2. 基层学习

我们对"基层学习"选项进行统计分析，该项平均分为 4.32，选择非常同意和同意的人员占比为 91.62%。其中，有 91.82% 的员工认为公司给每个基层单位都配备了杂志读物，满足员工的学习需求；有91.02%的员工认为公司要求各基层定期进行交流学习，取长补短，共同发展；有92.02%的员工认为基层内部定期进行培训、相互学习，说明华油非常注重基层员工学习，不断提升基层员工的操作技能，培养工匠精神。

3. 基层生活

我们对"基层生活"选项进行统计分析，整体平均分为4.27，有88.85%的被调查人员对企业的基层生活选择了非常同意和同意。其中，有92.54%的员工认为对基层进行绿化建设，为员工营造了一个绿色、温馨的工作环境；有87.94%的员工认为基层的生活环境与条件很好，员工满意度大大提高；有86.08%的员工认为基层基础设施、休闲器材、医疗用品均配备齐全。

综上所述，基层文化维度调查情况如表4-9所示。华油公司目前的基层文化总体来说是不错的，平均分达4.30。基层精神和基层学习的状况很好，均保持在4.32；基层生活条件做得不错，员工大体满意，分数保持在4.27。总体上员工是持满意态度的，基层生活相对来说比其他基层文化调查选项分数低，因此，华油公司应全面分析原因，采取相应措施予以解决。

表4-9 基层文化维度调查情况表

指标	题号	平均分	维度平均分
基层精神	I1	4.31	4.32
	I2	4.35	
	I3	4.31	
基层学习	I4	4.31	4.32
	I5	4.35	
	I6	4.31	
基层生活	I7	4.33	4.27
	I8	4.26	
	I9	4.23	
总体平均分			4.30

4.2 企业文化预测度量表

结合定性研究与定量研究相结合的方法，首先通过现场考察、现场访谈、焦点小组交流、查阅文献资料等方法进行质化研究，对华油公司企业文化进行定性分析；在此基础上构造出企业文化测度维度及调查问卷的项目条款，形成具有公司特色的企业文化测度量表模型，并采用李可特（Likert）五点等距计分法对量表进行赋值，由低到高确定为1~5分值，利用统计分析方法进行定量研究。

需要注意的是，表4-10只是华油公司企业文化测度量表的预测范式，正式测度时，需要对该量表问卷进行预测试，再验证各维度内部以及各维度之间相关性，并通过因子分析进一步检验28个因子划分方法的科学性之后，根据统计结果对量表进行及时调整，形成最终的企业文化测度正式量表。

表4-10 华油公司企业文化预测度量表

维度	因子	对应题项	测度重点
精神文化	愿景及使命	A1~A3	员工对公司愿景和使命的理解
	企业价值观	A4~A6	员工对公司价值观的认知
	企业精神	A10~A14	管理者精神表率作用、员工精神风貌
和谐文化	员工队伍	B1~B4	员工队伍的稳定性
	业务稳定	B5~B6	公司承担的社会稳定责任的落实
	地企和谐	B7~B9	地企和谐程度
绿色文化	绿色生产	C1~C5	生产的清洁化、循环化
	绿色行为	C6~C7	员工行为举止
	环境保护	C8	环境保护
物质文化	产品和服务	D1~D4	企业产品服务
	生产环境	D5~D6	企业生产环境
	员工条件	D7~D8	员工自身的素养
高效文化	学习文化	E1~E3	企业学习氛围
	专业文化	E4~E5	员工专业技能的水平
	管理文化	E6~E10	企业管理水平
创新文化	科技创新	F1~F4	企业的科技创新活动
	思想创新	F5~F7	企业的创新意识
	管理创新	F8~F9	企业管理方式的创新

续表4-10

维度	因子	对应题项	测度重点
团队文化	团队精神	G1~G4	员工团队精神
	分工协作	G5~G6	员工的分工协作水平
	目标管理	G7~G8	团队中的目标管理
	情感交流	G9~G16	团队中的情感交流
	员工管理	G17~G23	团队中对员工的管理
形象文化	外在形象	H1~H2	企业和员工的形象是否良好
	内在形象	H3~H4	员工的综合素质、精神面貌
基层文化	基层精神	F1~F3	基层单位主导思维
	基层学习	F4~F6	基层单位学习状况
	基层生活	F7~F9	基层单位生活状况

在企业文化测度正式量表基础上，通过统计分析结果得出企业文化各维度及各构成因子的得分均值，绘制出企业文化整体现状评价雷达示意图，从而建立"华油公司企业文化评估模型"。

具体评估思路及绘图技术路线如下：

针对衡量企业文化现状的维度和因子，运用企业文化测度量表的统计数据，采用均值得分法进行评价。模型所使用的分值设计是李可特问卷量表标准，如前文所述，按"非常不同意"到"非常同意"，依次是1~5分进行划定。

在企业文化评估模型中，也相应划分5个得分区域，根据各企业文化维度和因子的均值得分依次连接，形成一个封闭区域，由此进行相关评判与诊断。其中：红色区为危险区，表示该区域内的企业文化维度或因子得分分值在1~2分内，所反映的企业文化特征存在极大缺陷，必须立即采取措施进行纠正和改进；黄色区为改进区，表示该区域内的企业文化维度或因子得分分值在2~3分内，所反映的企业文化特征存在一定的缺陷，采取适当的改进措施，可以使企业文化得到改善和提高；蓝色区为良好区，表示该区域内的企业文化维度或因子得分分值在3~4分区内，所反映的企业文化特征具有良好的表现，员工本身及其对企业在该方面的表现满意；绿色区为优秀区，表示该区域内的企业文化维度或因子得分分值在4~5分内，所反映的企业文化特征处于相当高的水平，员工在该方面的行为属于内在的自觉行为，是企业文化的意识驱动。

4.2.1 华油公司企业文化建设预测度

1. 正式测量

本书对于华油公司的企业文化现状定量分析，采用网上问卷调查的方法进行数据的收集，通过华油公司机关下发问卷到各个部门、各个基层单位，进行华油公司企业文化相关调查，之后对问卷调查结果进行统计。

2. 总体信度

由于该量表问卷是对被测试者主观态度的测试，因此首先应对量表问卷的信度进行检验，采用 Cronbach α 值作为信度的衡量方式；利用 SPSS 23.0 专业统计软件对预测度结果进行信度分析和可靠性分析，处理得到结果。

根据以往研究者的观点，一份信度较好的心理知觉或态度的测度量表，首先其总量表的信度系数 α 值应在 0.800 以上，0.700~0.800 之间可以接受；而分量表的信度系数 α 值应在 0.700 以上，0.600~0.700 之间可以接受。否则，应该考虑对量表进行修订后重新测试。其次，如果 CITC 值低于 0.300，可考虑将该项进行删除。最后，如果"项已删除的 α 系数"值明显高于 α 系数，此时可考虑将该项进行删除后重新分析。

从表 4-11 可知：信度系数值为 0.982，大于 0.900，因而说明研究数据信度质量很高。针对"项已删除的 α 系数"，绿色保护如果被删除，信度系数会有较为明显的上升，因此可考虑对此项进行修正或者删除处理。情感交流如果被删除，信度系数会有较为明显的上升，因此可考虑对此项进行修正或者删除处理。员工管理如果被删除，信度系数会有较为明显的上升，因此可考虑对此项进行修正或者删除处理。

表 4-11 Cronbach **信度分析**

名称	校正项总计相关性(CITC)	项已删除的 α 系数	Cronbach α 系数
愿景及使命	0.849	0.981	0.982
企业价值观	0.877	0.981	
企业精神	0.879	0.981	
员工队伍	0.868	0.981	

续表4-11

名称	校正项总计相关性（CITC）	项已删除的α系数	Cronbach α 系数
业务稳定	0.854	0.982	0.982
地企和谐	0.853	0.981	
绿色生产	0.918	0.981	
绿色行为	0.853	0.982	
绿色保护	0.849	0.983	
产品和服务	0.917	0.981	
生产环境	0.890	0.982	
员工条件	0.790	0.982	
学习文化	0.902	0.981	
专业文化	0.844	0.982	
管理文化	0.931	0.981	
科技创新	0.907	0.981	
思想创新	0.921	0.981	
管理创新	0.905	0.982	
团队精神	0.902	0.981	0.982
分工协作	0.888	0.982	
目标管理	0.917	0.982	
情感交流	0.932	0.983	
员工管理	0.930	0.982	
外在形象	0.908	0.982	
内在形象	0.884	0.982	
基层精神	0.920	0.981	
基层学习	0.906	0.981	
基层生活	0.881	0.981	
标准化 Cronbach α 系数：0.991			

针对CITC值，分析项的CITC值均大于0.400，说明分析项之间具有良好的相关关系，同时也说明信度水平良好。综上所述，研究数据信度系数值高

于 0.900，综合说明数据信度质量高，可用于进一步分析。

3. 验证性因子分析

验证性因子分析用来测试一个因子与相对应的测度项之间的关系是否符合研究者所设计的理论关系，其主要目的在于进行效度验证。

本次共针对 9 个因子以及 28 个分析项进行验证性因子分析（CFA）。从表 4－12 可知，9 个因子对应的 AVE 值全部均大于 0.500，且 CR 值全部均高于 0.700，意味着本次分析数据具有良好的聚合（收敛）效度。

表 4－12　华油公司企业文化模型 AVE 和 CR 指标结果

Factor	平均方差萃取 AVE 值	组合信度 CR 值
精神文化	0.858	0.947
和谐文化	0.810	0.923
绿色文化	0.877	0.938
物质文化	0.841	0.934
高效文化	0.880	0.951
创新文化	0.905	0.964
团队文化	0.893	0.970
形象文化	0.881	0.937
基层文化	0.880	0.957

区分效度分析如表 4－13 所示。精神文化的 AVE 平方根值为 0.926，大于因子间相关系数绝对值的最大值 0.887，意味着其具有良好的区分效度。和谐文化的 AVE 平方根值为 0.900，大于因子间相关系数绝对值的最大值 0.890，意味着其具有良好的区分效度。绿色文化的 AVE 平方根值为 0.937，大于因子间相关系数绝对值的最大值 0.903，意味着其具有良好的区分效度。物质文化的 AVE 平方根值为 0.917，小于因子间相关系数绝对值的最大值 0.921，意味着其区分效度欠佳。高效文化的 AVE 平方根值为 0.938，大于因子间相关系数绝对值的最大值 0.921，意味着其具有良好的区分效度。创新文化的 AVE 平方根值为 0.951，大于因子间相关系数绝对值的最大值 0.924，意味着其具有良好的区分效度。团队文化的 AVE 平方根值为 0.945，大于因子间相关系数绝对值的最大值 0.936，意味着其具有良好的区分效度。形象文化的 AVE 平方根值为 0.939，大于因子间相关系数绝对值的最大值 0.920，意味着其具有良好的区分效度。基层文化的 AVE 平方根值为 0.938，大于因

子间相关系数绝对值的最大值 0.936，意味着其具有良好的区分效度。

表 4-13 华油公司企业文化区分效度

	精神文化	和谐文化	绿色文化	物质文化	高效文化	创新文化	团队文化	形象文化	基层文化
精神文化	0.926								
和谐文化	0.887	0.900							
绿色文化	0.872	0.890	0.937						
物质文化	0.852	0.873	0.903	0.917					
高效文化	0.853	0.859	0.896	0.921	0.938				
创新文化	0.839	0.845	0.869	0.894	0.920	0.951			
团队文化	0.865	0.881	0.897	0.893	0.917	0.924	0.945		
形象文化	0.831	0.845	0.873	0.850	0.868	0.856	0.919	0.939	
基层文化	0.835	0.845	0.872	0.865	0.89	0.888	0.936	0.920	0.938

注：斜对角线数字为 AVE 平方根值。

因子载荷系数（factor loading）值展示因子（潜变量）与分析项（显变量）之间的相关关系情况：第一，通常使用标准载荷系数值表示因子与分析项间的相关关系；第二，如果呈现出显著性，且标准载荷系数值大于 0.700，则说明有着较强的相关关系；第三，如果没有呈现出显著性，或者标准载荷系数值较低，则说明该分析项与因子间相关关系较弱。一般以因子荷载量 0.500 为标准，低于 0.500 的项目应予以剔除，或未呈现显著性的分析项应予以剔除。

根据初始量表的设计，首先将预测度结果的因子输出个数设定为 28 个，利用 SPSS23.0 专业统计软件进行因子分析得到结果。具体如表 4-14 所示。

表 4-14 华油公司企业文化因子载荷系数表格

Factor（潜变量）	分析项（显变量）	非标准载荷系数（Coef.）	标准误（Std. Error）	z（CR 值）	p	标准载荷系数（Std. Estimate）
精神文化	愿景及使命	1	—	—	—	0.918
	企业精神	1.033	0.013	81.118	0	0.925
	企业价值观	0.827	0.010	85.588	0	0.941
和谐文化	员工队伍	1	—	—	—	0.906
	业务稳定	0.509	0.007	71.419	0	0.897
	地企和谐	0.756	0.011	70.257	0	0.892

续表4-14

Factor（潜变量）	分析项（显变量）	非标准载荷系数（Coef.）	标准误（Std. Error）	z（CR值）	p	标准载荷系数（Std. Estimate）
绿色文化	绿色生产	1	—	—	—	0.948
	绿色行为	0.405	0.005	78.125	0	0.885
	绿色保护	0.183	0.002	79.359	0	0.889
物质文化	产品和服务	1	—	—	—	0.951
	生产环境	0.473	0.005	91.311	0	0.921
	员工条件	0.517	0.008	62.687	0	0.815
高效文化	学习文化	1	—	—	—	0.932
	专业文化	0.657	0.009	73.654	0	0.879
	管理文化	1.651	0.017	96.317	0	0.951
创新文化	科技创新	1	—	—	—	0.947
	思想创新	0.737	0.007	111.842	0	0.964
	管理创新	0.486	0.005	98.847	0	0.940
团队文化	团队精神	1	—	—	—	0.917
	分工协作	0.572	0.007	76.458	0	0.901
	目标管理	0.543	0.006	85.952	0	0.935
	情感交流	2.219	0.024	91.306	0	0.951
	员工管理	1.971	0.022	90.70	0	0.950
形象文化	外在形象	1	—	—	—	0.943
	内在形象	0.950	0.010	93.226	0	0.934
基层文化	基层精神	1	—	—	—	0.957
	基层学习	0.971	0.009	106.494	0	0.945
	基层生活	0.991	0.011	91.258	0	0.914

4.2.2 华油公司企业文化测度量表设计

在华油公司企业文化预测度基础上，经过因子分析确定后剩余的78个项目问题、28个因子、9个维度构成华油企业文化测度的正式量表，具体如表4-15所示。并采用李可特五点等距计分法对量表进行赋值，由低到高确定为

1~5分值,即1表示"非常不同意",5表示"非常同意",依次类推。

表4-15 华油公司企业文化正式测度量表

维度	因子	对应题项	测度重点
精神文化	愿景及使命	A1~A3	员工对公司愿景和使命的理解
	企业价值观	A4~A6	员工对公司价值观的认知
	企业精神	A10~A14	管理者精神表率作用、员工精神风貌
和谐文化	员工队伍	B1~B4	员工队伍的稳定性
	业务稳定	B5~B6	公司承担的社会稳定责任的落实
	地企和谐	B7~B9	地企和谐程度
绿色文化	绿色生产	C1~C5	生产的清洁化、循环化
	绿色行为	C6~C7	员工行为举止
物质文化	产品和服务	D1~D4	企业产品服务
	生产环境	D5~D6	企业生产环境
	员工条件	D7~D8	员工自身的素养
高效文化	学习文化	E1~E3	企业学习氛围
	专业文化	E4~E5	企业专业技能的水平
	管理文化	E6~E10	企业管理文化的水平
创新文化	科技创新	F1~F4	企业的科技创新活动
	思想创新	F5~F7	企业的创新意识
	管理创新	F8~F9	企业管理方式的创新
团队文化	团队精神	G1~G4	员工团队精神
	分工协作	G5~G6	员工的分工协作水平
	目标管理	G7~G8	团队中的目标管理
形象文化	外在形象	H1~H2	企业和员工的形象是否良好
	内在形象	H3~H4	员工的综合素质、精神面貌
基层文化	基层精神	F1~F3	基层单位主导思维
	基层学习	F4~F6	基层单位学习状况
	基层生活	F7~F9	基层单位生活状况

4.3 华油公司企业文化正式测度

利用上文开发的华油公司企业文化测度正式量表以及企业文化测度模型对华油公司企业文化进行正式测度。正式测度的样本范围覆盖华油公司各个单位,包括机关、子公司、各科室、各班站等。项目组在华油公司各个单位发放线上调查问卷、网上回收的办法,经过认真检查,未发现漏填、错填的情况,发放回收率达100%,因而对2494份问卷进行统计分析。

4.3.1 信度分析

利用专业统计软件SPSS23.0对华油公司企业文化正式测度结果进行信度分析,得到结果如下:

1. 总体信度

总体可靠性 $\alpha=0.984$,样本容量 $N=2494$,项目总个数 $K=78$,说明量表问卷中78个问题项目的相关性满足统计要求,具体如表4-16所示。另外,从区分度指标来看,所有项目区分度系数均在0.400以上,均达到优秀区分度要求,因此,正式测度量表总体信度和效度符合统计检验要求,可以用于华油公司企业文化的测度。

表4-16 华油公司企业文化正式测度各维度及因子信度

维度	因子	总体可靠性（α）	项目个数（K）	是否满足统计要求
精神文化	愿景及使命	0.853	5	是
精神文化	企业价值观	0.883	4	是
精神文化	企业精神	0.882	5	是
和谐文化	员工队伍	0.870	4	是
和谐文化	业务稳定	0.858	2	是
和谐文化	地企和谐	0.854	3	是
绿色文化	绿色生产	0.920	5	是
绿色文化	绿色行为	0.855	2	是

续表 4-16

维度	因子	总体可靠性（α）	项目个数（K）	是否满足统计要求
物质文化	产品和服务	0.921	4	是
	生产环境	0.893	2	是
	员工条件	0.792	2	是
高效文化	学习文化	0.905	3	是
	专业文化	0.847	2	是
	管理文化	0.929	5	是
创新文化	科技创新	0.906	4	是
	思想创新	0.918	3	是
	管理创新	0.901	2	是
团队文化	团队精神	0.897	4	是
	分工协作	0.885	2	是
	目标管理	0.913	2	是
形象文化	外在形象	0.903	2	是
	内在形象	0.879	2	是
基层文化	基层精神	0.913	3	是
	基层学习	0.898	3	是
	基层生活	0.873	3	是

2. 各维度信度

综合以上分析可以看出，正式测度量表的总体信度达到 0.900 以上，各个因子的信度都高于 0.700，说明量表的内部一致性非常理想。从因子与总体的相关性分析，所有问题的区分度系数都大于 0.400，主要分布于 0.500~0.900 之间，说明测度可以达到预期目的，在期望鉴别的企业文化特质上有很好的区分效果。同时，相应因子删除后的均值、变异系数和 α 值分布都比较平均，所以正式测度的统计数据稳定可靠，可以用于分析企业文化现状。

4.3.2 描述性统计

描述性统计涉及的分类有性别和年龄。根据调研小组回收的 2494 份问卷进行统计，其中，性别样本总数、年龄样本总数均为 2494。

第4章 西南地区天然气产业终端销售企业文化现状定量分析

参与问卷调查的员工中，男职工1332人，占比53.41%；女职工1162人，占比46.59%。公司现有员工3432人，其中男性员工占比约58%，女性占比约42%，问卷在性别比例方面基本符合统计抽样原则。

参与调查问卷员工中25岁以下6.46%，25～30岁15%，31～40岁20.25%，41～50岁39.21%，51岁及以上19.09%，平均年龄为40.70岁，而华油公司职工的平均年龄为42岁，所以，年龄比例也符合抽样统计原则。参与问卷调查的研究生员工占比2.93%，本科生占比39.94%，大专占比35.08%，中专及以下占比22.05%，基本符合抽样调查原则。华油公司企业文化评估描述性统计分项如表4-17所示。

表4-17 华油公司企业文化评估描述性统计分项表

项目	类别	数据	比例
性别	男性	1332	53.41%
	女性	1162	46.59%
	总计	2494	100.00%
年龄	25岁以下	161	6.46%
	25～30岁	374	15.00%
	31～40岁	505	20.25%
	41～50岁	978	39.21%
	50岁以上	476	19.09%
	总计	194	100.00%
学历	中专及以下	550	6.70%
	大专	875	34.54%
	本科	996	57.73%
	研究生以上	73	1.03%
	总计	2494	100.00%

4.3.3 维度及主成分因子得分统计

华油公司企业文化各维度及主成分因子的得分统计结果如表4-18所示。由此可以看出华油公司企业文化各维度和主成分因子的得分情况，可依据此统计结论，结合华油公司企业文化评估模型对其企业文化现状进行评价。

表4-18 华油公司企业文化正式测度量表

维度编号	维度	因子编号	因子	主成分因子均值	维度均值
A	精神文化	A1	愿景及使命	4.34	4.32
		A2	企业价值观	4.30	
		A3	企业精神	4.32	
B	和谐文化	B1	员工队伍	4.35	4.34
		B2	业务稳定	4.30	
		B3	地企和谐	4.35	
C	绿色文化	C1	绿色生产	4.35	4.34
		C2	绿色行为	4.33	
D	物质文化	D1	产品和服务	4.31	4.26
		D2	生产环境	4.31	
		D3	员工条件	4.09	
E	高效文化	E1	学习文化	4.25	4.27
		E2	专业文化	4.24	
		E3	管理文化	4.29	
F	创新文化	F1	科技创新	4.23	4.25
		F2	思想创新	4.26	
		F3	管理创新	4.26	
G	团队文化	F1	团队精神	4.37	4.34
		F2	分工协作	4.28	
		F3	目标管理	4.33	
H	形象文化	H1	外在形象	4.35	4.37
		H2	内在形象	4.39	
I	基层文化	I1	基层精神	4.32	4.30
		I2	基层学习	4.32	
		I3	基层生活	4.27	

4.3.4 分性别维度及主成分因子得分统计

男女性别因素也会对企业文化的认知产生一定的影响,本节将对华油公司的员工分性别进行主成分因子分析;通过主成分因子分析得分统计,将华油公司男女性别员工的企业文化得分进行分类比较,具体的得分情况如表4-19所示。

表4-19 华油公司分性别员工企业文化正式测度量表得分

维度编号	维度	因子编号	因子	主成分因子均值 男	主成分因子均值 女	维度均值 男	维度均值 女
A	精神文化	A1	愿景及使命	4.36	4.33	4.03	4.31
A	精神文化	A2	企业价值观	4.31	4.29		
A	精神文化	A3	企业精神	4.34	4.30		
B	和谐文化	B1	员工队伍	4.34	4.35	4.34	4.32
B	和谐文化	B2	业务稳定	4.31	4.30		
B	和谐文化	B3	地企和谐	4.35	4.36		
C	绿色文化	C1	绿色生产	4.36	4.35	4.35	4.35
C	绿色文化	C2	绿色行为	4.32	4.35		
D	物质文化	D1	产品和服务	4.30	4.32	4.25	4.26
D	物质文化	D2	生产环境	4.30	4.32		
D	物质文化	D3	员工条件	4.09	4.08		
E	高效文化	E1	学习文化	4.25	4.25	4.27	4.26
E	高效文化	E2	专业文化	4.25	4.24		
E	高效文化	E3	管理文化	4.29	4.28		
F	创新文化	F1	科技创新	4.23	4.23	4.25	4.25
F	创新文化	F2	思想创新	4.25	4.26		
F	创新文化	F3	管理创新	4.27	4.26		
G	团队文化	F1	团队精神	4.38	4.36	4.34	4.33
G	团队文化	F2	分工协作	4.28	4.28		
G	团队文化	F3	目标管理	4.33	4.33		

续表4-19

维度编号	维度	因子编号	因子	主成分因子均值		维度均值	
				男	女	男	女
H	形象文化	H1	外在形象	4.34	4.36	4.36	4.38
		H2	内在形象	4.38	4.40		
I	基层文化	I1	基层精神	4.32	4.32	4.30	4.31
		I2	基层学习	4.32	4.33		
		I3	基层生活	4.27	4.28		

4.3.5 分年龄维度及主成分因子得分统计

不同年龄段员工的社会感知不同,对目前华油公司企业文化建设现状的态度和认知也是不同的。华油公司不同年龄员工文化正式测度量表得分如表4-20所示。

表4-20 华油公司不同年龄员工文化正式测度量表得分

维度编号	维度	因子编号	因子	主成分因子均值		维度均值	
				青年	中年	青年	中年
A	精神文化	A1	愿景及使命	4.50	4.23	4.48	4.22
		A2	企业价值观	4.45	4.19		
		A3	企业精神	4.47	4.22		
B	和谐文化	B1	员工队伍	4.50	4.24	4.49	4.23
		B2	业务稳定	4.46	4.20		
		B3	地企和谐	4.50	4.25		
C	绿色文化	C1	绿色生产	4.51	4.24	4.50	4.23
		C2	绿色行为	4.49	4.22		
D	物质文化	D1	产品和服务	4.47	4.20	4.42	4.14
		D2	生产环境	4.48	4.19		
		D3	员工条件	4.24	3.98		

续表4-20

维度编号	维度	因子编号	因子	主成分因子均值		维度均值	
				青年	中年	青年	中年
E	高效文化	E1	学习文化	4.41	4.14	4.43	4.15
		E2	专业文化	4.39	4.14		
		E3	管理文化	4.46	4.16		
F	创新文化	F1	科技创新	4.40	4.11	4.42	4.13
		F2	思想创新	4.43	4.13		
		F3	管理创新	4.43	4.15		
G	团队文化	F1	团队精神	4.54	4.25	4.51	4.22
		F2	分工协作	4.43	4.18		
		F3	目标管理	4.51	4.21		
H	形象文化	H1	外在形象	4.52	4.22	4.54	4.25
		H2	内在形象	4.55	4.27		
I	基层文化	I1	基层精神	4.50	4.19	4.49	4.17
		I2	基层学习	4.49	4.20		
		I3	基层生活	4.48	4.13		

4.3.6 分学历维度及主成分因子得分统计

不同的学习经历会影响人的认知，也会影响每个个体的技能差异，同时因所接触的人群不同，看待事物的观点也会产生差异，因而不同学历的人群对华油公司企业文化建设现状的看法也是不一样的。

通过主成分因子分析得分统计，将华油员工按学历程度的企业文化得分进行分类比较，本科及以上、本科以下的员工具体的得分情况如表4-21所示。

表 4-21 华油公司不同学历员工企业文化正式测度量表得分（本科及以上学历员工）

维度编号	维度	因子编号	因子	主成分因子均值		维度均值	
				本科及以上	本科以下	本科及以上	本科以下
A	精神文化	A1	愿景及使命	4.45	4.27	4.42	4.25
		A2	企业价值观	4.39	4.23		
		A3	企业精神	4.42	4.25		
B	和谐文化	B1	员工队伍	4.46	4.26	4.45	4.26
		B2	业务稳定	4.41	4.23		
		B3	地企和谐	4.45	4.28		
C	绿色文化	C1	绿色生产	4.46	4.28	4.44	4.28
		C2	绿色行为	4.42	4.27		
D	物质文化	D1	产品和服务	4.40	4.25	4.35	4.19
		D2	生产环境	4.43	4.22		
		D3	员工条件	4.15	4.04		
E	高效文化	E1	学习文化	4.34	4.19	4.36	4.20
		E2	专业文化	4.31	4.19		
		E3	管理文化	4.40	4.20		
F	创新文化	F1	科技创新	4.33	4.16	4.35	4.17
		F2	思想创新	4.35	4.18		
		F3	管理创新	4.37	4.18		
G	团队文化	F1	团队精神	4.49	4.28	4.45	4.26
		F2	分工协作	4.37	4.21		
		F3	目标管理	4.45	4.25		
H	形象文化	H1	外在形象	4.45	4.27	4.47	4.29
		H2	内在形象	4.49	4.31		
I	基层文化	I1	基层精神	4.44	4.23	4.42	4.22
		I2	基层学习	4.43	4.24		
		I3	基层生活	4.39	4.18		

4.4 企业文化建设定量评估结论

通过前文对华油公司企业文化问卷的发放以及对问卷结果的统计分析，并对统计量化结果进行多维度多层次的分析，得出以下结论。

4.4.1 整体企业文化建设现状定量评估结论

根据华油公司企业文化维度及主成分因子统计分析结果，结合企业文化评估模型，绘制出华油公司企业文化整体现状的雷达示意图，如图4-7所示。

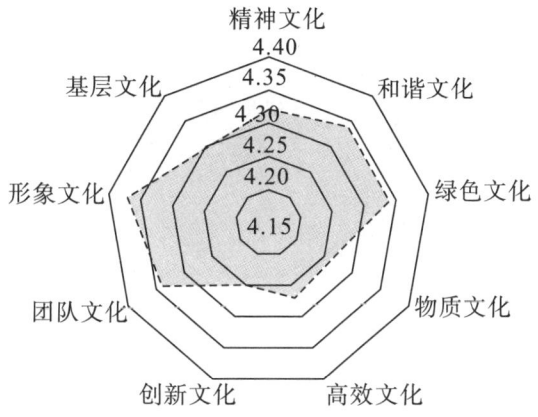

图4-7 华油公司企业文化现状雷达图

华油公司企业文化的总体得分均值为4.31，处于优秀区，说明公司目前的企业文化处于意识驱动阶段，但是，驱动力明显不足，稍微不努力，就会掉入良好区。从问卷上来分析，4.31表示选择"同意"的人占了大部分，有少数人选择"非常同意"，所以，对于全公司大部分员工来说，企业文化只处于"同意"阶段，离"非常同意"还有一段距离，还没有达到"深入人心"的程度。

从各个维度来看，形象文化（4.37）>团队文化（4.34）=和谐文化（4.34）=绿色文化（4.34）>精神文化（4.32）>基层文化（4.30）>高效文化（4.27）>物质文化（4.26）>创新文化（4.25）。9个维度的最低得分是4.25，说明这9个维度都处在优秀区，企业文化一定程度上被员工认同。

从各个主成分因子来看，所有的因子得分都大于4.00分，处于优秀区。其中内在形象分数为4.39，说明华油公司企业内部员工的精神面貌和综合素质相对较高。得分最低的是员工条件,仅有 4.09,说明员工素质可能并不符合公司未来的发展,公司员工数量并不充足,大部分员工感到工作并不轻松。

4.4.2 分性别企业文化建设现状定量评估结论

根据华油公司分性别企业文化维度及主成分因子统计分析结果,结合企业文化评估模型,绘制出华油公司由于性别不同而对企业文化现状不同认知的雷达示意图,如图 4-8 所示。

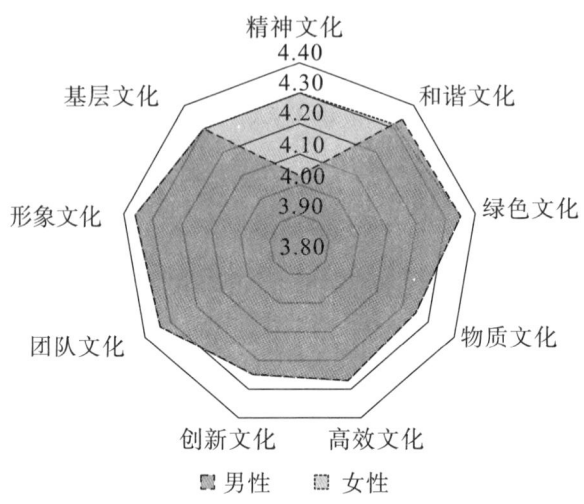

图 4-8 华油公司分性别员工企业文化现状认知雷达图

男性员工认为形象文化>和谐文化>绿色文化>团队文化>基层文化>高效文化>创新文化>物质文化>精神文化,形象文化为 4.36,精神文化仅为 4.03,远远落后于其他文化,说明华油公司的形象文化在男性中的认可度很高,男性员工能够很好地树立形象观念,这与总体的文化现状认知相符,但是在精神文化方面做得不够好,男性员工对企业的精神以及企业的价值观等认知度不高,这可能跟男性本身的感知偏理性有关。

女性员工认为形象文化>绿色文化>团队文化>精神文化>和谐文化>精神文化>基层文化>物质文化>高效文化>创新文化,且所有维度得分均超过 4.25 分。通过结果可以看出女性员工对整体的文化认知均高于男性,对于公司的形象文化建设最为满意,但是女性员工对高效文化以及自身的创新性评价不高,说明女性员工应加强自身的学习,增强创新意识。

通过结果可以看出,女性员工分值普遍较男性员工高,说明女性员工更满意公司目前文化建设现状。

4.4.3 分年龄企业文化建设现状定量评估结论

根据华油公司分年龄企业文化维度及主成分因子统计分析结果，结合企业文化评估模型，绘制出华油公司由于年龄不同而对企业文化现状不同认知的雷达示意图，如图 4-9 所示。

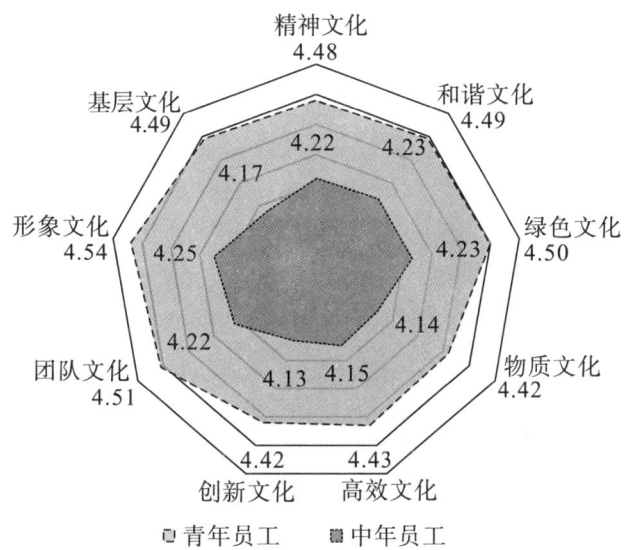

图 4-9 华油公司分年龄员工对企业文化现状认知雷达图

结合分析数据我们可以得出如下结论：

青年员工认为形象文化>团队文化>绿色文化>和谐文化＝基层文化>精神文化>高效文化>物质文化>创新文化，符合总体的形象文化在全体员工的认同感。通过对比可以看出青年员工更加注重团队的构建、团队之间的合作，更具有团队意识。青年员工更注重社交和提升效益，对华油公司团队建设和绿色文化建设更加满意，创新文化是公司文化建设较不理想的部分，符合华油整体文化现状，主要体现在精神文化尚无书面化文件、缺乏创新人才上。

中年员工认为形象文化>和谐文化>绿色文化>精神文化>团队文化>基层文化>高效文化>物质文化>创新文化。中年员工对和谐和绿色文化更加满意，主要还是因为中年人追求的更多是稳定，符合中年人的行为特征。中年员工还认为除创新文化外，物质文化建设不够好，说明中年员工对工作回报的要求更高。

通过结果可以看出，青年员工分值普遍较中年员工高，说明中年员工觉得公司文化建设需要进一步推进，有较大的上升空间。但是无论是青年还是中年员工对企业文化建设的认识均与整体员工对企业文化建设的认识相符，这说明企业在形象文化上的建设得到了员工的认可，但是同时创新文化仍是亟待解决的问题。

4.4.4 分学历企业文化建设现状定量评估结论

根据华油公司分学历企业文化维度及主成分因子统计分析结果，结合企业文化评估模型，绘制出华油公司由于学历不同而对企业文化现状不同认知的雷达示意图，如图4－10所示。

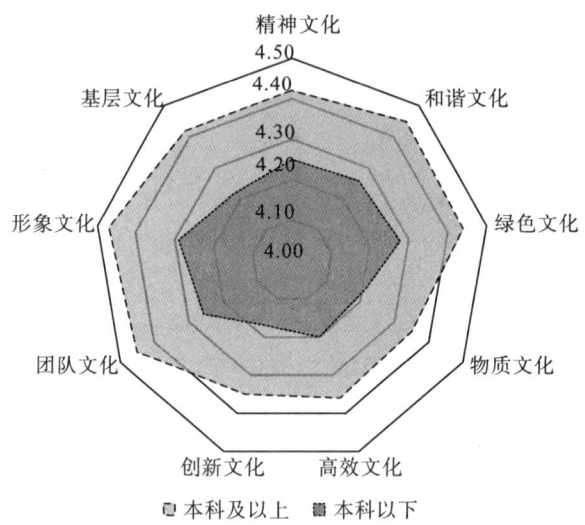

图4－10 华油公司不同学历员工对企业文化现状认知雷达图

结合图4－10分析，我们可以得出如下结论：

本科及以上学历的员工认为形象文化＞和谐文化、团队文化＞绿色文化＞精神文化＝基层文化＞高效文化＞物质文化＝创新文化。通过结果可以看出，本科及以上学历的员工更满意公司的形象文化和和谐文化建设，更符合高学历员工的行为特征，注重公司的整体建设。但是对于物质文化相对来说满意度不高，也符合高学历员工的行为特征。创新文化得分最低，符合华油公司整体企业文化建设现状，说明员工对公司创新文化的建设最不满意，因而公司创新文化建设需要更进一步加强。

本科以下员工认为形象文化＞绿色文化＞和谐文化＝团队文化＞精神文

>基层文化>高效文化>物质文化>创新文化，各维度之间得分差距较小，说明本科以下学历员工对公司各方面文化建设均比较满意。本科以下员工对绿色文化和和谐文化更加满意，对物质和创新文化的认识符合整体员工的认知。

两个群体都对企业的和谐文化以及绿色文化满意，说明企业在这两项文化建设上有很好建树。除此之外，所有员工都认为创新文化是公司目前较不满意的部分，公司需要加快建设创新文化，让创新在全公司蔚然成风。

第5章 国内典型燃气公司企业文化建设经验借鉴

5.1 深圳燃气企业文化建设

5.1.1 核心理念

深圳市燃气集团股份有限公司（以下简称深圳燃气），是一家公共事业类股份有限公司，成立于1982年，上市于2009年12月（股票代码：601139），主要负责城市管道的燃气运营、液化天然气与液化石油气经营。其在整个行业内占据着重要地位，同时在安全运营与服务水平方面也处于领先地位。因此，该公司是国内燃气行业的先驱之一。

该公司具体的文化核心理念如表5-1所示。

表5-1 深圳燃气文化核心理念具体内容

企业文化核心理念	具体内容
发展战略	"走出去"
战略布局	实现"深圳燃气"品牌效应
愿景	成为国内一流的清洁能源综合运营商
使命	发展清洁能源，燃点绿色品质生活
核心价值观	责任、担当、创新、共享
特殊使命与责任	居安思危，不断进取，不断超越，积极承担公用事业企业责任
经营理念	安全稳定供气、优质高效服务、绿色低碳运营、切实保障民生、用心回报股东
不竭动力	创新发展

续表5-1

企业文化核心理念	具体内容
未来发展理念	在继承中创新，在创新中发展，深化清洁能源的综合利用；全面提高安全稳定供气、优质服务水平，为广大利益相关方创造绿色福利、生态福祉

深圳燃气通过企业社团、深燃之星、深燃故事、深燃期刊等途径积极宣贯、渗透和扩张其企业文化的内涵与影响力。随着环境日益恶化，受到市场需求和政策的影响，现有市场十分有利于天然气清洁能源的发展，深圳燃气也充分利用好了这个契机，坚持文化理念，用清洁能源维护蔚蓝的天空。

5.1.2 企业文化特色

1. "党建进班组，党员上一线"书记项目

党的基层组织是党一切工作和权力的根基，与基层党建工作的主体密切联系。班组作为集团公司最基层和最前沿的单位，是推动企业发展的支撑和基础。

深圳燃气各经营单位共有一线生产作业班组260个，其中无党员班组69个。2016—2020年，深圳燃气党委坚持问题导向、目标导向，针对基层的问题和不足，公布并实施了"党建进班组，党员上一线"书记项目，力求努力打通企业党建"最后一公里"。一方面在加强政治领导的同时，把党建工作和核心工作结合起来；另一方面将党建工作重心下沉到基层，加强基层班组政治建设、廉洁建设、安全管理和优质服务管理，不断提升班组规范化、精细化管理水平，使基层班组成为坚决贯彻执行公司决策部署的重要力量，成为全面深化企业改革的重要力量，成为推动公司创新发展的重要力量。

（1）坚持政治引领，将党建意识强化到班组。

"火车跑得快，全靠车头带。"通过实施"党建进班组，党员上一线"书记项目，深圳燃气党委为公司每一个基层班组选配1名党员干部开展挂点工作，突出党员的先锋模范作用。项目实施以来，企业挂点党员当好"宣传员"，并按照"1+N"有关要求，组织班组集中学习政治理论，将其明确为党内"第一要务"；通过及时向班组传达党委的最新文件和决策，并就政治理论学习内容和相关重要政策进行解读和分享，帮助基层班组更好地掌握和领会。总的来说，"坚持政治引领，将党建意识强化到班组"，在发挥党员政治引领作用的同时，也使得各职能部门领导的工作方法更适合基层实际情况，建议的工作措施

更具有可操作性。

（2）坚持目标导向，将党建作用发挥在班组。

倾听民声方知民生，解民事方能暖民心。针对基层班组政治意识淡薄、问题解决机制不完善、规范不足和标准化水平低等问题，深圳燃气党委积极探索并落实省委关于实施基层党组织"头雁"工程有关部署，挂点党员干部通过参加班组例会、组织标准化培训、开展安全隐患排查、应急演练等班组活动，主动倾听班组意见建议，当好民心民意的"收集箱"，倾听员工心声，主动了解员工的思想状况，积极收集员工的想法和建议；挂点党员当好问题解决的"助推器"，建立基层班组诉求办理工作机制，完善基层问题办理流程，认真处理好班组反映的每一项问题。

（3）坚持规范建设，将党建质量落实在班组。

基层班组是各项决策部署的执行单元，肩负着最终端的执行任务，班组的执行力和管理水平直接影响着各项经营任务的最终落地。深圳燃气党委聚焦"标准+"模式，在班组党建、安全生产、优质服务、廉洁建设等方面同步推进，积极探索班组标准化建设，为进一步提高班组的工作质量而努力。

通过"党建进班子，党员上一线"的书记项目，及时有效地传达了党委的声音，更好地贯彻了上级党组织的决策情况与部署安排，有效加强了管理层与基层的联系，使基层诉求得到了较好的解决。深圳燃气党委将继续坚持政治引领，持续推进党建工作向基层延伸，继续建强班组，努力将基层班组建设成为政治意志坚定、工作技术精湛、生活作风优良、团结和谐互助的坚强战斗堡垒。

2. "科技强安"安全文化

燃气行业作为一个高危行业，深圳燃气一直严格贯彻落实《关于安全生产领域的重要批示》指示精神。深圳燃气强调"科技强安"的文化理念，建立了严格的设备与技术管理程序，推行"无泄漏站"管理，开展管道完整性管理，应用NB-IOT物联网表，探索5G在应急抢险中应用，推广瓶装气二维码溯源管理。

深圳燃气坚持"零事故、零伤害、零污染"的安全目标；强调"安全靠科学管理、靠人文关怀、靠社会责任"的安全理念；建立健全了"双主任制"，即以董事长和总裁为双第一责任人的安全管理机构和全员安全生产责任机制；由公司领导积极推行公司值班领导"三个一"制度（即值班领导在月初、月中、月末分别有一个任务，具体为听取一次安全工作汇报、开展一次夜间突击检查和完成一个安全工作总结），直接抓安全措施。

公司在所有生产经营中建立了双重防范机制，重视危险源风险调查评估的原则和程序，将风险管理相关工作纳入企业安全生产标准化管理体系，形成了以安全风险管理为核心的安全生产标准化体系运作模式，如图5-1所示。同时，公司完善了安全生产标准化文件体系，建立了以安全目标为引领、以双重防范机制为核心的管理体系。安全生产标准化管理体系不断完善，更加系统地规范和管理安全生产。

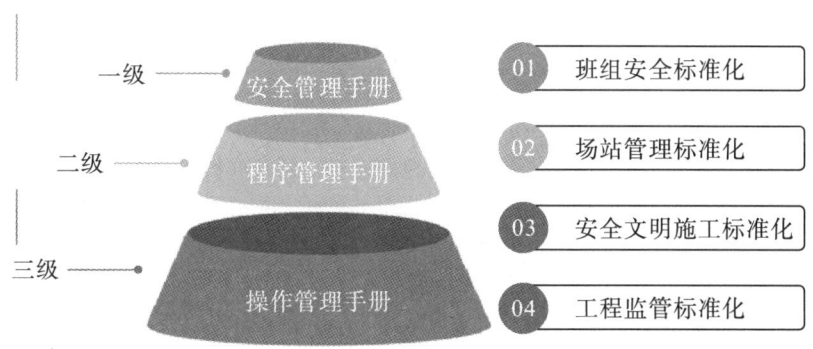

图5-1 深圳燃气QHSE管理体系

3."崇德尚才"人才文化

人才是企业发展的根本，是推动企业实现跨越式发展的资本。深圳燃气提出"崇德尚才"的人才理念，是深圳燃气在选人、育人、用人等方面的标准和要求，是赢得发展、应对挑战的根本所在。

"崇德尚才"是公司选用人才的标准。"德"是灵魂，是向导。"崇德"就是在选人用人时把道德情操放在首位，要求员工品行端正、品格高尚。"才"是能力，是工具。"尚才"就是要求员工专业素质硬、综合能力强，在平凡的岗位中有不平凡的作为。以德为先，德才兼备，构建适应深圳燃气持续发展的人才结构。

对于每一个能够做好本职工作，为公司发展做出贡献的"有能力的人"，深圳燃气将为其搭建展示才华的舞台，使其才能得以充分施展，同时为他们提供全方位的发展渠道，帮助他们实现个人价值，真正做到人尽其用。"崇德尚才"不仅是深圳燃气的人才理念，更是每一位深圳燃气人共同的追求。

人才培养的目的在于激励员工成长。在人才理念的引导下，深圳燃气将人才培训常态化，畅通员工晋升通道，释放人才活力，帮助员工实现职业发展。在员工培训方面，深圳燃气持续优化员工培训体系，依托深圳燃气学院、博士后科研工作站、院士工作站等平台，以多元化方式开展多层次的培训，综合提升员工职业能力，助力员工实现自我价值，如表 5-2 所示。

表 5-2 深圳燃气人才培训体系

培训类型	培训目的	培训方式
领导力素质培训	培养综合能力、专业能力和管理能力	重视理论学习和实战演练相结合：课堂授课、案例教学、实战沙龙、专题讲座、标杆考察、行动学习、移动学习、岗位练兵、现场指导、技能竞赛、"掌上学院"
班组长素质培训	培养班组长业务水平和综合能力	
专业技能培训	提高专业技术水平	
生产一线岗位技能作业人员培训	培养理论水平和实操能力	
新入职员工培训	帮助新入职员工了解职场规则、行业发展趋势和公司现有业务，提升分析能力和职业能力	
学历教育	鼓励支持基层员工修读学历课程，完善自身知识体系建设	

4. "燃点绿色，发展星辉"的社会责任

深圳燃气在集团各个层面、各个领域建立了社会责任工作制度，成立了由集团高管领导和部分负责人共同组成的"社会责任推进委员会"，全面指导集团的社会责任工作。

深圳燃气还注重建立与所有潜在利益相关者的正常沟通和交换机制。公司通过多种渠道、多种形式、多种层次的沟通活动，积极与所有潜在利益相关者交流，深入了解所有利益相关者的期望和要求，为制定公司战略和行动计划提供了重要参考，也为履行责任和信息公开提供了工作思路，如表 5-3 所示。

表 5-3 深圳燃气常态化沟通机制

利益相关方	共同关注的议题	沟通渠道和方式
政府	依法合规经营 安全稳定供气 绿色低碳发展	工作会议 定期汇报 主动纳税
股东及债权人	经营业绩 优良治理 风险管控	定期报告 集团网站 集团年报 "三会"与委员会会议

续表5-3

利益相关方	共同关注的议题	沟通渠道和方式
客户	可靠供气 客户服务质量 客户满意程度 信息安全 节能减排	入户安全检查 安全用气宣传 客户满意度调查 客户拓展拜访
员工	满意的薪酬鼓励 良好的工作环境 畅通的职业晋升渠道 工作和技能培训	员工代表大会 民主生活会 员工培训 员工文体活动
供应商	公平和谐采购 诚信互助履约 战略高效合作	"两商"采购平台 "两商"管理工作会议 交流合作平台
社区与公众	支持农村发展 关注社会发展 共建和谐社区 保护环境	对口扶贫 三都支教 社区交流 社区捐赠 志愿者活动

绿色环境保护是能源发展的必然趋势。深圳燃气坚守可持续发展理念，"承担绿色使命，实践绿色发展，拓展绿色足迹"，始终紧紧跟随燃气行业的根本，为致力于提供安全清洁高效的能源和提高清洁能源综合利用率而努力。

积极运用环保技术，全面推行绿色办公，以低碳高效的运营模式提升企业绿色竞争力，助力天更蓝、水更清、山更绿，促进社会可持续发展。

5.2 华润燃气企业文化建设

5.2.1 核心理念

华润燃气成立于2007年1月，其从成立至今，已经走过10多年的发展历程。其作为华润集团的主要业务单位，经营业务涉及管道燃气运输、汽车燃气销售和燃气相关配套器具设计等城市燃气业务。

经过不断发展，华润燃气实现了从无到有、从少到多、从弱到强的跨越发展。截至2020年底，华润燃气共投资于苏州、福州、昆明等220多个大中型城市，其中天然气年销量近160亿立方米，消费者超过2600万人。2008年10

月底,华润燃气在香港成功挂牌上市。

目前,华润燃气坚持集团诚信、务实等企业文化精神,努力践行企业使命,即为民众提供专业化和高效率服务,始终供应安全、清洁的燃气,现已发展成为城市主要燃气运营商之一。

1. 企业愿景——成为中国受尊重的燃气行业领导者

华润燃气集团以此为企业愿景,并希望受到客户、员工、股东、社会和政府的尊重(见表5-4)。

表5-4 华润燃气核心理念及内涵

核心理念	内涵
受到客户尊重	作为与大众生活息息相关的行业,始终以客户为中心,为客户创造价值,不断提高客户满意度,赢得客户的真心尊重
受到员工尊重	以人为本,关心、爱护、尊重员工,为员工创造良好的发展平台,体现自身价值
受到股东尊重	以股东价值最大化为追求目标,想方设法为股东持续不断赚更多的钱,创造丰厚的回报
受到政府尊重	常怀感恩之心,真情回馈社会,积极履行社会责任,努力做优秀企业公民
受到社会尊重	坚持诚信经营,履行承诺,不仅追求经济效益,还要追求社会效益,实现经济效益和社会效益的和谐统一

2. 战略目标——成为燃气企业中的"中国第一、世界一流"

华润燃气希望在行业资产规模、经营状况、财务绩效、管理能力、企业价值等领域,力争成为中国燃气行业的第一。

3. 价值观——诚实守信,业绩导向,以人为本,创新发展

"诚实守信"是华润燃气的核心价值,更是其经营管理的基础;"业绩导向"是华润燃气长期发展的风向标;"以人为本"是其为社会不断创造价值的初心;"创新发展"是其应对时代发展过程中挑战的原动力。

4. 企业承诺——做得比说得好

华润燃气倡导全面的诚信理念,主要从企业和个人层面入手,主要为股东、客户、员工和社会诚信。在企业层面,华润燃气坚持向合作伙伴、股东、社会、员工、客户认真履行承诺,努力超越他们的期望;在个人层面,言必行,行必果,人诚,业为上。

5. 企业信条——包容信任，感恩回报

"昨天有贡献，今天善待你，明天靠自己。"每一名员工均是华润燃气的"有功之臣"，"滴水之恩，当涌泉相报""善待合作伙伴、善待企业功臣"是华润燃气一贯的理念。华润燃气把履行社会责任视为"超越利润的追求"，努力打造"投资者信赖、员工热爱、社会尊敬、口碑传播"的企业形象。

6. 用人理念——海纳百川，唯才是用

树立"大华润"的理念，坚持五湖四海揽各方英才，做到才尽其用、人岗匹配；根据每个人的长处和特长，摆正位置，扬长避短；给予管理者充分的信任和授权，让他们自由使用权力，并在自己的职责权限内独立工作；实施"薪火计划"，即每年从国内知名高校招收300名应届毕业生，通过系统培养，努力打造"华润未来之星"。

7. 人才理念——尊重人的价值、开发人的潜能、升华人的心灵

在尊重人的价值观方面，华润燃气一直积极倡导"人人都是人才"。只要亲近华润、认同华润、具备专业精神和职业素质、能够为企业创造价值，就是"华润人"，就都能够成为华润的人才。

近几年，华润燃气一直在努力引导企业价值和员工价值的共同增长。随着公司的不断发展，员工也为他们的付出获得了相应的报酬和职位，并实现了价值认可。员工能够通过在华润燃气的工作经验，创造出属于华润燃气的品牌效应，从而增加自身的市场价值。

在开发人的潜能方面，华润燃气把人才培养放在极高的战略领域，通过不断为员工创造学习与工作的平台，力促他们实现自身的最大价值。这是华润燃气对企业员工最大的尊重，更是对企业员工最大的善意。

具体而言，华润燃气努力优化人才选拔、培养、任用和留用机制，强调绩效导向型人才选拔标准，科学评估和选拔人才，培养各级各层次人才，充分挖掘人的潜力，充分利用人的才能。

在升华人的心灵方面，华润燃气始终遵循"以人为本、员工带动增长、提高生活质量"的经营理念，其一切经营活动都是为了让人们过得更好。这是华润燃气员工的存在意义，也是华润燃气员工更高水平层面的精神追求。

具体来说，华润燃气培养和造就了能够充分占领市场领导地位、有责任感和使命感并力求团队目标得以实现的企业团队，这是华润燃气对人才培养持续不断的追求与目标。

此外，华润燃气根据战略和组织发展需求，围绕其人才团队建设计划，形

成了针对不同人才群体的差异化管理体系，同时通过推广关键岗位关键员工的多岗位、多职能和多行业实践经验，不断优化人与工作之间的匹配度，从而整体提高人才团队的结构和水平，最终保持企业的激情和活力。

8. 同事关系——事业上的伙伴，生活中的朋友

华润燃气始终倡导"无大无小，无上无下，无严格"的观念，即上、下两级关系和谐，能和睦相处；同时，在工作中贯彻"高标准、严要求、无人情"的标准；此外，在日常生活中，员工之间可以真诚坦诚地对待对方，共担困难，互相帮助，成为生活中的朋友。总之，华润燃气希望员工为了公司的共同利益，能够相互合作，相互支持，成为事业上的好伙伴、生活中的好朋友。

5.2.2 企业文化特色

1. "1+2+3"管理模式

2007年成立至今，华润燃气在"拿来主义"的基础下，并根据自身的实际，不断找寻合适的管理模式。该公司的管理可以用"摸着石头过河"来形容，其管理过程从无到有，不断完善与深化。近年来，平衡计分卡、全面预算与风险管理、全员绩效与精益管理等管理体系被集团相继推出，随着集团的指导与帮助，华润燃气积极落实相关的管理工具与方法。

华润燃气每年都会确定2~3个主题，目的在于使经营过程中最重要和紧迫的问题得到解决，并以此规范管理，提高相关的水平与意识。经过几年燃气管理实践，华润燃气形成了自己独特的"1+2+3"管理模式：诚信合规的一个原则，行动学习与精益管理的两个方法，无边界、3C领导力、学标杆的三个主题（见图5-3）。

打破边界，协同共赢

- 推行无边界管理，倡导无边界文化，建立无边界组织。打破成员企业之间以及部门和职级的界限，推动成员企业之间、员工与管理层之间、部门之间、员工之间的沟通顺畅无阻，实现资源共享。
- 通过推行虚拟大区管理模式，打破组织壁垒，破除"院子理念"，营造"比学赶帮超"的氛围，相互学习、取长补短，使创新、活力和激情迸发出来。
- 华润燃气通过文化培训、价值观塑造、机制激励、工作历练等方式，营造一种催人奋进、促人成长的氛围，激发员工的事业心、责任感、使命感，引领员工探索工作、生命的意义，致力于更高层次的精神升华，实现超越个人利益之上的追求。

3C领导力素质模型

- 该模型从"发展、管控和文化"三个方面，提炼出了"战略规划、政府支持、气源保障、无边界、学标杆、安全运营、勇于担当、坚韧不拔、以人为本、诚信合规"等十项具有燃气个性化的领导力素质，每个素质均与燃气业务紧密结合，是做好燃气业务、管理好企业的关键点，明确了华润燃气经理人所应具备的素质、能力、价值取向以及必须遵循的行为准则。

学标杆

- 要从关注财务指标，关注营运过程指标：要带头比工作、比管理、比贡献，而绝不是比薪酬、比待遇、比职级。

图 5-3　华润燃气管理三个主题

2."以客户为导向"的服务理念

华润燃气本着该服务理念，给予客户安全清洁的燃气以及高质、友好的专业服务。

服务承诺：2009年至今，华润燃气始终坚持服务承诺，从稳定供气等七个方面和十六个子项目做出具体的服务目标，以完善管理和提高服务水平。

随着服务承诺的持续开展，当年业绩评估和下年目标制定的闭环管理流程被建立，服务承诺的管理效果持续改善。

顾客满意度：为获取客户的客观评价，挖掘客户需求和期望，从2008年开始，华润燃气委托国际知名咨询公司，对华润燃气开展客户满意度调查。

通过独立第三方的客户满意度调查，华润燃气积极将客户期望转变为自己的管理思想，并迅速形成行动语言，将客户的期望和需求转变为产品和服务标准及响应流程，促进以客户为导向的管理文化的建立。

3. 燃气学院引领"1+5"培训体系

在"尊重人的价值、开发人的潜能、升华人的心灵"的宗旨下，华润燃气利用好相关资源，为员工提供全面的职业发展规划，提高员工的专业技能和综合素质，充分利用人才及其能力。

(1) 健全培训体系，重视人才培养。

华润燃气构建了以燃气学院为主、下设 5 所区域培训中心的"1+5"培训体系，培训满意度调查结果均在良好以上。"乐学勤思、躬行善享"的学习文化被燃气学院推崇和应用，吸收学习好的知识和理念，并善于思考，坚持理论与实践应用的结合，并在过程中进行总结与分享，在行动中学习，在学习中行动。在这种学习文化下，学院立足燃气发展，勇于突破创新，并将其落实到具体的人才培养实际行动中去。

在关键人才培养方面，"华润燃气领导力素质模型"基础下的 3C 培训体系被构建起来，总经理序列、工程序列、安全输配序列等 3C 经理人培训由此被组织实施，并逐层落实培养模式，推行覆盖高级管理层、行业专业技能建设等方面的培训项目 24 个，总课时 1431，培养学员 3908 人次。

(2) 建立后备人才库，重视新员工成长。

基于近年来快速发展影响下人才急需的现状，华润燃气建立了后备人才库，选拔并储备目前总部及成员公司的优秀专业技术及管理人员，制定各个员工的职业发展规划，促进其发展；同时，针对新入职的应届毕业生，制定三年培养规划，采取系统而递进的培养方式，将其成长与职业发展相结合，穿插见习交流、小结工作坊等活动，并通过一线岗位练兵，使员工尽快熟悉岗位业务，融入工作团队，迅速成长为独当一面的职业人。

(3) 落实员工帮扶。

华润燃气积极了解员工思想，关注困难员工的工作和生活，帮助员工解决实际困难。在此过程中，具体的形式主要有信访接待、职业培训等。

4. 积极向上的社会责任文化

华润燃气形成了一种积极向上的责任文化，具体阐述如表 5-5 所示。

表 5-5　华润燃气社会责任文化内容

序号	主要内容
1	正确对待业绩、辛苦和价值观，业绩不向辛苦妥协，价值观不向业绩妥协
2	努力打造简单、坦诚、阳光的组织文化
3	对经理人要严，对员工要善
4	尊重人的价值，开发人的潜能，升华人的心灵，保护员工权益，实现企业价值和员工价值最大化

续表5-5

序号	主要内容
5	诚信是华润燃气文化的基石,是必须坚守的底线
6	为客户提供更为优质、环保和人性化的产品和服务,不断超越用户的期望
7	携手合作伙伴互惠互利,共同发展,合作共赢
8	不以牺牲环境为代价谋求企业发展,不以牺牲环境的长远利益换取企业的短期效益,不以损害员工健康为前提美化工作空间
9	不以牺牲公民的健康和生命谋取没有良心的利润,不以损毁品牌为代价谋求企业的短暂辉煌
10	常怀感恩之心,努力回馈社会

5.3 北京燃气企业文化建设

5.3.1 核心理念

北京市燃气集团有限责任公司(以下简称北京燃气)作为国有企业,至今已走过了60多年的发展历程。

2006年底,原燃气集团管道项目与非管道天然气业务分离,此后北京燃气主营城市天然气业务。

2007年5月该集团在香港上市,注册资金为58.836亿元。根据2019年底的数据,该集团天然气的供应量已达到173.24亿立方米。

在中国范围内,该集团的管网规模、燃气用户数等位居榜首,是最大的单城市燃气供应商。而北京也荣升为中国第一个天然气年购销量超过100亿立方米的城市,名列世界第二。北京燃气坚持以"立足北京、内外并举、专注燃气、上下延伸"作为企业发展战略,持续打造包括上游天然气基础资源、中游天然气运输管线和下游天然气终端市场的全产业链格局。天然气管道是一种物质载体,在这种有形有象的载体上输送的是无形燃气文化,在北京燃气的全体员工心中拥有比管网更通达的情怀,在北京燃气的全体员工身上蕴含着比燃气热值更高的能量,北京燃气人续写着中华传统文化的新篇章,用智慧和奉献谱写燃气事业的新乐章。

1. 企业使命——服务社会,造福民生

在政府嘱托和百姓厚望下,基于主观选择与客观条件,集团始终坚持并发展升华了这个历史赋予的使命。

2. 企业愿景——成为世界一流的清洁能源运营商

基于现实的状况与发展,集团必然将其作为愿景,并始终致力于实现这一愿景。

3. 核心价值观——气融万物,惠泽万家

作为企业与员工评价自身意义的标准与行为的选择依据,此核心价值观传承于传统哲理,发展于现代文明,也做到了从物质价值到精神价值的升华,能够为集团开创未来提供强大的支撑。

4. 企业精神——朝气、正气、大气

集团的文化依赖于每一个燃气人,北京燃气人不仅举轻若重,还举重若轻,前者在于他们高度负责,后者在于他们勇于开拓。得益于燃气发展的历史积淀,该公司形成了朝气、正气、大气的企业精神,并将坚持传承与弘扬该精神。

5. 企业作风——能拼搏、能奉献

该作风在燃气人的使命中建立,在燃气人的担当中成长,并形成了他们豪爽的气概。直面困难不退缩、不轻易服输是北京燃气人能拼搏的真实状况,付出自己的每一份真心、致力于整个集团的发展是北京燃气人能奉献的具体写照。

6. 经营理念——领先开拓市场,服务赢得客户

为了实现最终的目标,需要制定基本原则以指导整个经营活动,这个基本原则即为公司的经营理念。基于此,集团重视经营,以实现市场效益;重视服务,以实现品牌效益;并通过提高客户的忠诚与满意度,以此为集团创造更大的价值。

7. 管理理念——扬弃成就卓越

集团的管理理念得益于其在持续并成绩卓越的过程中不断创新,其中的"扬"坚持了核心价值观,"弃"又是发展过程中的成熟部分。"扬"与"弃"相辅相成,前者为后者提供了前行的方向,而后者为前者发掘了成长空间。

8. 安全理念——安全是魂,预防在先

该安全理念用于明确和指导公司的安全管理相关工作,是公司使命的要求,也是核心价值观存在意义和行为价值的必然选择。其作为安全工作的基本原则,可以促进公司实现愿景,并奠定坚实的基础。

9. 服务理念——服务为本，真情到家

继承传统优势与升华时代追求的服务理念，能规范与指导该集团所有人的服务工作。其中的"服务为本"彰显了集团的使命，"真情到家"又弘扬了绿洲精神，得到了全员的认可。

10. 人才理念——为人才创造机会

作为第一要素的人力资源，优秀的人才不仅其本身是公司的财富，还能够为公司创造许多的财富。"人才"与"机会"的结合，使得集团的价值与人才的价值紧密相关，两者相辅相成。只有集团价值，而没有人才价值，就像"无源之水"，无法持久；而只有人才价值，没有集团价值，就像"无木之本"，缺乏根基。

11. 执行理念——知道是前提，做到是关键

集团中的决策者和执行者关系紧密，两者相互尊重并为对方服务，是一种合作伙伴关系。知道是上级做出正确决定并正确执行这些的前提，做到是下级执行决定并有效实现其意图的关键。只有把有效的行为转换为习惯，公司卓越的执行力才会因此而形成。

5.3.2 企业文化特色

天然气是一种绿色、低碳的清洁能源，能够促进城市的生态文明建设、能源结构的调整升级，同时也可以推进节能环保城市建设的进程。主营天然气的北京燃气也因此获得了巨大的发展空间。

1. 强化企业安全生产

安全供应始终是该公司的首要前提，该公司坚持"安全是魂、预防在先"的理念，以此来保证北京燃气的正常平稳供应。在燃气管理中引入国家北斗精准服务网，提升安全管理水平、降低安全运营风险。

2. 助力首都清空计划

近年来，该公司紧跟并积极参与北京市政府的"清洁空气行动计划"。在此过程中，基本在城六区和南部平原地区实现了"无煤化"，天然气占比各个能源消耗总和的比例上升了31%，高于全球平均水平。

3. 高度重视科技创新

自2012年该集团成为燃气行业的首个高新技术企业以来，截至2017年，该集团在高新技术企业资质方面一直保持了三年。2015年，该集团获得了国

家工程院院士和业界的一致好评,原因在于其申报的一个工程荣获第十三届中国土木工程詹天佑奖。多年来,集团在发明专利方面的成果显著,并致力于制定和编辑国家、地方和行业标准。

4. 积极履行国企责任

自成立起,该集团参与了多项社会公益事业。该集团也因此受到政府和社会的高度评价,并获得了许多荣誉。主要荣誉如表 5-6 所示。

表 5-6 北京燃气所获主要荣誉称号

序号	荣誉称号
1	中国企业 500 强
2	北京十大影响百姓生活企业
3	全国企业文化建设 50 强
4	全国五一劳动奖状
5	首都平安示范单位
6	首都文明单位
7	北京市和谐劳动关系先进单位
8	百家重诚信单位

同时,该集团还响应国家"一带一路"倡议,积极"走出去",使得自身在境外项目投资的发展实力得到增强。该集团作为燃气行业的窗口,也将北京城市副中心行政区与雄安新区智慧燃气整体解决方案工作纳入自身的工作范围之内,主动履行作为国有企业的社会责任。

近年来,该集团在国际上的影响力有所提高,与其他 20 多个国家的能源企业友好相处并建立了紧密的关系,并进行了燃气技术、人员交流以及设备设施贸易往来。

随着我国国际地位的提升,该集团也积极参与国际活动,承办了 2013 年国际燃气联盟(IGU)理事会,参加了 2015 年世界燃气大会(WGC),承办了 2016 年亚洲及西太平洋地区燃气信息交流大会暨展览会(GASEX)。在 2017 年,该集团的领导成功被选举为 IGU 主席。目前,在中国城镇之中,该集团已是燃气行业最响亮的"国际名片"。

5.4 昆仑燃气企业文化建设

5.4.1 核心理念

昆仑能源有限公司（以下简称昆仑能源）1973年3月在香港上市，最终由中国石油天然气集团公司控股。其股票代号为00135，同时也是恒生中国企业指数成分股之一。

1973年至2008年，昆仑能源主要开展燃油气勘探与开发业务；2009年，进行业务转型。转型后主要进行天然气销售，同时兼顾天然气综合利用。其中，围绕发展LNG业务，提出了"以气代油"的思路，并逐步实施该策略。经过不断发展，昆仑能源一直处于迅速发展的态势；2015年，昆仑能源欲增资，同时鉴于中石油昆仑燃气及其前控股股东中国石油天然气集团公司在市场上的影响力，最终收购了中石油昆仑燃气，获得其100%股权，成为中石油昆仑燃气全资控股股东。昆仑能源希望通过这一举措与自身的不断发展壮大，能够成为中国油气业务的主要融资平台和天然气业务管理平台。时至今日，昆仑能源业务重点为天然气管道运输、液化天然气加工和城市燃气销售。

作为中国的石油服务行业，中石油昆仑燃气有限公司（以下简称昆仑燃气）是广大天然气用户的联系纽带。长期以来，它充分履行企业三大责任，始终为用户提供稳定和长期的天然气，进一步保证资源供应和优质服务，并进一步推动打造国内和国际一流专业天然气公司的进程。总的来说，昆仑燃气一直在不懈努力地提高城市节能、减少污染排放，实现技术产业现代化，改善人们的生活质量，其文化理念如表5-7所示。

表5-7 昆仑燃气企业文化理念体系

主要理念	核心内容
企业发展目标	建设国内领先、国际一流的燃气公司
品牌形象目标	建设诚信、和谐、负责、受尊重的昆仑燃气
企业价值观	责任、业绩、融合、共赢、卓越
企业愿景	传承中国石油文化、缔造昆仑燃气品牌
企业使命	奉献低碳能源、服务和谐社会
服务理念	始于用户需求、终于用户满意、超越用户期望

续表5-7

主要理念	核心内容
人才理念	人尽其才、人尽其用、位尽其能
营销理念	珍惜资源、创造价值、服务社会
执行理念	执行就是行动快、不走样、争第一
和谐企业观	团结友爱的大家庭
廉洁自律观	不该拿的不拿、不该要的不要、不该做的不做
企业作风	艰苦奋斗、敬业奉献、只争朝夕
宣传口号	昆仑燃气 点燃美好生活

昆仑燃气的企业文化有自己独特的优势，既继承了石油行业优秀文化的核心，又面向市场和世界，以开放、公平、互惠、共赢的开放心态，坚持创新，积极承担社会责任，走生态发展道路。

5.4.2 企业文化特色

1."人才成就企业，企业造就人才"的人才理念

昆仑燃气始终树立科学的人才观，把人力资源作为打造国内外一流的专业燃气公司的首要资源。具体而言：

在人才引进和使用方面，昆仑燃气紧紧围绕重点领域、重点项目加大人才引进。一方面，通过招聘系统，公开发布岗位需求和招聘要求，积极进行毕业生引进，努力吸引各类人才，从而满足公司快速发展过程中所需要的"三支队伍"建设。"三支队伍"建设即对企业高管人员、技术人员和运营人员的建设，这对于企业发展经营具有重要意义。另一方面，昆仑燃气还注重内部人才的潜力挖掘和重点培养，追求员工和企业共同成长，希望通过不断加强内部人才培养，能够做到人力资源的合理配置和不断优化。此外，昆仑燃气还通过建立专业人才区域共享机制、重要岗位竞争上岗等方式挖掘和使用内部人才，充分为员工创造条件，从而搭建出能够让人才脱颖而出的企业平台。

在员工培训领域，昆仑燃气专注于员工培训。一方面，结合内部和外部教育机构，发展了多样化的培训模式。例如，丰富和拓展教育内容，探索和延伸培训资源，建立和维护培训基地等。另一方面，本着"上下级管理、分级实施"的原则，广泛开展员工培训。侧重培养员工的实践技能和创新能力，同时为中高层领导提供领导决策培训，对专业技术人员进行科研能力和专业技能培

训。总之，昆仑燃气希望通过加强员工的职业技能培训，不断提高员工的整体素质，以确保其成为企业创造价值过程中的核心支柱。

在人才成长环境方面，昆仑燃气积极鼓励、支持并帮助人才做好事业。一方面，通过实践过程中形成的企业文化影响人才；另一方面，为各类人才营造良好的环境，方便他们心无旁骛地工作。总之，昆仑燃气希望利用良好的条件和环境，去吸引燃气行业的人才，去留住燃气行业的人才，并去凝聚好燃气行业的人才。

2. "节约、清洁、和谐发展"的社会环保理念

昆仑燃气一直高度重视环境保护工作，崇尚人与自然的和谐。昆仑燃气在经营过程中要求实现"零污染、零泄漏、降能耗"的总体环保工作目标。昆仑燃气坚持"以人为本，环境保护第一"等理念，对公司的整体环境保护规划和环境保护管理体系建设有深刻的认识和具体的行动。一方面，严格执行国家有关环境保护的法律、法规和标准；另一方面，颁布并实施了《环境保护管理条例》《环境要素识别和评价程序》《能源管理程序》等多种环境保护管理规定制度，并通过了 GB/T 24001 环境管理体系认证。

根据工作理念和工作目标，昆仑燃气倡导可持续绿色生态发展理念，并积极做好节能减排工作。一是努力推进清洁能源的生产运行，加强源头控制、过程监督，不断优化工艺流程，积极引进、推广和应用先进基础设施和工艺流程，加强企业污染控制和节能减排工作；二是设置气体泄漏报警器、远程监控设备设施等环保装置，加强环境监控与风险识别等措施管理。

3. 对标规范 QHSE 管理体系

昆仑燃气高度重视质量安全环保工作，严格依据"GB/T 19001—2016、GB/T 24001—2016、GB/T 28001—2011 和 Q/SY 1002.1—2013"标准工作；以风险管理为核心，建立、实施和不断完善 QHSE 管理体系。昆仑燃气还不断完善服务质量管理，坚持开展安全发展、绿色发展。昆仑燃气 QHSE 追求的目标是：工作上零伤害、零污染、零事故以及质量零缺陷；生产上注重节能降耗，在 QHSE 四个方面力争做到全国领先水平。其 QHSE 管理方针内涵如表 5-8 所示。

表 5-8 昆仑燃气 QHSE 管理方针内涵

方针	内涵
以人为本	人是世界上最宝贵的资源，QHSE管理的重心是关注人的生命、健康和生存环境，实现人与自然、企业与社会的和谐
预防为主	树立"一切事故都是可以避免的"理念，变事故处理、事后整治为超前预防、源头控制
全员参与	公司员工认真履行QHSE职责，实现全员参与到分级负责的转变
持续改进	QHSE管理要遵循PDCA管理原则，实现公司业绩的不断提升
质量至上	公司承诺为客户提供满足质量标准要求的产品及达到甚至超出客户预期的服务
服务社会	公司提供清洁能源、推行清洁能源生产，认真履行三大责任，持续改进绩效

5.5 燃气公司企业文化建设经验借鉴

综合分析相关燃气企业文化建设，得出一些可借鉴经验：

第一，结合燃气企业自身的发展，各大燃气企业形成了独具特色的较完整的企业文化体系，主要包括企业的宗旨、愿景、使命、企业精神、核心价值观与职能理念。在各自的企业文化中，对企业的市场定位、责任和追求做了明确阐述。

第二，虽然天然气是一种安全清洁能源，但当天然气在房屋或帐篷等封闭环境里聚集的情况下，达到一定的比例时，就会触发威力巨大的爆炸，发生意外事故。燃气企业主营业务均是围绕着天然气展开，所以，各大燃气企业对企业文化中的安全子文化特别重视，提出了安全目标、安全理念、安全方针等系列安全文化理念，并积极推行QHSE管理体系建立。

第三，燃气企业作为天然气产业链最后的终端，企业文化体现了终端市场特点。各燃气企业都强调在市场竞争下应具备优质的服务理念、服务态度、服务方式。通过高质量服务获取市场满意度，并巩固市场份额。

第四，各大燃气企业的企业文化在尊重人的基础上，又做好了对人的约束和激励。各燃气企业通过自身的企业文化激励员工，带动员工向前发展，提高现有员工的绩效，同时引导着员工哪些行为可为，哪些行为不可为等，使企业成员产生心理共鸣，继而达到行为的自我约束。

第6章　西南地区天然气产业终端销售企业文化建设影响因素分析

6.1　国家宏观经济环境和政策

6.1.1　碳中和视角下天然气仍保持能源优势

天然气作为一种清洁能源，同化石能源比较，它的碳排放量具有明显的优势，同时价格低，受到了国家的重视。在"双碳"目标的指导下，天然气产业更加迎来了发展的黄金期。

从2016年到2019年，天然气消费在全球的年平均增长速度历史性地达到了3.1%。消费量的绝对值也在大大提升，尤其是在亚洲地区最为明显。在"十三五"期间，天然气全球增长总量中有43%都是亚太地区做出的贡献。"十四五"期间，天然气行业全球消费量仍将呈现不断增长的趋势。中国的需求量是美国北部、欧洲以及其他地区的加总。在价格上，随着各地区疫情的缓解，复工复产，天然气的价格也将得到恢复上涨。

根据预测，2024年天然气价格会上升到一个周期内的高点，销售价格在亚洲将有望达到8美元/百万英热单位。在2025年以后，天然气价格将会呈现下跌走势。

"十四五"时期，中国天然气的消费量将大大提升，中国的资源仍是世界最受吸引力的地方。我国在二氧化碳排放量上的目标是要在2030年之前达到峰值，在2060年之前应当实现碳中和目标。当前在全世界范围内能源的使用比例中，煤炭为10%，而我国煤炭的比例达到了29%，远远超过世界平均水平。就横向对比来看，中国在能源使用上对煤炭的依赖强度还比较高。在作为实现碳中和目标和保护环境的途径上来看，天然气仍然是一种有效的途径，并且发挥重要作用：

第一，虽然说在将来推出各种可再生能源是一种趋势，但是各资源的推广还需要突破一些尚未突破的商业技术，因此在短时间内，天然气仍然是实现碳中和目标的有效途径。

第二，当天然气作为原料使用以及部分居民的生活消费品时，它的作用是电力替代不了的。

6.1.2 系列政策出台进一步加强对天然气输配价格的监管

2020年7月4日，《关于加强天然气输配价格监管的通知》正式被颁布出台。该文件指出，各省（区、市）天然气的运输价格和市场销售价格要各自依据当地情况而定，根据当地经济发展情况和人民消费水平，按照"准许成本＋合理收益"的原则进行核定。各省（区、市）依据《关于加强配气价格监管的指导意见》，结合当地经济发展进度和天然气用量制定配气价格管理办法，制定独立的配气价格，但收益率不能超过7%，对经济发展相对落后的区域应当适当降低配气价格。与此同时，政府要鼓励天然气运输企业与终端消费者建立起良好的关系，在提高用户满意度的同时降低企业运输成本，提高经济效益。

1. 要制定合理的运输价格和终端市场的配置价格

各省省级价格主管部门要切实落实好价格制定措施，各地企业才能够按照相应的政策和办法来制定运输价格。所有管道运输企业必须于2020年底之前制定出合理的价格，并及时对外公布。已经制定价格的，随时进行调研，根据市场动态变化，随时调整价格。管道运输企业不能进行自行定价和擅自收费。

2. 要思考供气环节，科学地压缩供气层级

对天然气从外地的购进价格、在省内的运输价格、各企业之间的配置价格以及销售价格进行整理，梳理清楚他们之间的关系，才能够科学合理地搭建区域内的管道，减少供给层级。保障好天然气的主管网，严格控制省内多余管道，对没有实质性的管道网要及时进行整改取消。

3. 要多方联手，严格控制定价成本

对于任何企业来讲，成本控制都是必不可少的环节，天然气行业也不例外，因此，加强对成本的控制是制定合理价格的关键程序。各地严格按照《政府制定价格成本监审办法》等相关规定，定期加强对天然气输配企业的有效资产进行审查，对准许成本进行严格监督和控制。文件要求准许成本的核定遵循三性原则：合法性、相关性和合理性。只要是与输配企业不相关的业务，均不

得进入成本核算。比如，未经主管部门授权审批而建的管道资产、以政府无偿投入或补贴方式存在的固定资产、被剥离出输配企业的辅业等，均不在有效资产的规定范围，不得对其进行折旧计算。

4. 要多方进行市场监管

各地市场监管部门要通过改变计价法等方式来加强对各种天然气输配违法违规行为的监管，切实落实好上级政策以及维护好本区域内市场的公开、透明、稳定。对于跨区域的违法行为，各区域没有监管权限的，应当及时报告上级部门进行阻止。成本信息要在实践的过程中逐步公开化、透明化，引进用户自我监管，从而形成全方位的社会监管。

6.1.3 城镇供气行业收费得以清理规范

2021年1月6日，《关于清理规范城镇供水供电供气供暖行业收费促进行业高质量发展的意见》指出，对水、电、气和供暖等各环节的不合理收费项目要坚决取消。这就要求企业要及时对内部管理层级进行调整和规范，以此来应对市场和国家宏观环境发生的变化。

1. 坚决取消不合理收费项目

该意见对燃气行业、燃气企业最直观的影响就是清理取消了一系列不合理收费。具体而言，取消燃气企业已通过配气价格回收成本的收费项目，目前主要包括以下几个项目：①涉及建筑区划红线外市政管网资产的增压费、增容费等类似名目费用；②涉及市政管网到建筑区划红线连接的初装费、接驳费、开通费、接线费、切线费、吹扫费、放散费等；③涉及建筑区划红线内至燃气表的设施维修维护、表具更换费等；④与建筑区划红线内燃气工程安装不相关或成本已纳入工程安装成本的收费项目，包括开口费、接口费、接入费、入网费、清管费、通气费、点火费等类似名目费用。

2. 对于收费的项目要实行清单管理制度

该意见指出：先清理各种不合理的收费项目，再完善市场价格形成机制，最后对极少数合理合规的收费项目实行清单管理制度。在遵循市场对经济的第一调节作用的同时，要加强政府监管，对不合理的经营者行为及时制止和整改，具体包括以下四个方面：

（1）确定好要保留的收费项目。对天然气企业，从设施到用户整个流程中允许收取合理的费用。但是要将价格公之于众，同时要明确服务项目和内容。对于一些特殊项目，像老住宅区等管道的维护修改工程，费用可以由政府财政下拨、企业自己筹建以及各实际用户自己出资等方式进行筹措。具体的实施措施由政府和企业结合当地实际情况来确定。

（2）收费标准的确立要按国家有关规定的销售价格制定。对不具备燃气智能表计量的市场，可由市场最终用户平均分摊。对于公共部分的配套设施以及各类配套设施的运行维护费用应当由物业费来解决，各类燃气企业与政府不得以任何借口在气费中提高价格。同时，对于价格的制定措施以及各项收费标准，要做到公开透明，及时向市场用户公布，并将信息落实到位。

（3）加快落实好独立配气价格。提出相应意见，像建筑区划红线内符合法律规范的企业承担运行和燃气维护的成本，在燃气表后到燃具前由天然气企业为了各项安全工作而开展的设备维护，更换以及上门的安全检查和服务等成本，应当纳入配气价格来考虑。在此之前，由于燃气企业成本构成比较复杂，导致各项成本费用的边际界限不清，很多地区的价格并不是企业成本的真实反应。该意见便是把一部分的运行维护成本计入准许成本，这在一定程度上有利于明确各项费用的边际划分以及企业与用户的产权范围与安全责任划分，从而确保天然气整个运行过程中的安全。从本质上来讲，就相当于是维护天然气企业的合法权益，进而维护天然气各项工作的平稳有序进行。

（4）加快提升对终端用户服务水平，加快健全行业管理制度和建立健全标准的技术体系，同时，进一步完善天然气行业的服务质量以及用户对企业的评价体系，及时将价格和收费工作公之于众。各地要改善本区域内的天然气发展环境，提高配套基础设施以及相应的管理服务水平，将服务市场化；完善天然气行业的法律规范制度，从而推动天然气市场的平稳健康运行。

6.1.4 反垄断合规管理制度的落实与建立

2020年9月11日，《经营者反垄断合规指南》出台，对企业在反垄断合规管理制度的建立以及合规风险提示等方面提供相应指导。城镇燃气行业历来都是市场监督管理部门反垄断执法的重点，因此，该指南的出台可有针对性地帮助相关城燃企业建立反垄断合规管理制度。

该文件在对企业的反垄断管理制度的建立上起一定的警示作用，同时指导企业如何进行风险应对。国家的反垄断法历来皆以城镇天然气行业为重点监管对象，因此，该文件的出台使各区域的燃气企业建立反垄断法规管理制度有了文件依靠。

细分来说，在企业的组织框架方面，该文件一方面要求具备相应条件的燃气企业选出特定的责任人来确切落实反垄断合规，通过实行责任落实制度；另一方面企业的合规管理体系中，反垄断合规的责任人最好由企业的高管层担任，可以最大限度地保证各项制度在企业中的权威性和独立性。该文件对企业的各部门责任落实也做了细化：①随时关注国内外的反垄断法规，并能根据实际情况提出建议，同时设计出管理办法的实施流程；②成立专业小组，监督企业员工和管理层的行为，及时纠正不恰当的举动；③定期加强对反垄断合规的培训并适时引进专家或技术人才提供咨询；④建立一套反垄断合规台账、企业内部及企业之间的绩效指标；⑤对反垄断事件，配合监管部门进行整改等。

当从国家层面首次出面制定反垄断法，它的意义就在于倡导天然气行业建立合规文化，从法律角度去促使企业重视反垄断法规。而且天然气行业本来就一直受到反垄断法执行部门的重点关注，因此天然气企业重视反垄断法合规体系的建设，结合企业自己的组织架构，设计一套符合自身又符合国家规范的反垄断制度就迫在眉睫。

6.1.5 市场特许经营权放开加剧竞争

城市天然气企业数量较多，竞争激烈，此时如果要开发新的市场会遇到很大困难。随着国家出台相应的政策，大力支持天然气行业的发展以及民营资本注入城市燃气行业，这就造成在城市中燃气行业越发激烈，开发新的市场几乎不可能。城市燃气和其他行业一样，也在向资本多元化和市场化方向发展，这就使得各企业之间的竞争更为激烈。但和其他行业不同的是，天然气行业由于受国家控制，所以其竞争的核心力是特许经营权。就目前来看，我国许多城市天然气行业都拥有了这个权利，由于特许经营权具有排他性特征，所以公司想要发展壮大，只能通过收购整合其他劣质的天然气企业，以渗透方式来拓展自身的业务和市场。

在能源的消费端，用户已不再仅仅局限于使用单一的能源，这些要求企业的产品供给要以用户为导向，统筹优化，和消费者的需求深度融合，从而综合利用能源，做到经济效益与社会效益相统一。同时在天然气供给方面，要做到广泛分布和集中供给相结合，要有针对性地发展可再生能源，形成清洁低碳等多品种的能源供给。同时，在能源的生产和销售过程中，要和数字技术相融合。

伴随着我国国家电网电力体制机制的不断创新、改革深化，国内增量配电与售电端市场相较过去逐步开放，我国逐渐出现了一大批提供综合能源服务的新兴业态。这些以前从未有过的新兴业态迅速涌入市场，打破了原有的市场结构，同时打破了传统的天然气管道运输企业的壁垒，原来的特许经营已经受到冲击。广大燃气企业在遭受过这些新兴业态的猛烈冲击后也产生了强烈的危机感，为了能够应对冲击所带来的影响，部分燃气企业开始加快供热和分布式项目的圈地速度。有的企业成立专门的公司，大量吸引投资者以及将内部留存资金投入分布式项目之中，更激进的是有的企业将传统能源和新兴能源产业进行跨界融合。传统的特许经营方式进一步得到完善，在开展综合能源服务的过程中，将以往通过燃气管网项目获取燃气经营权、通过热力供应获取热力经营权的模式转变成获取供气、供热和供电的统一特许经营权的模式。

面临市场环境的变化，城市燃气企业要想在新的市场环境中生存发展，就必须将企业性质由单一的天然气分销企业转型成为综合能源服务商企业，并依托新的科技手段与技术创新，例如 AI、大数据等，实现企业的传统发展态势向数字能源平台方向转型发展，并不断推动企业成为创建清洁、低碳、智能的现代化能源体系的新型能源企业。

6.2 油气行业管理体制的改变

伴随着我国政治、经济、科技和国民经济的飞跃式高质量发展，我国在能源方面的需求量直线上升。经济社会发展的同时也引出了一些环境问题，因此不能盲目地追求经济指标的增长，在此过程中更需要重视环保问题，这就要求我们必须寻找能够符合当前经济发展形势，适应世界环境变化发展的体制机制，告别高能耗、高污染的传统能源工业，采用清洁环保的新型能源。这对石油、化工、天然气勘探与开采工业企业来说既是挑战也是机遇。

在实行改革开放的几十年间里，我国石油、化工、天然气勘探与开采企业不断改革发展、探索前行，进行了企业自主经营与资产经营责任制相结合等一系列变革，取得了令人瞩目的成就，但制约企业发展的根本性、实质性的问题依然存在：企业制度现代化不够完善、结构性矛盾突出问题依旧显著、前期投资大、生产成本高、企业收益慢、投资回报率低，虽然企业有着众多员工，但工作效率低下，人员冗余，存在一大批闲置资产，资产无法得到充分利用等。这些问题要想得到良好的解决，其关键所在就是有序地建立足以适应现代化市场经济需求的企业管理模式，提高企业员工工作能力、素质、效率，打造属于自己独有的品牌形象，提高企业在国内国际市场的知名度、影响力和竞争力。

(1) 组织机构的创新。

组织机构是支撑企业运行的一个架构，随着企业实际管理的要求而诞生和调整。目前中石油集团公司也在进行不断的重组和优化，其实质是企业制度的一个创新过程。在制度创新过程中，组织机构必须做出对应的变革和创新，才能适应现在国有企业的集权与分权要求、管理与效益要求。

（2）技术创新。

技术创新是管理体制改革的主要形态，是企业发展的原动力。油气行业本身具有高投入、高风险、高科技和高效益的特点，其经济效益的提高主要依赖于油气技术的创新。这种技术创新强调以市场为导向，以提高国际竞争力为目标，以充分利用新工艺、新方法和高效益产出为归宿，推动油气行业的发展，从而促进企业管理方法和管理模式的创新。

（3）经营理念的创新。

由于石油企业以往长期处于一种计划经济模式，其企业价值观及行为存在一种惯性，这种惯性已根植于员工的头脑之中，经常会不自觉地表现在行为上。很显然，石油企业的这种传统模式及价值取向不大适应现在的市场经济要求，因此需要对经营理念进行创新，树立适应社会主义市场经济和企业特性的经营理念，重新塑造自己的价值观与行为取向。

（4）管理制度创新。

部分石油化工企业进行重组后，主营业务进入股份制企业，分支机构部分为存续公司，原有企业一分为二。分离后的企业都有自己的法律实体，有各自的经营方式，在经济和行政上也是相互独立的。但是，从整个中石油系统来看，其仍处于一个组织结构中。这就要求企业必须进行管理体制创新，按照现代企业管理制度的标准建立新的管理体制。

（5）管理方式方法的创新。

随着以信息化、数字化为首的高新技术企业不断涌现，企业之间的交易方式也随之发生翻天覆地的变革。油气企业只有顺应时代的发展要求，适应这些变化，并根据这些变化寻求新的管理方式和流程创新，才能在未来残酷、激烈的竞争中取胜。

（6）人力资源管理的创新。

企业经营活力的动力来源于企业内部的人力资源。从某种程度上说，人力资本将会取代金融资本成为企业最重要的战略资源。过去以财务管理为核心的管理体系必须进行改革，转变为以人为本。企业应通过激励措施来调动员工的工作积极性，激发员工的活力，让他们在工作中毫无保留地发挥自身优势。因此，加强企业对人力资本管理的创新活动不仅非常必要，而且非常迫切。

6.3 天然气产业终端销售市场特点

位于天然气产业链终端的销售企业要想高质高效地发展,就需要深层次、宽领域、多角度地去了解天然气产销的市场特点,在此基础上,拟定适应时代、适应社会、适应市场的可持续发展策略,实现企业所承担的实现天然气新能源全面普及的社会责任。

(1) 天然气市场受季节影响较大。

作为一种绿色、清洁的新能源,天然气主要由乙烷和丁烷组成,同时由于天然气的储存环境是处于煤层中,只要它完全燃烧反应那么就几乎不会造成环境污染,且具有完全燃烧反应后不留下炉渣、废气粉尘等固体污染物的优点。

天然气在销售季节上存在着很大的差异,同时,不同客户群体的使用频率也有很大不同。天然气的销售必须要根据不同地区、不同时节设置合理的销售方案,才能够确保企业经济目标的实现。

燃气进入市场终端的特点,在一定程度上影响企业的各种制度文化,尤其是影响企业的销售观念。现代燃气销售公司的销售团队应当清楚天然气作为一种产品,虽然具有自身特殊的性质,终究还是要受市场规律的控制,在刚开始进行销售时,需要进行充分的调研,分析供求关系,在全面的调研上制定销售方案。同时,在产品的生命周期中,要根据市场发展的实施情况,形成系统的预测监管。在产品的实际销售期间,要充分发挥天然气自身的特性,按照市场的规律实时调整,由此创新出新的销售方式,保持天然气的市场竞争优势。

(2) 天然气市场产销存在明显差异。

我国天然气产销企业的特点各不相同,最常见的是销售性质的明显差异,在当前的社会背景下,天然气公众客户群规模巨大,不仅关系到当地居民的日常生活,也关系到许多工业企业的工厂生产。由于需求多样化和市场需求巨大的双重影响,市场对相应的天然气产销企业的销售和服务过程提出了更高的标准和要求,使得天然气产销的实际成本增加。再加上天然气资源本身和其他常规能源产品在生产和运输的各个方面都比较特殊,销售性质的差异更为明显。

(3) 天然气市场地域性、系统性突出。

通过对比其他能源性产品的销售,我们可以发现,天然气的销售和其他能源性产品相比,地域性差异比较明显。由于油气产品的运输主要通过管道运输实现,其具体可运输的范围难以随意变化,覆盖面有限,只能涵盖管道覆盖区域,产品运输过程中的灵活性极差,产销流动性受到极大限制。另外,销售天然气也是一项规模庞大的系统工程，涵盖天然气行业上游的生产企业、天然气行业中游的运输企业、天然气行业下游的销售企业。尤其在销售过程中对燃气管理要求极高，周期性管理巡检和入户检查与维护都会拉高销售成本，但其收益周期却不能得到精准展现。

（4）天然气市场战略性与公益性并重。

公益性特征是国内天然气行业的主要特征，其销售具有一定的公益性和社会责任感。天然气行业的目的是降低人民的日常生活成本，让生活和工作更加便捷。综合来讲，天然气行业的销售渠道和产业链与其他产业相比还存在着不足。同时，油气行业也是一个国家作为国家安全的保障性能源产业，在市场化过程中受到国家法律和政策的强烈影响，在一定程度上就增加了其市场营销模式实施的难度。

这些天然气终端市场特点影响着天然气销售企业的制度文化，特别是企业的营销观念应与时代发展要求同步。

6.4 相关企业文化和地域文化的影响

6.4.1 天然气产业链上相关企业文化影响

天然气产业链分为上、中、下游三部分，上游主要是勘探开采，中游为储存运输，下游则是分销商销售到终端用户市场。由于业务上的紧密联系，中上游相关企业的成熟企业文化成了天然气产业终端销售企业自我企业文化形成过程中的重要影响因素之一。就西南地区天然气产业终端销售企业来看，重庆气矿的大气文化、川中油气矿的攻坚文化、输气管理处的末梢文化的形成背景和内涵对其产生了较为深远的影响。

1. 重庆气矿的大气文化

重庆气矿是一家从事四川盆地东部地区天然气勘探、开发、集输、销售、科研等生产经营活动的专业化天然气生产单位，涉及天然气产业整个产业链，形成了以"大气文化"为主题的特色企业文化。

（1）建设大气田。

相国寺气田石炭系气藏的发现，为川东以至整个四川油气田天然气工业的大发展奠定了坚实的基础。进入新时期以来，重庆气矿大力实施科技创新战略，坚持把资源发现放在首位，为增储上产增添了后劲。利用 SCADA 系统，全面实现了数据自动化传输和远程监控。在西南地区率先实施脱水工艺技术，实现了天然气干气输送等，为四川油气田高含硫气藏开发提供了宝贵经验。

（2）推动大发展。

重庆气矿以建立企业文化体系为契机，坚持解放思想为主线，以经济效益为核心，以勘探开发为龙头，以科技创新为动能，谱写了跨越式发展的新篇章。在新征程中，重庆气矿通过奉献绿色能源优化西南地区能源消费结构，促进地方经济增长，整个企业迎来了可持续、高效、快速、协调发展的春天。

（3）承担大责任。

重庆气矿积极践行中石油"经济、政治、社会"三大责任，大力弘扬"爱国、创业、求实、奉献"的企业精神，肩负起向西南地区100余家大中型企业和数百万户家庭提供原料、燃料和生活用气的任务。在天然气销售过程中，坚持以社会营销观念为原则，大力拓展市场，构建和谐营销。重庆气矿将"创生态矿区、构和谐气田"的环保理念落实到气田生产建设的每个细节，形成了一条条美丽多彩的生态风景带。

（4）做出大贡献。

重庆气矿勇挑重担，迎难而上，秉承"奉献能源、创造和谐"的企业宗旨，在做好天然气增量工作的同时，积极利用多种方式参与社会公益事业。重庆气矿参与建设了川渝地区首座地下储气库，努力为实现国家战略储备、保障川渝地区天然气供应、服务区域经济发展做出大的贡献。重庆气矿在站稳国内市场基础之上，还积极介入国外油气市场的开发，承担土库曼斯坦阿姆河气田生产、内部集输、外输增压计量等管理任务。

（5）重庆气矿价值理念体系。

重庆气矿坚持"立足巴蜀、贡献社会"的核心发展理念，强调"凝心、聚力、和谐、创造"的团队理念，员工团结一心，创新中求发展。重庆气矿注重员工的精神支柱，以理想信念教育为核心，努力构建和谐的人本文化，激发员工的创造力，增强企业的凝聚力和发展潜力。重庆气矿注重"程序控制过程、过程保证结果"的管理理念，根据程序和规定来控制过程和结果。重庆气矿大力推进全面受控管理，化被动管理为主动，做好压力传递、动力增强、主体到位、责任落实。

在勘探开发理念方面，重庆气矿坚持"整体勘探、整体开发、整体部署"的原则，解放思想，转变观念，始终坚持三维复合式勘探思路，深化勘探开发相结合，以提高储量动用率和采收率为核心，加强精细化管理，努力完善天然气开发保障体系，为天然气安全开发奠定了坚实的基础。

在科技理念上，重庆气矿以"新科技促进新发展"，全面落实科学发展观，以成果转化为基础，加大科研投入，大力推进科技创新战略，大力推进新技术、新工艺的应用，从而不断提高核心竞争力，助力于重庆气矿的可持续发展。

在营销理念上，重庆气矿以社会效益为第一，以经济效益为优先。树立社会营销理念，优化供气结构，不断提升经营业绩。同时，把服务区域经济发展作为履行社会责任、回报社会的首要任务。

重庆气矿还形成了一系列的职能理念，主要包括"人尽其才、才尽其用"的人才理念、"专业铸就品质、诚信拓展未来"的质量理念、"创生态矿区、建和谐气田"的环境理念、"安全是幸福"的安全理念、"诚信、和谐、勤政、务实求发展"的诚信理念。重庆气矿坚持以社会主义核心价值观为指导，以惩治和预防腐败体系建设为主线，以廉政文化进班子、厂区、班组、岗位、家庭为多元途径，把廉政文化作为一种习惯和文化自觉，营造风清气正的氛围和环境，让廉洁文化渗透到员工工作和生活的各个方面，促进企业健康快速发展。

2. 川中油气矿的攻坚文化

川中油气矿是川渝最大的综合性油气生产基地。企业特殊的成长环境和发展过程，为川中油气矿企业文化的培育和形成提供了丰富的土壤。川中油气矿不仅把兵团的优良传统带到了石油企业的发展战场上，还把红色文化基因注入了石油人的血液中。面临各种挑战时，川中石油人始终以"攻坚克难、增产增储"为己任，阔步前进，抗击风雪，南下北上，不惧困难。川中油气矿企业文化建设经历了三个阶段：在会战中萌芽攻坚文化种子，在奋进中拓展攻坚文化内涵，在跨越中凝结攻坚文化硕果。

通过梳理川中油气矿企业文化建设途径，发现其主要做法对西南地区天然气产业终端销售企业产生着相关影响并值得借鉴。

(1) 坚持传承创新，凝聚文化共识。

在天然气产业链上的各企业要广泛开展红色文化教育，打好石油根基。教育引导员工继承发扬"一不怕苦、二不怕死"的长征精神、"自力更生、艰苦奋斗"的延安创业精神。面对持续攻坚上产，用大庆精神、铁人精神筑魂育人，开展"大庆精神铁人精神再学习、再教育"活动，举办"学铁人、忆传统、树形象"主题宣讲，让员工把"爱国、创业、求实、奉献"奉为人生信条。

(2) 注重多措并举，着力文化共创。

川中油气矿先后搭建了攻坚文化展示馆、龙王庙组气藏展示厅、磨溪8井企业精神教育基地、企业文化专题网站等一批文化平台；创作了大量富有石油特色的川中油气矿文化作品，如《攻克大川中》《龙岗三部曲》《笔缘》等。收集提炼了一批具有时代内涵的思想和格言，如"战天斗地不怕累、攻坚上产不掉队"。通过一批劳模群体展示攻坚形象。

（3）倡导多元互补，促进文化共生。

以教育促廉洁，以制度立廉，以惩治促廉，规范廉政行为，树立廉洁文化。从观念、管理、行为、物态四个方面加强安全文化建设，长期坚持开展安全生产月、安全经验分享、QHSE知识竞赛、安全文化情景剧会演、安全警句漫画征集等活动，全员风险意识、忧患意识和责任意识明显增强。以班组作为攻坚文化的落脚点，促进文化落地。

（4）突出以人为本，携手文化共荣。

重视青年人的发展需要，选拔一批优秀青年干部到适合的岗位实习；举办青年干部成长座谈会，鼓励青年职工在生产一线磨炼本领、积累经验、提高技能。经过历次攻坚上产的洗礼，由近300名技术骨干组成的高素质人才队伍，1000多名中高级职称的专业管理队伍，近2000人的高级技能人才队伍，已成为川中油气矿发展的中流砥柱。川中油气矿在建设气田的同时，积极带动相关产业发展，极大地促进了川渝两地经济、社会和生态文明的协调发展，实现了企业和社会的"和谐共荣"。

3. 输气管理处的末梢文化

西南油气田分公司输气管理处是西南地区最早、规模最大的专业化天然气经营企业，分布在四川、重庆的大部分城市和乡村。输气管理处经过长期探索与实践，总结出了一条建设末梢文化的新路子，取得了成功的经验和可喜的成果，较好地解决了大型国有企业文化建设中存在的问题，以及如何落地、传承和创新文化等难题。

末梢文化的内涵是指：输气管理处位于天然气产业链的下游，不仅要忠实、传承集团企业文化，而且还应根据单位的特殊性质，将集团的企业文化进行特殊实践，从而形成普遍性与特殊性相结合的创新性极强的个性文化。输气管理处本着勇敢求实的精神，逐步形成了既符合中国石油文化，又以区域站场文化为基础的输气终端文化。末梢文化发源于石油会战的艰苦岁月，从石油文化中捡石，从地域文化中淬火，从行业文化中炼金，在军队文化中亮剑。透过形成背景可以看到这些文化精髓沉淀在每一位员工的心灵深处，成为一代代输气员工坚守荒野的精神能源，是石油文化落地生根、末梢发力最为强大的文化支撑和精神动力。

第6章 西南地区天然气产业终端销售企业文化建设影响因素分析

(1) 基因遗传、萌发和生根。

在企业成立初期，输气管理处克服了川渝地形难题和人文环境的影响。在极其困难的条件下，承担起"为国家谋利益，为人民造幸福"的责任，确立了输气行业的标准和规范，培养了一批高技术、高技能人才，打造了川渝地区天然气长距离运输的基业，为国家天然气工业奠定了坚实基础。这一时期，输气人以强烈的企业意识和责任感，形成了"先生产、后生活""一站为家"等优良作风。输气管理处不断提高管网输供能力，拓展服务空间，调整经营管理战略，抓牢现实市场，开拓潜在市场，培育未来市场，形成了"精品气"理念，以精良的设备、精湛的技术、精细的管理、精心的服务，为用户输送"安全气""精品气"，赢得了政府、用户的一致好评。

(2) 发扬和形成文化。

随着企业管理体制的改革，输气管理处及时调整了发展战略，以回报股东和社会为己任，企业的价值在于保障西南地区能源供应和能源安全。输气管理处在扩大输气供应规模、大力发展用户的同时，在生产组织形式、人事制度、薪酬管理等方面进行大刀阔斧的改革。特别是在企业文化建设方面，制定了滚动发展规划，总结提炼出了六个核心价值理念和十个应用价值理念，见表6-1。同时，构建了末梢文化行为系统，完善了企业文化手册、行为手册、安全手册、形象手册等。输气管理处把企业经营从物质层面提升到了精神层面，形成了输气文化理念，塑造了良好的员工精神面貌。

表6-1　输气管理处"末梢文化"的价值理念体系

企业愿望	打造国内一流天然气专业化运营企业
企业使命	安全稳定输气　快乐贡献全社会
企业精神	爱国　创业　求实　奉献
企业宗旨	奉献能源　创造和谐
核心管理理念	诚信、创新、绩效、和谐、安全
核心能力理念	精细管理　全程到位
人才理念	人人都能成才　人人都是人才
学习理念	博学勤思　贵在实践
创新理念	与时才能俱进　日新之谓盛德
科技理念	智慧思考　创新科技
营销理念	把握大战略　实施大营销

续表6-1

健康理念	关注健康从员工健康开始
安全理念	付出一万的努力　防止万一的发生
环境理念	创造能源与环境的和谐
廉洁理念	诚信守法　廉洁敬业
区站理念	文化细胞　精品区站

6.4.2　企业所在地区的区域文化影响

一个地域的文化经常反映在本地区的商业文化之上。而企业，作业商业文化的载体，其文化自然就会受到所在地区的地域文化影响。不同的地域文化会影响企业的经营战略和发展目标，决定领导者的决策思维和员工的行为意识。当一个地域文化发展得越成熟越浓厚，它的影响力就越厚重，影响范围也就越广泛。地域文化与企业文化之间的影响存在着辩证关系。

1. 共性与个性的关系

企业从建立到发展再到成熟壮大，都是在某一地域范围上展开的，所以说地域文化制约着企业文化的形成和后续建设。同时，企业的成长离不开管理者的参与，而企业文化在某种程度上可以看成该企业管理者的文化。那么管理者的个性和性格就会直接作用于企业文化。然而，管理者的个人成长又会受所生存的地域文化影响。从这一角度看来，企业文化深深根植于本土文化，本土地域文化渗透到企业的各个细节，从不同方面影响着该地的企业文化。另外，企业在不断与外界联系和交流的过程中，各企业又会受到外地企业的影响，使得本土企业的企业文化在共性中逐渐凸显出个性。

2. 载体和载物的关系

文化对人有着潜移默化和深远持久的影响。当企业的规模和财富和规模累积到一定程度的时候，就会去寻求一种精神上的关注、文化上的关怀。企业通常的做法就是将企业利益回馈员工、客户、股东，回报社会。这样一来，企业必然会选择投资企业发源地的基础设施建设，对该地区的民生、公益事业等贡献力量。由此可见，企业文化的最终会落实到地域文化之中，企业文化的发展会促进地域文化的发展。

3. 继承和创新的关系

地域文化形成不是一朝一夕的事，而是一个长期的历史积淀过程，往往需要经过几百年甚至上千年的发展。地域文化包罗万象，在短时期内是无人能改变的，重点是对地域文化的传承。相比较而言，企业文化涉及的对象较少，对企业文化进行创新较为容易。一个企业可以通过企业形象识别系统、理念识别系统和行为制度系统实现企业文化的变革。企业文化既要继承地域文化的众多特征，又要努力对地域文化进行自我创新，将继承和创新二者有机地结合起来。

总之，区域文化是由特定区域的地理环境、经济生产方式、社会生活方式以及历史文化传统等因素综合作用的结果，是企业文化建设不可或缺的文化战略资源。在挖掘企业文化资源的时候，如果忽略了企业所在地区的地域文化则会显得不够完整，因为地域文化是存在于某一地区的企业所需建设的企业文化的源泉之一。企业文化建设不能离开地域文化而独立的存在，没有地域文化的支撑，就不可能形成真正的企业文化。

第7章 西南地区天然气产业终端销售企业文化建设方案设计

7.1 西南地区天然气产业终端销售企业文化建设指导思想

按照西南地区天然气产业终端销售企业关于企业文化建设的部署,以习近平新时代中国特色社会主义文化观为指导,深入贯彻落实社会主义精神文明建设和新发展理念,深入推进"铸魂、育人、塑形"三项工程,努力践行西南地区天然气产业终端销售企业核心价值观,深入建设精神文化、制度文化、行为文化和物质文化,大力推进企业文化转型升级,积极探索企业文化建设新模式,形成具有西南地区天然气产业终端销售企业特色的企业文化体系。

7.2 西南地区天然气产业终端销售企业文化建设目的、目标及设定依据

7.2.1 西南地区天然气产业终端销售企业文化建设目的

1. 树立西南地区天然气产业终端销售企业良好的外部形象,有效处理公共关系

基于西南地区天然气产业终端销售企业的定位,需要处理好以下外部关系,如图7-1所示。

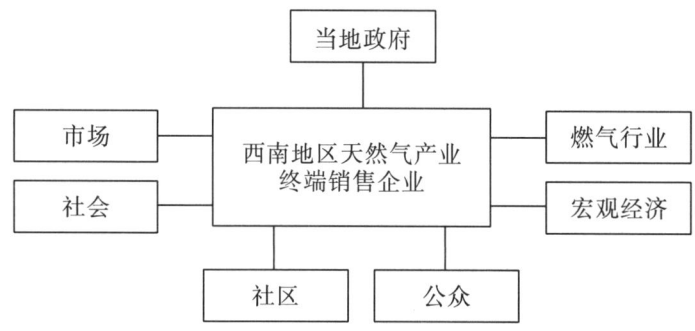

图 7-1 西南地区天然气产业终端销售企业的外部关系

西南地区天然气产业终端销售企业应该与当地政府保持良好的互动关系，遵循当地政府对于燃气企业的发展规划与政策；尊重市场运行规律，处理好与市场的关系，利于选择市场；时刻铭记企业应该担当的社会责任；有效地选择符合国家燃气行业结构调整战略和计划的企业发展方向；正确地处理企业与环境的关系，采取高效手段保护环境和治理环境；有效地适应宏观经济形势，趋利避害，寻找适合企业自己的发展机会；处理好与社区、内部员工等的关系。西南地区天然气产业终端销售企业的各个业务部门应该改变各自为政、各据一方的局面，确立上下齐心的公司发展目标，增强企业集团意识。

2. 结合西南地区天然气产业终端销售企业战略促成特色燃气精神

在现代企业管理过程中，企业文化应运而生，并随着企业的成长逐渐积淀而日益系统化。西南地区天然气产业终端销售企业不仅应该有适合自身发展的经营战略，还需要结合经营战略制定文化发展战略。企业文化的形成与发展过程中，企业精神是其重要的组成部分，企业精神对于员工的行为和心态可以进行指导和调整，而产生统一的价值观，最终符合企业发展战略。由于文化具有传承性与延续性，因此一定要注重企业文化的长远规划，培养一批有干劲、创新力的新型员工，以全新形象走向海内外市场，不断塑造具有时代特色的企业文化。

3. 不断提高管理者素质，提高企业管理的水平和层次

西南地区天然气产业终端销售企业发展快速，需要企业文化进行引领。企业文化的缔造者和设计师是公司的管理者，企业管理者的价值观、用人哲学以及管理者的领导风格、倡导的理念和思想都取决于管理者的素质与科学管理能力。管理者不可将企业文化简单理解为做宣讲、搞动员会、贴标语、表扬英雄人物等，而是全员共同参与、共同改进，个人与企业的命运联系在一起。因此，每一个管理者不仅应该深刻理解企业文化的内涵，还应该掌握企业文化改进的规律。

4. 企业文化推陈出新

西南地区天然气产业终端销售企业文化现状与未来改进方向对比如图7-2所示。过时的文化要抛弃，比如官僚主义、形式主义、故步自封、不善改变、小富即安、不善节约等，通通应该摒弃；优秀的传统文化需要继承，比如西南地区天然气产业终端销售企业人的忠于党、为国奉献、自力更生、艰苦奋斗、爱岗敬业的精神，这是任何时代都需要的精神，需要我们继承与发扬。根据时代发展的主题，根据企业发展的定位和使命，鼓励创新企业文化，让企业文化扎根于企业。

5. 注重企业文化宣传影响力

西南地区天然气产业终端销售企业部分领导认为内部做好了思想政治工作，外部做好了企业宣传就是企业文化，不重视企业文化的传播工作。

一家企业的文化不应该仅仅是内部传播，而应延伸到企业外，被社会公众了解和接受。西南地区天然气产业终端销售企业在宣扬企业文化时，不仅仅宣传产品和服务，还应将产品和服务中凝聚的心血和精神告知社会公众，体现企业精神和核心价值观。还可以通过进行社会公益活动，帮助社会中需要帮助的人们，尽到自己的社会责任，从而树立自身为社会奉献的企业形象，这样企业文化的影响力就扩大了。

第 7 章 西南地区天然气产业终端销售企业文化建设方案设计

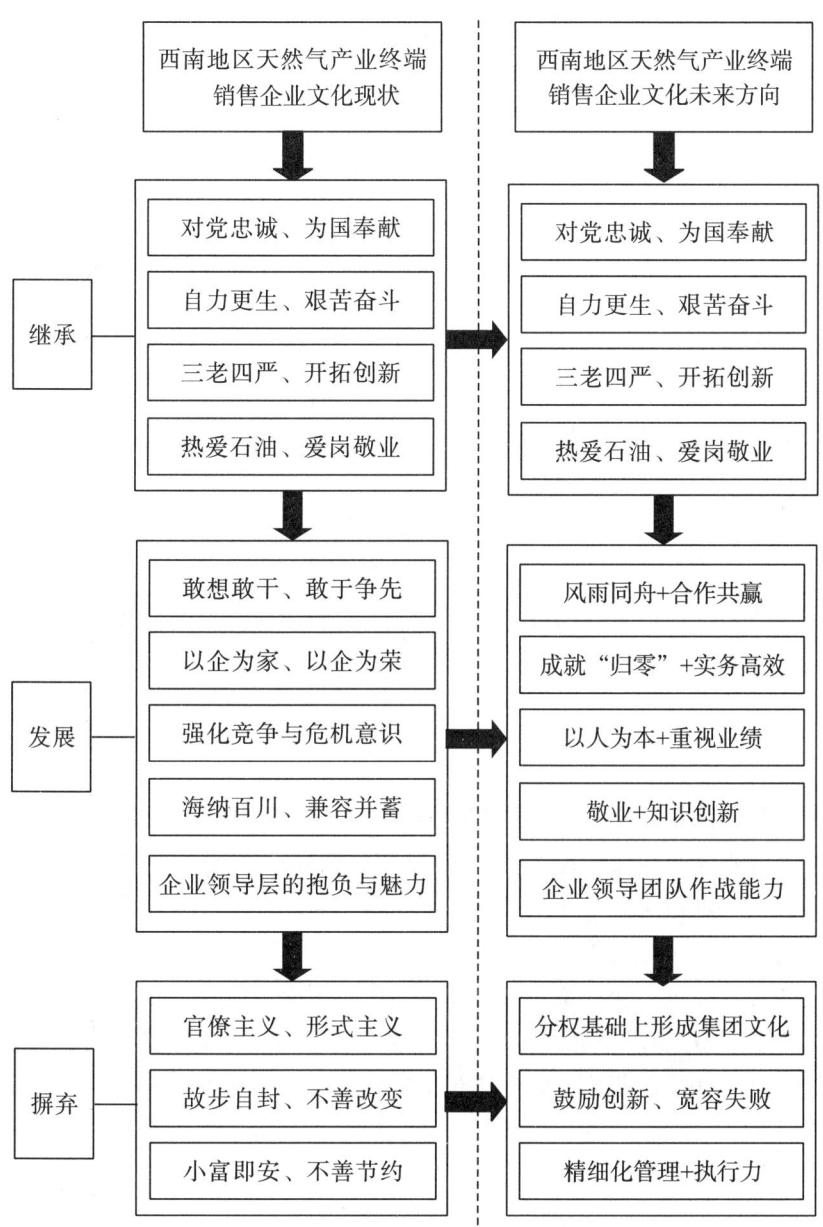

图 7-2 西南地区天然气产业终端销售企业文化现状与改进方向对比

7.2.2 西南地区天然气产业终端销售企业文化建设目标

根据新时期西南地区天然气产业终端销售企业发展的实际情况，企业文化建设工作要达到五个目标：

目标之一：通过不懈努力，构筑将企业精神作为核心，能够充分体现社会主义核心价值观体系要求，具有西南地区天然气产业终端销售企业特色的企业文化，树立良好的企业形象，实现西南地区天然气产业终端销售企业发展共同愿景。

目标之二：总结提炼企业核心价值观和核心理念，不断丰富和完善企业文化体系，突出主流文化和基层特色文化建设，得到员工广泛认同和自觉践行。

目标之三：培育一批模范领军人物，践行企业核心价值理念，创造性地将西南地区天然气产业终端销售企业发展战略落到实处。

目标之四：所形成的管理制度体系和管理模式要具有时代先进特征，充分体现企业核心价值理念。

目标之五：树立良好企业形象，不仅要与西南地区天然气产业终端销售企业目标相吻合，而且要使西南地区天然气产业终端销售企业品牌响彻国内外。

7.2.3 西南地区天然气产业终端销售企业文化建设目标设定依据

正如民族文化的引领是民族进步的依靠，社会文化的提升是国家发展的依托，优秀企业文化也是西南地区天然气产业终端销售企业生存和发展的支柱。

依据一：西南地区天然气产业终端销售企业的燃气行业特性决定企业文化建设目标。企业文化的形成来自长期的生产经营实践过程，它不会凭空出现，也不是外力赋予的。企业文化在企业发展中逐步应运而生。西南地区天然气产业终端销售企业初创时期所形成的文化通常拥有自强不息、勇于开拓的特征。随着企业业务拓展和规模扩张，逐步形成开放包容、标准化的特点。企业在长期发展实践中积聚的、逐步形成的企业文化，不仅有着浓厚的历史底蕴和燃气行业特性，而且具有鲜明的时代烙印。

依据二：西南地区天然气产业终端销售企业发展能力决定企业文化建设目标。企业文化的历次重大突破，通常都发生在企业发展的特殊阶段。纵观西南地区天然气产业终端销售企业发展史，在企业发展中的整合诞生、攻坚克难、跨越发展、应变转型的关键时期，企业领导者和广大员工总是能够创新思想、翻新举措、革新文明；在发展实践的起起伏伏中，产生了不同风格的时代文化因素，从而使企业文化更加完善和多姿多彩。

依据三：西南地区天然气产业终端销售企业的创新实践决定企业文化建设目标。企业发展离不开创新，而创新要以优秀的文化为依托。企业科学发展的关键在于以下四个方面：①企业坚持创新的热情和能力，永远与时俱进；②企业管理创新，进行管理升级；③实行技术创新，使科技成为促进企业发展的源泉；④进行机制创新，团结发展人才，加强员工对企业的认同感和归属感。西南地区天然气产业终端销售企业发展创新问题的解决归根究底要依靠企业文化。从新的发展实践不难得出，从根本上来看，企业之间的竞争即企业文化的竞争。尤其在企业内部业务迅速扩展、外部环境日益变化、竞争日渐猛烈的状况下，要高度重视企业文化，科学建设企业文化，通过文化力提升创新力和竞争力，为保证西南地区天然气产业终端销售企业持续健康发展创造条件。

7.3 西南地区天然气产业终端销售企业文化建设原则

企业文化是以共同理念和行为方式的形式存在的，被企业绝大部分员工共同认可和自觉遵守。企业文化建设是一个长期的系统工程，要以文化为根基，使理念深入人心，形成规范制度，员工做到知行合一，让氛围显化于物。因此，西南地区天然气产业终端销售企业文化建设需遵循以下原则。

7.3.1 文化建设和战略实施相结合原则

企业文化与企业战略相互作用，前者是后者制定的依据，而后者的实施又引导着前者的建设。企业中长期战略的制定需要西南地区天然气产业终端销售企业文化中的愿景和使命的引领，而企业文化的指引又支持着企业战略的实施。

7.3.2 促进发展原则

提高企业管理水平，推进企业的长久发展是企业文化建设的主要目的。为了在企业的发展实践中创造文化优势，实现通过文化力提升竞争力的目标，需要密切联系西南地区天然气产业终端销售企业发展战略。企业成功的经营管理特色可以通过优秀的企业文化来体现。优秀的企业文化可以推动企业深化改革、推进组织机构的完善和经营机制的优化、促使企业经营方法和科学管理方法的应用更新，从而提高组织效率等方面发挥着重要作用，为西南地区天然气产业终端销售企业提高经济效益创造条件。

7.3.3 突出特色的原则

突出特色在企业文化建设中发挥着重要作用，它既是企业文化建设的生命力，又是企业文化建设水平提升的保证。在企业文化提升过程中，应坚持从西南地区天然气产业终端销售企业的实际出发，结合时代发展趋势、燃气行业特点、企业属性和规模；充分把握西南地区天然气产业终端销售企业历史、现状和未来，员工的思想现状、价值取向、精神面貌和工作作风，广泛吸收西南地区天然气产业终端销售企业各个时期优良文化因子，按照系统化、科学化、实用化的要求，总结整理和挖掘提炼出具有西南地区天然气产业终端销售企业鲜明特色的文化内涵，培育符合企业实际、体现企业特色、反映全体员工和企业家群体思想的先进企业文化。通过突出企业文化特色，使企业文化得以提升，更好地服务于西南地区天然气产业终端销售企业的各项事业。

7.3.4 兼容并蓄原则

目前，西南地区天然气产业终端销售企业涉及区域比较广，各成员单位发展的历史、规模、人员结构和所在地域各不相同，企业文化各具特色。在企业文化的提升建设过程中，应坚持"一主多元"的原则，充分吸收成员单位的优秀文化，将其融入集团文化的内涵之中。应充分体现集团文化的包容性和成员单位文化的差异性，在坚持集团文化的统一性，维护其权威性，突出集团文化的引领作用的基础上，鼓励子文化的发展，实现集团文化的兼容并蓄。

7.3.5 以人为本原则

员工是西南地区天然气产业终端销售企业的主体，是企业发展、创新的第一要素。塑造全体西南地区天然气产业终端销售企业人共同的理想信念和核心价值观，要求我们在企业文化建设中，充分体现以人为本的思想，坚持把尊重人、理解人、关心人、塑造人、培育人、发展人贯穿于企业文化建设、日常的经营管理的始终，融入员工的工作生活当中，突出员工的主体地位，维护员工的合法权利，重视员工素质的培养与提升，促进员工全面发展。将实现员工价值升华与西南地区天然气产业终端销售企业的发展有机统一起来，用企业使命激励人，用企业愿景鼓舞人，用企业精神凝聚人，用核心价值观培育人，激发员工的使命感和责任感，调动员工的积极性和创造性，增强企业的凝聚力和向心力。

7.3.6 整体推进与重点突破相结合原则

企业文化建设需要文化理念宣传长期整体推进,并让企业文化理念渗透到西南地区天然气产业终端销售企业的各级、各部门乃至每一位员工。同时,企业文化理念必须与西南地区天然气产业终端销售企业的战略及特定的经营管理阶段结合,进行有针对性的宣传,推动战略的实施及管理理念的实现,从而使企业文化建设在各个时期都有价值。

7.3.7 领导垂范与全员参与相结合原则

企业文化建设是"一把手"工程。领导是经营管理的主要负责人,是规章制度的制定者,企业文化的形成和发展直接或间接受领导的管理风格影响,文化建设顺利实施必须要得到领导干部对企业文化理念的一致认可。同时,企业文化是整体文化,是全体员工的,而不是少数领导的文化。因此,企业文化建设的主体是员工。企业文化理念要产生好的效果,就一定要贯穿于员工工作各环节和日常行为中。

7.3.8 榜样示范与精神激励相结合原则

企业文化理念要以榜样英雄事迹为载体。从一方面来看,榜样英雄事迹能将文化理念诠释得更生动;从另一方面来看,榜样英雄事迹能使文化理念传播更迅速。所以,榜样英雄事迹对员工学习和理解文化理念大有益处,而员工能在模仿榜样行为的过程中,将企业文化理念付诸实践。同时,西南地区天然气产业终端销售企业还要以多种精神奖励的形式,对员工个人行为进行积极强化。

7.4 西南地区天然气产业终端销售企业文化建设方案 ——以华油公司为例

西南地区天然气产业终端销售企业的企业文化建设,需要结合燃气行业公用事业性质和行业自身特点,形成一套具有西南地区天然气产业特点的价值观和企业意识形态。具体而言,就是要有确保供应的责任文化、造福市民的服务文化、万无一失的安全文化、嗅觉敏锐的经营文化。我们具体以华油公司为例说明西南地区天然气产业终端销售企业文化建设方案设计过程。

7.4.1 华油公司物质文化建设方案

华油公司物质文化建设方案包括华油公司天然气销量建设方案、天然气管道建设方案、客户服务建设方案和其他物质文化建设方案设计四个方面。

1. 华油公司天然气销量建设方案设计

"十三五"期间华油公司天然气营销工作面临供求关系转化加快、政策监管趋严、资源供应多元化、天然气价格市场化改革、城市燃气市场竞争加剧等诸多困难和挑战,华油公司圆满完成了既定的各项目标任务,目前华油公司综合经营规模已稳居川渝地区城市燃气行业第一位。"十四五"期间,华油公司在西南油气田公司的大力支持下,应充分依托西南油气田公司"批零一体化"运行优势,持续打造"铂金终端",以"务实党建"为统领,推行"理念、管理、服务、考核"四大创新,持续转变观念,切实变"座商""行商"为"慧商",实现天然气销售规模、市场开发、产业链拓展、销售观念、气源多元化五个方面的新突破,成功实现"十四五"末"再造一个华油"的阶段发展工作目标。

2. 华油公司天然气管道建设方案设计

"十四五"期间,华油公司管道公里数、管道附属设施每年应保持上升态势,持续加强管道基础信息的梳理,强化管道全生命周期的管理,将精细化管理做到极致。

(1) 气源开口接管项目管理。

生产运行部作为华油公司气源开口接管归口管理部门,编制开口接管督办推进专项方案,组织机关相关部门定期召开专业会议,明确推进时间节点,形成开口接管督办周报表。

(2) 阴极保护系统建设。

根据阴极保护系统建设试点工作,管道工程技术部负责,协调利能公司形成相关报告,按照"切合华油公司终端燃气生产经营需要"的原则,逐步推进、推广。华油公司相关业务部门牵头,对在运阴极保护装置进行评价和整改,确保安全生产平稳运行。

(3) 管道完整性信息系统推广。

在全华油公司范围内抽调人员,成立管道完整性信息系统专业工作组,现场办公督促各燃气终端公司完成。

3. 华油公司客户服务建设方案设计

华油公司客户服务全面贯彻党的十九大、中央经济工作会议和集团公司、西南油气田公司工作会议精神，认真贯彻落实西南油气田公司全力打造"铂金终端"的安排部署，坚持以"再次创业、再次跨越"为思想引领，以"安全、规范、效益、发展"为工作方针，围绕建成"西南第一、国内一流"燃气集团公司奋斗目标，紧紧围绕华油公司发展目标，齐心协力抓实客服工作，积极主动强化服务质量，尽职尽责筑牢服务基础，全力确保燃气终端客服工作的顺利推进。

（1）持续推进客户服务精细管理。

持续加强公司客户服务经验总结，制定客户服务标准化手册，优化业务办理流程，完善服务管理措施，缩短业务办理周期，尽早实现燃气业务全流程网上办理，提升公司服务品牌价值。加强信息化手段的运用，加快客户信息系统、微网厅、工单调度系统的优化升级，提升客户服务管理效率。

（2）持续提升入户安检质量。

加强入户安检外包管理要求，通过相关制度加强对外包安检人员的管理，强化外包人员安全服务意识，提升入户安检质量。通过对安检系统的持续优化，达到对安检工作质量的信息化管理。走访基层单位，跟随安检人员调研各单位安检工作的实际情况，收集存在的实际问题并提出下一步解决措施。

（3）全力打造公司呼叫服务品牌。

①按照西南油气田分公司统一部署，做好上线前各项准备和对接工作，完成川港、燃气分公司所属燃气公司的接入，实现三大燃气公司的全面上线。

②进一步完善呼叫中心相关制度，统一各项业务要求，建立精细化、标准化的管理模式，提升团队协作能力，利用系统数据的分析、整合和提炼，提高工作效率，提升客户服务水平，增强企业的竞争力。

③充分发挥呼叫中心的作用，利用呼叫系统与工单系统的对接，全面深化便民服务的推进；通过用户反映的问题和建议，不断规范和改善各燃气公司的呼叫相关业务办理；持续强化呼叫业务日常监管，逐步提高呼叫服务管理水平。

④加强与上级部门和系统方沟通，督促系统优化的进度，按照系统功能需求的紧急程度实施，尽快完成呼叫系统功能完善工作。加强系统的使用管理，督促系统方编制系统运维方案并按要求落实。

（4）推进燃气便民服务规范化运行。

在持续推进燃气便民服务规模化发展的基础上，重点在业务规范化运行上下功夫，严格把好业务前端宣传、过程管控及后端通气三道关口，进一步缩短服务时限，提升业务整体服务形象，推进燃气便民服务规范化运行。

（5）持续优化营商环境业务流程。

充分认识到地方政府对营商环境相关政策日益趋严的形势，通过进一步健全运行机制、理顺服务流程、完善服务制度、加大考核力度等措施，压缩办理时限、提高办事效率、提升服务质量，真正做到便民、高效、规范，打造更优的营商环境。

4. 华油公司其他物质文化建设方案设计

华油公司物质文化建设的目标是，把企业文化建设融入内外部的宣传中，体现在华油公司形象塑造中。通过积极开展内外宣传活动以及和谐企业创建活动，加强公司内部凝心聚力的同时，对外展现公司积极进取、保护环境、有社会责任感的良好形象，营造一切有利于华油公司发展的环境氛围。主要从以下几个方面进行建设：

（1）塑造华油公司形象。

塑造华油公司外部形象应该包括以下方面的内容：

①塑造华油公司外部形象。

随着社会大众对生态环境的不断重视，华油公司应该从进一步增强华油公司的环保意识、贯彻实施国家的 ISO 14000 环境标准开始，采用清洁生产技术等多项技术不断努力地营造绿色燃气企业，以使华油公司的外部形象赶超国内一流的燃气企业。

②塑造社会公共关系形象。

通过各媒体和与各界的公关交流，强化社会各界对华油公司的认同度，扩大华油公司的社会影响力，并在社会各界的相互交流、沟通与合作中不断学习和提升华油公司品牌形象。

（2）建设华油公司燃气视觉识别系统。

视觉识别系统就是将企业文化通过视觉传播形式，准确明朗地传递给客户、社会大众以及全体员工，建立统一的企业形象，是企业形象最直观的表现。华油公司企业视觉识别系统主要包含以下主要内容：

①统一规范的、识别性较强的企业名称与标志。

华油公司视觉形象主要包括以下几个要素。

中文全称：华油集团有限责任公司。

英文全称：Huayou Energy Company limited。

简称：华油公司。

英文简称：Huayou Company。

②企业员工。

规范全体员工的言行举止、服饰仪表等，整洁统一的工服，可以提高员工的归属感、认同感，可以改变激励员工的工作积极性，提高工作效率及团队凝聚力。华油公司的工作服装设计应主要采用简约、大气、时尚、耐穿原则。

③外部和内部环境。

其包括办公场所、营业场所、生产场所以及生活场所的外观布置和内部的装潢，尤其是华油公司办公室的卫生环境。华油公司的环境导视系统设计不仅可体现企业形象的系统性，体现指示功能，而且可体现出视觉美感，增强办公区域及厂区的视觉品质。

④华油公司的印刷品。

与华油公司相关的印刷品，主要包括信封、名片、信纸、内部报刊、业务说明资料等，这些印刷品不仅要满足美观大方等一般性的要求，还要突出华油公司自身的个性。如华油公司对办公用品的规范设计，可统一企业形象、改善办公环境、增强员工荣誉感。华油公司办公事物用品的视觉形象设计应体现环保意识，采用大量留白，并加以辅助色的点缀设计，体现视觉丰富性。

总之，企业精神确立以后，要想渗透到员工的思想意识中、行为言语中，就必须借助各种宣传工具，通过多种宣传途径和多样的宣传方式进行灌输教育和潜移默化的影响，将华油公司的企业精神融入员工的生活中，自觉遵守，就如同吃饭、睡觉一样，成为员工生活的一部分。一般有以下几种方式：

一是标语式，即将提炼后的企业精神制成大幅标语，悬挂在工作区、办公大楼以及营业场所比较醒目的地方，使得员工在有形和无形中受到熏陶。对于燃气企业，安全生产高于一切、重于一切，因此在每一个工作现场贴上安全生产的各种标语，无时无刻地提醒员工安全是第一位的。

二是活动式，即将企业精神融入文体活动的开展中，创造一种较为轻松的学习环境，提高员工的接受度，如每年举办的员工运动会，通过激烈的竞争，体现奋发向上、团结合作的企业精神；在艺术节上，通过唱歌和舞蹈表现，体现其乐融融的企业氛围。在燃气企业，由于员工文化水平参差不齐，这种简单易推广的活动式企业文化形式，更为大家接受和喜爱。

三是广告式，即将企业精神与企业形象、企业产品巧妙融合，借助广播、电视和网络等新兴媒体，使员工和社会大众在了解华油公司的同时，接触到企业精神，在长期的影响下，逐步落实到行动上。目前，很多燃气企业都有自己的电视台、报纸、杂志等媒体。通过这些文字和图像的报道，宣传人物和相关事迹，实现对企业文化的内外部传播。

7.4.2 华油公司制度文化建设方案

将企业文化建设内化于经营决策与经营管理中，运用公司发展成就诠释企业核心价值观，教育员工准确把握其深刻内涵，努力内化为各个分公司、各个岗位的经营理念和管理风格，促进经营决策的贯彻落实和经营业绩的稳步提升，实现企业文化建设的全面渗透。立足于从长周期的安全生产实践中总结安全理念，通过推行安全质量标准化等管理手段，使"一切隐患都可以治理、一切事故都可以预防"这一理念深深地扎根于员工的头脑中，提升华油公司安全生产能力，保证华油公司的安全生产和可持续发展。把企业文化建设纳入员工队伍建设与人力资源开发中。坚持以人为本，在华油公司发展过程紧紧依靠全体员工，以人文关怀为主要方法，激发员工的创造潜能和团队精神，努力形成人尽其才、才尽其用的用人体制，实现企业持续发展。根据前文的分析，华油公司的制度文化建设着重从以下几个方面进行。

1. 华油公司领导制度

华油公司领导制度不仅影响着华油公司组织机构的设置，也制约着华油公司的各项管理。因此，华油公司应该坚持公司领导制度，营造良好的晋升氛围，形成领导以身作则、带头遵守各项规章制度的领导机制。优秀的公司领导，其人格魅力会产生强大影响力、凝聚力和号召力，使得公司上下拧成一股绳，使得公司的领导干部和基层员工为同一目标不懈努力。

华油公司的高层管理者通过自身的素养、品行、作风和领导风格所体现、刻画出的是华油公司的主体文化、主流文化和深层文化。企业文化建设要取得成功，必须在华油公司内形成这三种力量——"领导垂范的牵引力""制度创新和氛围营造的推动力""全员参与的企业文化生命力"，并形成合力。在华油公司最高管理者和管理层的高度重视下，华油公司企业文化建设工作能得到管理层的积极支持，并对公司的企业文化现状进行总结和提炼，在宣传贯彻阶段，也要依靠管理层的大力支持才能实现企业文化的推进。企业文化是否能落地扎根，成为公司的灵魂，取决于各级领导层是否起到表率作用，是否以身作则，将企业文化作为自己开展工作的指向标，并最终领导企业职工共同实践。

2. 实施"六定六化"基础管理制度

围绕华油公司"西南第一、国内一流"发展战略，坚持科学管理、规范管理，坚持固体强基、促进发展，坚持继承创新、与时俱进，以加强基层建设为核心，夯实基础管理为重点，提高员工基本素质为根本，有效解决管理中存在的突出问题和薄弱环节为目标，系统整改，全面规范，推动华油公司管理水平和综合竞争力的全面提升，为建设"西南第一、国内一流"燃气公司奠定坚实基础。"六定六化"管理内容和目标如图7-3所示。

（1）开展定标管理，实现管理规范化。

完善各部门、各岗位以及经营管理活动中各环节的工作标准和工作规范，建立健全以技术质量标准为核心、以管理标准为支持、以工作标准为保障的华油公司标准化管理体系，保证各项工作都有章可循、有法可依、规范运作。

（2）开展定序管理，实现工作流程化。

结合经营管理工作实际，加强内控体系建设，运用科学的方法和现代化管理手段，健全各项管理工作的路径、程序和序列，进一步完善业务流程体系，保证华油公司各项经营管理活动稳步有序地开展。

（3）开展定置管理，实现现场规格化。

以环境整洁、设备完好、物流有序、安全到位为突破口，通过对生产、经营现场的整理、整顿，科学利用场所，促进人、物和环境的有效结合，促进现场管理文明化、标准化、科学化，实现高效生产、优质生产、安全生产。

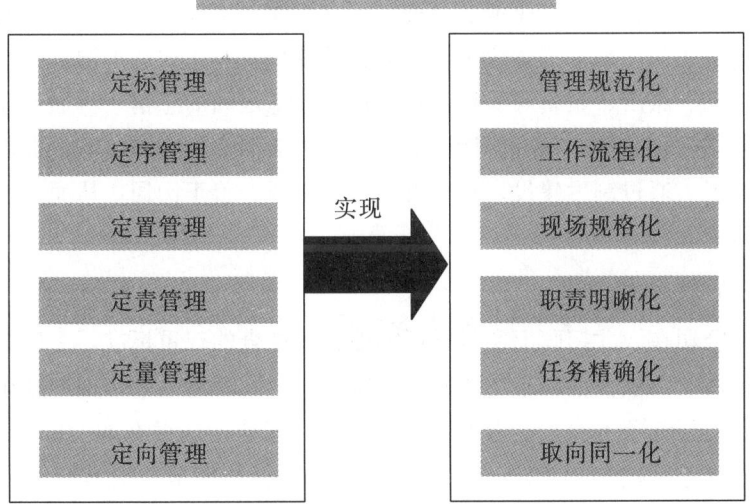

图7-3 "六定六化"管理示意图

（4）开展定责管理，实现职责明晰化。

全面细化管理制度、工作规范和考核标准，明确各岗位的工作内容、质量和责任,确保各项工作职责清晰、任务清楚、要求明确、便于考核,逐步完善岗位责任制体系。

(5) 开展定量管理,实现任务精确化。不断改进绩效量化评价手段,完善以目标管理为核心的内部经营责任制体系,将战略任务和具体工作量化、细化分解落实到每个系统、每个环节、每个岗位,保证各项工作任务都得到有效控制和评价。

(6) 开展定向管理,实现取向同一化。强化企业文化的导向作用,将差异化的个体观念和行为转变成统一的、与华油公司发展战略相适应的思维观念和行为模式,促进员工追求规范管理的行为养成,实现自我管理、自觉执行,用文化的力量促进华油公司管理升级。

3. 华油公司沟通制度

沟通无处不在,从前面的分析来看,在华油公司公司中,沟通不顺畅,难以做到上行下达,同级之间、上下级之间的沟通存在很大的问题。因此,在制度文化建设过程中,应关注沟通机制和沟通平台的建立,努力实现华油公司经营管理的信息化、民主化和公平化。

根据沟通渠道的不同,将沟通分为正式和非正式两种方式,主要从这两方面做出完善。正式的沟通可以通过制度固化下来,例如,每周例会、专题会议、职工代表大会、各类座谈会等都是建立沟通渠道的良好途径,从而使信息公开化、透明化,减少沟通成本,提升管理效率。非正式的沟通,可以通过各类娱乐活动、旅游、聚餐等实现,从而加强员工之间的感情。沟通不仅是一种习惯,还是一种文化。只有保持沟通畅通,才能消除误会和矛盾,促进华油公司健康发展。通过制度建设,鼓励员工乐于沟通、善于沟通,从而增强华油公司的凝聚力。

4. 绩效考核制度

华油公司在人才招聘上实行学历与能力相结合的双重标准,之后的内部晋升主要取决于贡献。面向市场招聘高层次人才,同时将人才培训制度化;在人才使用上实行竞争上岗,能者上,庸才下,平者让,选拔有能力的人作领导;引进"等级差别理念",以员工的整体业绩和指标的完成情况实施不同量级的考核。

良好的绩效考核体系保证了华油公司管理理念的贯彻落实,体现了企业文化倾向。通过相互竞争,择优上岗;通过贡献大小,按绩效获得报酬,是华油公司人力资源管理已形成的共识。根据贡献获取报酬,即以员工工作的绩效作为领取工资的依据。华油公司要建立起良好的用人机制,必须摒弃权利、人情关系、资历等不良影响,使得员工能够发挥出自己的才能。这些措施和制度是充分调动员工积极性的动力源泉。

华油公司必须重视每个员工的自身能力,将员工放到最适合的岗位,为其提供施展才能的机会及空间,认可员工做出的每点进步。绩效考核制度要倡导积极向上、公开、公正的企业文化和精神,其是员工努力目标的指挥棒。华油公司倡导的争创一流的目标、惟德惟才的人才理念要具体体现在绩效考核的KPI指标里。每一个员工都努力工作,斗志昂扬,华油公司一定能够成为一流的燃气企业。既有能力的考核,又有品德的测评才能够使德才兼备的员工脱颖而出,得到华油公司的重用。从而,华油公司在人才使用和培养形成良性循环,为长期的发展做好充足的人才储备。

7.4.3 华油公司精神文化建设方案

建设华油公司企业文化主要应通过企业理念建设,树立核心价值体系,然后实现企业文化融合,包括传统模式与借鉴模式的融合、西方文化与中国本土文化相融合、多元文化融合。文化融合是为减少摩擦与冲突,促进合作,实现有效管理。

为此,在今后五年企业文化建设中,华油公司首要任务是:树立以华油公司企业精神为核心内容的价值体系,创新开展丰富多彩的活动,在全体员工中进行企业核心价值观的宣传、学习和实践,使全员深刻理解价值观体系的本质内涵、根本目的和重要意义;使全员思考和求索哪些东西对于华油公司最有价值,并以其理念来指导自己的言行举止,进而推进"西南第一、国内一流"燃气公司企业愿景的实现。华油公司企业文化建设,首先应该确立理念识别体系,见图7-4。

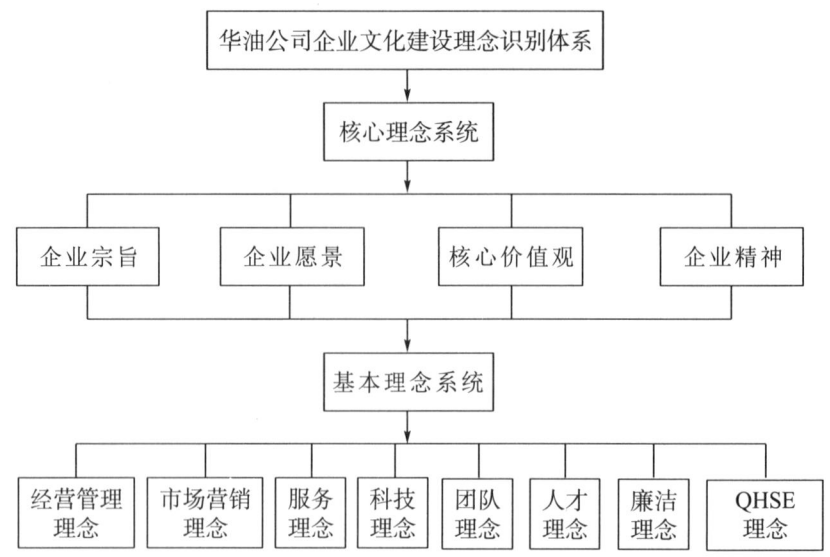

图 7-4 华油公司企业理念识别体系

针对华油公司精神文化存在问题，结合华油公司实际和发展需要，务必从以下方面重新构建。

1. 主题文化

美气文化：美好生活，气韵万家。

释义：

（1）美好生活：牢记初心使命，坚定理想信念，保持元气满满，凭浩然之气服务人民美好生活，多谋民生之利，多解民生之忧，争开拓市场之先、争优质服务之先、争高效益之先，用坚守和执着，守护千家万户的温暖，为祖国的碧水蓝天奉献美气。

（2）气韵万家：在强起来的新时代，用实干让情怀落地，发挥华油的战略、管理、气源、技术、管网、人才、品牌优势，胸怀大气，高情远韵，服务客户零距离，实现企业发展与用户、员工、股东、政府、社会的同频共振，责任共担，幸福共享，美美与共。

2. 核心理念系统

（1）企业宗旨：奉献能源，创造和谐。

释义：经营燃气业务，建设平安管网；提高服务质量，为人民幸福赋能；实现企业与用户共赢、与员工共成长、与伙伴共发展、与社会共繁荣。

（2）企业愿景：建设全国一流燃气企业。

释义：不断深化市场规律的认识，全力提升市场应对能力和创效水平；争创业绩一流、管理一流、技术一流、人才一流、品牌一流，加快建设薪火相传、基业长青的全国一流燃气企业。

(3) 核心价值观：为绿色发展赋能，为美好生活争气。

释义：顾客至上，暖心服务，安全平稳供气；为客户成长增动力，为人民幸福赋新能，在"建功气大庆"的伟业中做燃气终端主力军，为实现"双碳"目标增光添彩。

(4) 企业精神：守正，务实，奋斗，创新。

释义：恪守正道，依法合规；立诚守信，言真行实；敢干敢闯，勇当标杆；开拓创新，追求卓越。

3. 基本理念系统

(1) 经营管理理念：市场为根，安全为基，合规为本，服务为先，融合为魂。

释义：把适应市场和满足客户需求作为工作的出发点和落脚点，健全完善并落实全员安全生产责任制，重视隐患治理和风险防范；遵章守法，诚信守约，提高依法治企能力；以更优质更便捷的服务赢得客户信赖，实现员工同乐、用户同生、股东同享、政府同赢、社会同美。

(2) 市场营销理念：守土有责，拓土尽责，创造价值，竞合共赢。

释义：坚持以客户为中心，深度挖掘客户需求，持续为客户创造最大价值，努力提供高品质服务，通过适度有序竞争，实现量效齐增、合作共赢。

(3) 服务理念：用户用气我用心，真情服务平安气。

释义：客户想到的和没有想到的我们都要做到，客户的要求是我们的工作标准；优化营商环境，提升服务质量；建立管家式、保姆式、专家式、私教式"四式"服务模式，持续提升客户满意度和美誉度。

(4) 科技理念：创新赋能，智慧燃气。

释义：强化科技创新主体意识，人人创新、全员创效；推进数字技术与天然气终端业务开发与销售的深度融合，实现生产运行实时优化、决策分析智能量化、生产经营一体化高效运作。

(5) 团队理念：同心共荣，笃行致远。

释义：聚是一团火，散是满天星。相互了解、相互包容、相互学习、相互帮助，气通人和，传送福气，不负芳华。

(6) 人才理念：给实干者舞台，让奋斗者出彩。

释义：人才是第一资源，人人皆可成才；给想干事的人以机会，给能干事的人以舞台,给干成事的人以激励,给不干事的人以危机;在苦干实干中锤炼铁的意志、铁的作风、铁的纪律和过硬本领,打造忠诚可靠的新时代铁人队伍。

(7)廉洁理念:阳光人生,正气华油。

释义:全面从严治党,不敢腐、不能腐、不想腐,坚持"干"字当头、"实"字托底,树立忠诚干净担当的良好形象。

(8)QHSE理念:以人为本,质量至上,安全第一,环保优先。

释义:全心全意依靠员工办企业,尊重员工全面发展价值和情感愿望;诚实守信,精益求精,为用户提供优质燃气和满意服务;始终将安全作为保障企业生产经营活动顺利进行的前提,为员工创造安全、健康的工作条件;致力于保护生态、节能减排,走低碳绿色发展之路,创造能源与环境的和谐。

7.4.4 华油公司行为文化建设:行为识别系统方案

要改进华油公司行为文化,不仅仅是物质环境的改造,更重要的是改善员工心态与行为。通过行为文化改进,提高员工的社会责任意识,增强员工对于企业行为的自觉性、自愿性、目标性、坚定性,改变待人接物的态度。华油公司的行为文化体系的形成应该坚持正确的发展战略,结合人力资源部门,建立华油公司行为识别体系,主要是从员工职业道德与行为守则方面出发,具体如图7-5所示。

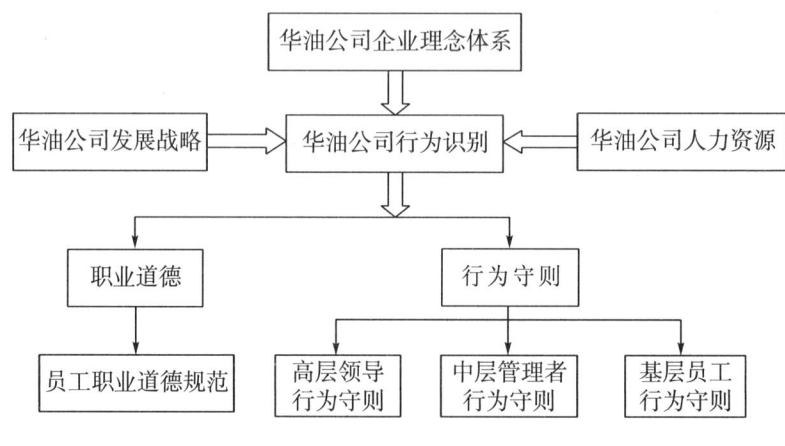

图7-5 华油公司行为体系

根据华油公司问卷调查结果以及华油公司实际情况,提出从行为宣言、行为公约以及行为规范这三个方面提出华油公司的行为文化建设思路。

第7章 西南地区天然气产业终端销售企业文化建设方案设计

1. 行为宣言

企业文化并不是空架子，其对外的落地执行，是通过员工的行为表现出来的。员工是企业与外界接触中的文化载体，其一言一行都影响到外界对华油公司的判断和了解。而行为宣言，是全体员工对于企业文化的共同认识，是行为规范的理论性指导。行为宣言，能够起到鼓舞员工士气，形成共同意识，提升战斗力的作用。

华油公司的行为宣言是：我们肩负"成就幸福员工，实现地企和谐"的神圣使命；始终恪守"为美好生活争气"的核心价值观；力争实现"西南第一、国内一流"燃气公司的企业愿景；我们的一切努力，都是为了最终实现"开源拓能，合力共生"的价值承诺。

2. 行为公约

华油公司的行为公约是：

整合资源谋共赢——积极整合政府资源、燃气资源、社会资源，实现资源整合多赢。

提升能效图发展——大力实施能源的综合利用、团队能力的提升，实现华油公司的发展。

团队协作促和谐——加强股东间、部门间、机关基层间的团结协作，促进和谐发展。

拓新进取求长青——发扬开拓传统，积极创新，勇于进取，实现华油公司持续稳健成长。

3. 行为规范

对于华油公司行为规范的设计主要从基本礼仪、语言规范、公共区域准则、商务拜访、商务接待、商务谈判以及商务礼仪这七个方面出发，制定出一套严格的标准化行为，严格按照流程和规章制度办事。有计划地开展任务观察活动，观察书面行为规范的执行情况，尤其对新上岗人员，要加强观察频率，纠正其不规范行为，进一步了解行为规范的有效性、适用性，及时修订完善。

（1）华油公司管理层行为规范。

管理层行为规范（适用于公司领导班子成员）：讲政治、重廉洁、求实效、谋发展。

①讲政治：与党中央保持高度一致，坚决执行党的路线方针政策，落实集团公司工作部署，认真履行"三大责任"，顾全大局，不辱使命，为保障国家能源安全做贡献。

②重廉洁：树立正确的世界观、人生观、价值观和社会主义荣辱观，严格遵守法律法规，带头执行高级管理人员职业道德规范，始终保持艰苦奋斗的作风，做廉洁自律的表率。

③求实效：一切从实际出发，按照客观规律办事，把发展作为第一要务，创造一流工作业绩，追求企业价值最大化。

④谋发展：以科学发展观为统领，勇于实践，开拓创新，推动公司又好又快发展。

（2）华油公司管理人员行为规范。

管理人员行为规范（适用于公司管理人员）：恪尽职守、勤勉廉洁、团结协作、精细高效。

①恪尽职守：以高度的事业心和责任感，认真履责，不遗余力。

②勤勉廉洁：勤奋工作，自我加压；干净做事，清白做人。

③团结协作：发扬集体主义精神，通力合作，携手共进。

④精细高效：关注细节，精益求精；坚持标准，提高效率。

（3）华油公司操作人员行为规范。

操作人员行为规范（适用于公司现场操作人员）：遵章守纪、令行禁止、爱岗尽责、勤奋好学。

①遵章守纪：遵守制度，严守规程，一丝不苟。

②令行禁止：有令则行，有禁则止，执行到位。

③爱岗尽责：热爱岗位，尽职尽责，乐于奉献。

④勤奋好学：踏实工作，善于学习，争当能手。

（4）华油公司高级管理人员职业与道德规范。

华油公司为规范公司高级管理人员的职业行为和道德操守，维护公司利益，应制定高级管理人员必须遵守的职业行为与道德操守。

①对公司履行诚信与勤勉义务。高级管理人员应树立诚信、创新、业绩、和谐的经营管理理念，忠于职守，认真履行职责，尽其最大能力保护公司合法利益，努力提高管理水平和公司业绩。

②禁止参与可能导致与公司有利益冲突的活动。

③遵守公司信息披露控制和披露程序的原则。直接或间接参与公司信息披露过程的高级管理人员，应当遵守公司关于信息披露控制和披露程序的原则以及公司内部控制的各项制度，促使公司完整、真实、及时地披露信息。

④遵守法律、法规和规则。高级管理人员应当遵守公司经营业务所在地区的所有法律、法规和有关监管规则的要求。

⑤公平对待和廉洁。高级管理人员应当公平对待公司的雇员、客户和供应商。不得通过操纵、隐瞒、滥用专用信息或对重大事实进行不实陈述等做法，不公平地对待上述人员。高级管理人员履行职责和对外交往，不得有损于公司公平廉洁声誉。

⑥会计控制。高级管理人员应当保证公司的交易得到恰当的批准和执行，并在公司账簿和记录中准确反映，严格禁止在交易、记录、表外安排或其他业务中舞弊、弄虚作假或有其他不良行为。

⑦公司资产的保护和有效使用。高级管理人员应当保证公司资产用于合法的业务目的，依法保护公司资产，并确保其有效使用。

⑧报告违反本规范的行为。高级管理人员对其行为是否符合规范不确定时，应向管理层和披露委员会的有关人员咨询。高级管理人员应当向管理层和披露委员会报告本人和他人违反国家法律、上市地监管规则、公司内部规定和本规范的行为。公司应对报告人予以保密并不得对其打击报复。

（5）华油公司员工职业道德规范。

华油公司为规范全体员工的职业道德行为，维护公司利益，应根据国家法律、公司章程，制定公司全体员工必须遵守的职业道德规范。

①认同公司精神及宗旨，践行公司核心经营管理理念。公司员工要发扬"爱国、创业、求实、奉献"的企业精神，贯彻"诚信、创新、业绩、和谐、安全"的核心经营管理理念，实践"奉献能源、创造和谐"的企业宗旨。热爱本职，忠于职守，熟练掌握职业技能，自觉履行职业责任，注重工作效率，保护公司的合法利益。

②禁止参与可能导致与公司有利益冲突的活动。

③公司员工要忠诚于公司，诚实守信，反对出于任何目的的欺骗、作假行为。

④公司员工要继承弘扬中国石油优秀的职业道德作风。保持说老实话、办老实事、做老实人，保持严格的要求、严密的组织、严肃的态度、严明的纪律的优良传统。

⑤公司员工要遵守公司经营业务所在地区的法律、法规，遵守公司上市地有关监管规则的要求。

⑥公司员工在经营活动中，要公平对待公司的客户和供应商。赋有管理领导职权的员工，还要公平公正对待所管理领导范围内的所有员工。在履行职责和对外业务交往中，不得有损于公司公平廉洁声誉。

⑦公司员工在业务运作中，要严格按照有关规章、制度条款执行，保证公

司的各项业务记录准确、清晰。严格禁止在业务中舞弊、弄虚作假或有其他不良行为。

⑧公司员工在一切经营活动中，应当树立保护公司资产并使公司资产用于合法目的的业务意识，依法保护公司资产，确保有效使用。

⑨公司员工有权利和义务向公司纪委报告本人和他人违反国家法律、公司内部管理规定及本规范的行为，公司对报告人予以保密，任何人不得打击报复。

7.5 西南地区天然气产业终端销售企业文化建设实施计划——以华油公司为例

企业文化建设是一项长期的、动态的发展过程，企业文化可为西南地区天然气产业终端销售企业的战略定位和经营管理指明方向。因此，在企业文化建设过程中，不仅要善于总结提炼西南地区天然气产业终端销售企业长期生产经营实践中积累的宝贵精神财富，还要在此基础上敢于创新，注重与企业文化的交融，遵循"内化于心、固化于制、外化于行"的实施原则，完善领导机制、号召全员参与、全面规划、重点推进、相互协作、注重实效，体现出企业文化建设的先进性、理论性、实操性、实效性以及简洁性。坚持企业文化建设原则，充分发挥企业文化的激励、约束、凝聚、导向和示范育人功能。我们具体以华油公司为例说明西南地区天然气产业终端销售企业文化建设实施计划。

7.5.1 华油公司企业文化实施步骤

为保证企业文化宣传和贯彻工作的顺利开展，确保先进的文化理念在华油公司落地生根，基于公司实情，华油公司企业文化建设分为以下三个阶段进行，具体阶段的实施流程如图7-6所示。

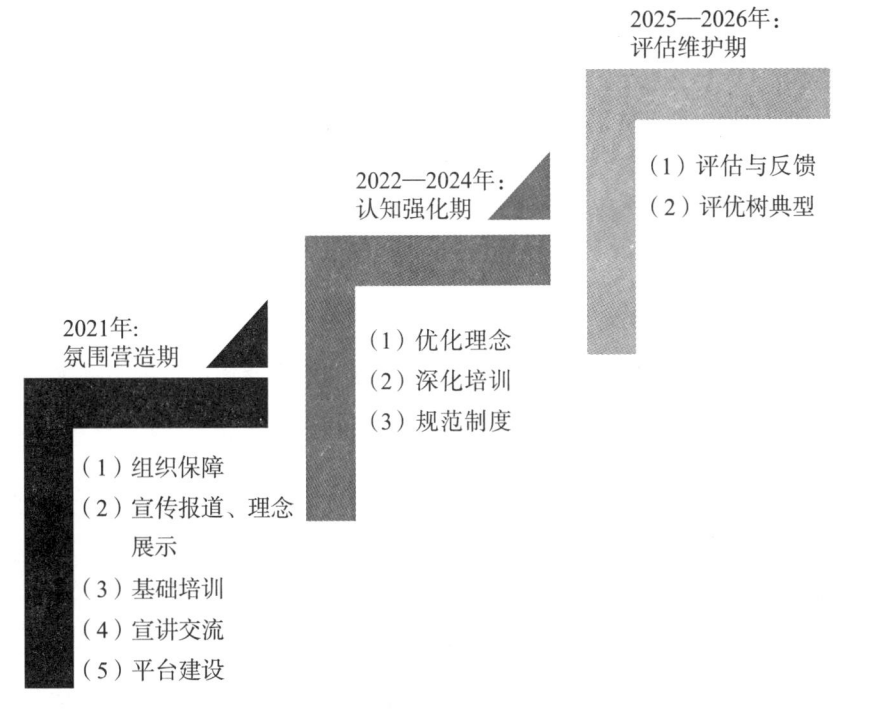

图 7-6 华油公司企业文化建设实施步骤流程图

1. 第一阶段：氛围营造期

通过宣传、展示以及培训等方式，营造企业文化的感知氛围，倡导全员参与。

（1）组织保障。

为保证华油公司企业文化建设和宣贯工作的顺利开展，成立专门的管理委员会，负责管理企业文化建设过程中的日常工作；完善党群工作部的文化管理职能，负责企业文化建设与管理工作的规划、推广、落地、考核、评估等工作以及骨干的企业文化培训工作。各部门也应成立具体的负责小组，各司其职，明确责任，为企业文化建设工作的顺利开展提供系统化的组织基础。

（2）宣传报道、理念展示。

针对华油公司企业文化现状和建设方案，综合考虑现有办公环境以及视觉识别系统的推广方案，充分利用现有资源，合理规划各个展示载体的布置，采用流动方式（如上墙、上网）和非流动方式（如互动交流、文化竞赛等方式），全方位营造视觉感知环境。

(3) 基础培训。

下发《华油公司企业文化手册》《华油公司员工行为规范手册》及测试题库，人手一册，自行学习。在此基础上，采取部门"负责制"，对全体员工进行培训，内容主要为华油公司具体的企业文化内容，如考核制度、培训制度、行为规范等。培训结束后，从题库中随机抽取试题进行测试，并将培训的实施情况如实汇报。

(4) 宣讲交流。

各级领导干部要以员工行为规范和华油公司企业文化理念体系为主要内容，通过党群工作部组织学习会、工作会等方式，广泛动员，带头宣讲、互相促进。

(5) 平台建设。

2021年，华油公司完成企业文化运行平台的部署和试运行工作，并制定使用和管理细则，制定《华油公司企业文化管理办法》并下发执行，以确保宣贯工作按质、按量、按时完成。

2. 第二阶段：认知强化期

本阶段进一步强化文化氛围营造的深度和力度，将前期的文化建设工作成果进行沉淀和固化，让全体员工全面准确地认知文化体系内涵，并在工作与实践中不断改进，最终形成具有华油公司特色的企业文化。

(1) 优化理念。

回顾总结企业文化氛围营造阶段的成绩和效果，结合理念运用情况和形势变化，对华油公司企业文化内涵进行完善；总结前阶段华油公司在企业文化管理中行为规范、制度流程和操作方法的运作情况，完善、改进企业文化建设方法；对前期企业文化成果和传播路径进行筛选，形成几项具有华油公司特色的重要活动。

(2) 深化培训。

结合员工的职业发展规划，开展各类培训班，提高员工专业能力；结合华油公司行为规范的推广进程，进行礼仪培训，进一步规范员工行为。对中高层领导和员工代表，组织其到其他实现文化管理的企业参观学习，及时发现自身的不足。同时，鼓励外部人员学习了解本公司企业文化，进而达到巩固和对外宣传公司企业文化的目标，树立良好的企业形象。

(3) 规范制度。

按照企业文化建设体系的目标对现有的规章制度进行梳理、修订、完善，完成华油公司制度手册汇编，在这一过程中要广泛听取员工建议，树立员工主人翁意识,增强华油公司的凝聚力和向心力。

3. 第三阶段:评估维护期

本阶段的主要工作是评估企业文化的建设工作,力求发现并及时改进问题,保障前期企业文化建设工作的安全落地。

(1)评估与反馈。

组织全体员工大讨论,在华油公司网络、报纸和宣传栏上开辟专栏,针对华油公司管理制度、行为规范与企业文化理念开展调查分析,鼓励员工积极发表观点,若存在不合理的地方,及时改正,使华油公司企业文化日趋完善;及时收集反馈信息,检查企业文化实施中存在的问题,并及时进行调整;对各单位各部门实施企业文化的情况进行考核,奖励先进,督促后进。

(2)评优树典型。

号召全体员工参与提炼、总结身边的文化案例,评选出在企业文化推广中表现突出的职工,用员工身边的典型激励员工,发挥榜样的力量;进而通过撰写故事集、优秀员工风采录等,用生动鲜活的案例教育员工,使其在潜移默化中受到影响。

7.5.2 华油公司企业文化建设的实施方法

1. 制订强有力的执行计划

企业文化的建设不能是短期活动,而应坚持长期良性可持续发展模式,在建设的过程中,必须注重实施结果,因此华油公司要落实企业文化必须制订强有力的执行计划,给企业价值观坚实的支撑。执行计划应体现出长久性、阶段性、连续性、变革性、创新型、领导意图性。

2. 实施精细化管理

华油公司应该充分认识到企业文化的改进,实施精细化管理,通过精细化管理的实施,提升华油公司管理理念。对于不同的企业,精细化管理模式不统一,但是精细化管理的基本思路是一样的。管理的重点在于细化每个人的责权利与培养管理者的精细化素质,促使精细管理在企业无处不在。华油公司的精细化管理可以推行以下模式,具体如图 7-7 所示。

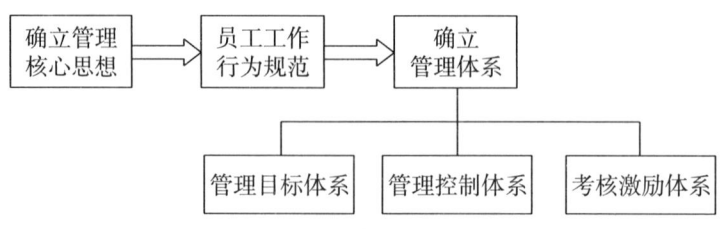

图 7-7 华油公司精细化管理模式

第 8 章　西南地区天然气产业终端销售企业文化特色塑造

——以华油公司为例

经过几十年的发展实践，西南地区天然气产业终端销售企业各项事业取得了可喜成就，市场竞争力明显增强，管理水平明显提升。随着西南地区天然气产业终端销售企业市场区域不断拓展，面对复杂多变的市场，如何提升科学精细管理水平，提升服务质量、缩短供气周期、降低经营成本，成为建成有影响力的西南地区天然气产业终端销售企业的关键所在。面对这些问题，西南地区天然气产业终端销售企业创新管理模式，通过推行特色党建文化、特色服务文化、特色人力资源管理文化、特色科技文化、特色管理创新文化，逐步形成了一套高效的燃气管理创新模式，为实现西南地区天然气产业终端销售企业跨越式发展奠定了坚实基础。我们具体以华油公司为例说明西南地区天然气产业终端销售企业文化特色塑造。

8.1　华油公司特色党建文化

8.1.1　华油公司"党建+"特色文化模式

华油公司党委坚持以党的政治建设为统领，着力打造"一支部一品牌"党建品牌，紧紧围绕党组织的组织力、创造力、执行力的提升，促进党建工作扩面提质，重点依托"党建+"模式，积极探索，勇于创新，赋予特色党建品牌创建工作新的活力。

1. "党建+党委领航"，把准发展新脉搏

2018年以来，华油公司党委按照西南油气田分公司工作要求，坚持加强党的领导，明确党委在公司治理结构中的政治核心地位，充分发挥党委把方向、管大局、作决策、促改革、保落实的领导作用，稳步推进公司各项工作。

对于涉及公司"三重一大"事项，以及事关职工福利待遇、公司经营发展战略性以及方向性问题，一律提交党委会先行研究，由党委进行政治把关，确保党组织在公司改革发展中的统领作用。

2．"党建＋队伍建设"，培育高素质职工

华油公司党委以党的十九大精神为指引，以践行"两个绝对"具体化为载体，紧密围绕"新时代、新燃气、新气象、新作为"主题开展岗位练兵活动，进一步强化职工的素质教育，以强有力的思想政治工作凝聚职工人心，培养塑造高素质的职工队伍。坚持以各党支部为单位，广泛开展"优秀班组"评选和"星级服务明星"评定，积极发挥党支部战斗堡垒作用、党员先锋模范作用。进一步完善各项奖励机制，大力营造"创先争优、比学赶超"的企业文化氛围，增强公司的凝聚力、向心力和执行力，使职工精神面貌焕发出勃勃生机。

3．"党建＋示范引领"，突出党员先进性

华油公司党委不断强化党员先锋模范意识，积极发挥党员的示范带动作用。在共产党员班组上张贴了"共产党员示范号"标识，公开党员身份。公司广泛开展以个人带班组、自觉接受用户监督活动，党员示范带动作用进一步得到发挥，党员主动作为，自律意识和担当意识明显增强，使华油公司的整体服务水平迈上了一个新台阶。

4．"党建＋安全生产"，助力公司新发展

华油公司党委在注重安全硬件的同时，更加注重绷紧安全思想弦，重点抓好广大干部职工的安全意识教育。在积极开展安全隐患排查与治理工作的基础上，狠抓思想源头、问题源头，安排各级党组织开展职工关怀活动，尽最大可能帮助和解决一线职工工作、生活中存在的困难和问题。通过系列活动把党组织的关怀和温暖送到一线职工和家属的心坎上，让一线职工以饱满的精神状态投入工作中，进一步创建了平安和谐的安全生产环境及运营秩序。

5．"党建＋民生服务"，提高群众满意度

华油公司党委将加强精神文明建设作为推进党建工作的着力点和落脚点，积极推动党群互融共建。通过开展党员志愿者服务进社区活动，为公司与社区居民架起了一道燃气公司与用户之间的连心桥、暖心桥，打通了燃气服务用户的"最后一公里"，使广大党员主动服务用户，贴心服务用户的自觉性得到了进一步增强。

6．"党建＋技术创新"，激发党建创造力

华油公司党委为适应互联网迅速发展的形势，勇于创新、勇于变革，利用互联网特点和优势，促进"互联网+智慧生活元素"的深度融合，推进燃气服务机制全方位创新，让燃气"老服务"焕发"新光彩"。"华油掌上燃气"App智能查询系统悄然进入用户手中，成了华油公司广大用户手机中的必装软件。"银联闪付"和华油燃气一卡通的上线，让燃气服务走进电子时代。跨界合作，携手支付宝，在"互联网+"的大平台上，实现燃气服务智能化。聚焦用户，想用户之所想，办用户之所需。华油公司党委的一系列新思路、新举措让更多的用户享受到了人性化、智能化的燃气服务。

在党员学习教育方面，华油公司党委同样依托"党建+互联网"新模式，以"党建好声音"、微信会、QQ会、班组党课等方式，组织党员开展广泛交流学习活动，在活动期间，认真贯彻落实习近平新时代中国特色社会主义思想，学习西南油气田分公司的各项精神，以及华油公司各级党委的工作要求。"互联网+"新模式突破了基层党员学习的时空限制，大大增强了党内教育活动对基层党员的吸引力。

7."党建+文化建设"，展示燃气行业新风采

华油公司党委注重塑造以人为本、以"爱国、创业、求实、奉献"的企业精神和以"奉献能源、创造和谐"的价值观为核心的企业文化，努力践行社会主义核心价值观，形成推动燃气服务提升和改革发展的强大合力。通过举办文化艺术周、职工运动会，开展"服务提质增效""岗位建功，技术比武""青年志愿服务""安全进社区进校园"等活动，争创党员先锋岗、青年文明岗、唱响燃气之歌、争做最美燃气人等主题活动，丰富职工文化娱乐生活，展示燃气行业风采，提振职工信心，同时围绕华油公司中心工作，充分发挥工会纽带作用，大力弘扬劳模精神、工匠精神，团结动员广大职工积极投身公司改革发展。

党建品牌建设将在"党建+"的助力下，通过行之有效的载体和实践，进一步增强党组织的凝聚力、向心力、创造力，加出特色、加出实效、加出生命力，为打造职工幸福、用户满意、公司放心的新时代文明燃气公司提供助力支撑。

8.1.2 华油公司特色党建文化建设典型事例

1."红海棠""3×3"模式打造党建服务金字招牌

（1）形成背景。

华油公司下属单位双天司经营区域覆盖双流区行政区内12个街镇，经营

面积约460平方公里,服务天然气用户超过45.3万户,日均供气量达73.9万立方米。双流撤县设为成都市行政区以来,城市化建设步伐日益加快,用户不断增多,用气规模不断扩大。如何有效提升服务质量让老百姓满意,推动公司党建与行政、党员活动与生产的有机融合,是摆在公司面前急需解决的一道难题。

2017年4月,双天司党员便民服务活动作为"红海棠"党建品牌的前身正式启动,活动秉承"服务一公里、沟通零距离"的服务理念,做实服务群众"最后一公里",活动的扎实开展得到了公司、政府和社会的一致好评。2018年5月,双天司响应四川省国资委号召,将党员便民服务活动升级成为"红海棠"党员志愿者服务的党建品牌,助推公司党建活动深度融合公司发展的着实落地,活动通过"3×3"工作模式的探索,提升了服务质量,切实解决用户燃气生产生活中的实际困难和问题,打造华油公司党建活动"金字招牌"。

(2)主要做法。

活动开展3年多以来,双天司不断优化和改进活动方式,提炼活动经验,实现了组织形式统一化、业务办理便捷化、志愿服务一体化。通过"3×3"工作模式,打造基层党建活动特色"党建+服务"品牌。

①统一制度、标识、记录,"三个统一"助推活动落地落实。

A. 做好顶层设计,建立统一制度。

活动强化顶层设计,将经验性认识提炼为规范的流程管理,以落地实践将活动质量提炼为规范的体系管理,出台《"红海棠"党员志愿者服务管理手册》,从权利与义务、服务参与与要求、表彰与考勤等五章二十条,规范了参与活动队员的行为要求,面对面服务形式,推进了"红海棠"党员便民服务活动走向规范化、制度化、常态化,使健康的体系运行成为推动活动高质量可持续开展的有效利器。

B. 形成品牌共识,设计统一标识。

"红海棠"服务队设计统一的标志,整体图案采用传统徽章的形式,以双流城市特色"海棠花"作为背景,把飞机、党徽、志愿者等元素融入其中。党徽代表党员,飞机代表双流的空港经济,手代表众志成城的志愿者服务,海棠花代表双流优美的自然风光。同时设计定制了"红海棠"主题宣传文创小物件,通过统一的标识,形成用户对"红海棠"的品牌共识。

C. 规范运作标准,实现统一记录。

为进一步夯实"红海棠"阵地尺度标准化建设,规范统一的活动开展记录,服务队从活动方案、活动公告、活动小结、活动图片、媒体影响等内容记录在册，形成原始资料，方便每次活动可查询、可追溯。同时，活动记录也将作为公司评选年度"最美红海棠"、优秀共产党员等荣誉时的佐证资料，实现考核量化。

②精准服务内容、对象、方式，"三个精准"丰富活动内涵。

A. 精准服务内容，解决燃气难题。

紧贴用户需求，把服务内容做专做精做优，打造专业化高质量服务，不断提升服务质量。围绕天然气使用的一整套流程，梳理确定了合同办理、政策咨询、费用查询、信息核对、安全宣传、入户安检、检查通气、上门服务、巡检巡查、户内整改等10项服务内容，通过构建现场上门服务、热线服务、微信公众服务号、客户服务大厅等多项"立体式"服务手段，形成覆盖燃气相关业务的服务链条，切实解决居民燃气生产生活中的实际困难和问题，为隐患清障，为服务加码。

B. 精选服务对象，传递组织温度。

为实现从"用户找"变"上门解"，突出党员志愿的先锋性，实现"应急+常态化"的有效结合。党员服务队认真收集和分析区域、区块用气矛盾问题，将幸福美丽新村村民，军烈属，孤寡老人，刚丢弃柴、煤、灌装气居民，第一次使用天然气的居民作为优先服务对象，第一时间解决用户的刚性需求，以面对面、心贴心的方式，真正把精准服务记在账上，埋在心中，传递党组织温暖。

C. 精准服务方式，确保群众满意。

坚持党员亮标准、亮身份、亮承诺的"三亮"原则，固定每月13日和14日为党员服务日，打造"1314阳光服务"平台，想群众所想，急群众所急，让"红海棠"行动相伴用户"一生一世"。采取发放印刷有安全知识的扇子、围裙、指甲刀等生活用品的方式，吸引用户积极参与，更好地普及燃气安全知识，让用气安全教育形象化、具体化、生活化。通过送安全、送温暖、送服务的"三送"服务理念，缩短与用户的距离，肩负起党员的责任与担当。

③联动地企、区域、队伍，"三个联动"壮大服务力量。

A. 地企联动，拓展服务广度。

以打破行业壁垒、整合服务资源、拓展服务广度为目的，活动从"单线条"变"集成式"，联合成都市岷江自来水厂、国网双流供电公司，组成公共服务保障队，进行现场联合办公。通过"一站式"服务方式，共同解决用户生活用水、用电、用气的实际困难，有效处理水、电、气业务交叉时产生的难题，切实解决群众诉求，提升群众满意度，实现活动共组织、党员共行动、问题共解决,构建水电气联合服务模式。

B. 区域联动,强化沟通协作。

全力推动区域协调沟通战略,建立与街道、社区、学校、养老院等机构和单位的良性沟通渠道,实施专门联络员制度。加强对联络员安全用气知识、国家天然气惠民政策等内容的培训和宣贯,串起燃气安全"朋友圈",将联络员发展成为燃气安全教育的补充力量,加强区域联动,打造区域燃气安全"共同体"。通过QQ、微信、电话等方式,第一时间告知停开气信息,同时为燃气用户提供燃气设施检查维修、业务咨询等服务,实现双向沟通的新格局。"红海棠"每到一处小区、社区都与属地党组织建立"活动公办、难题共解、党员共教育"的"党建+综合治理"新模式,从现场受理,到老百姓认可,实行直线责任,跟踪到底,保证服务的质量和效率。

C. 队伍联动,提升服务成效。

服务队遵循"自转"+"公转"的工作方式,地企轮流牵头组织活动实现"公转"的同时,打破时间和空间的限制,将优质服务贯穿于公司党员日常工作之中,从而实现"自转"。公司党员每月参加一次活动,实行党委委员必须轮流到现场、党员必须轮流到现场、优秀青年必须轮流到现场的"三个轮流"模式,保证活动参与人数,确保活动的严肃性和纪律性。把参与活动次数、服务能力、队长评价纳入党员民主评议、党员党内选优和非专业性评优的年终考核范畴。

(3) 取得成效。

"红海棠"行动开展三年多来,党员服务队先后深入双流区12个镇街、25家单位服务131个群体,服务群众5.2万人次,发放宣传资料2.3万份,解决用户问题1370个,慰问帮助残疾、政府认定的特困等困难群众37户,得到了政府的认可和用户的好评。

①践行国企使命担当。积极融入地方建设,推动城市基层党建创新发展,为双流区健康平稳发展提供保障。活动不仅为世界警察和消防员运动会、国际马拉松赛等大型赛事燃气安全保驾护航,同时还为成都打造世界赛事名城提供稳定的燃气保障。服务队坚持不定期联合政府、社区、街道办,围绕"国际化营商建设年""百日攻坚平安社区建设""垃圾分类我先行"主题,积极投入具有时代特色的社会志愿活动中去,成为空港双流一道独具魅力的红色风景线。"红海棠"服务的深度开展吸引了大批媒体争相报道,让"红海棠"党员便民服务成了老百姓们"记得住、看得见、用得着、喊得出"的志愿服务品牌。2018年,"红海棠"党员便民服务活动荣获西南油气田公司党组织书记优秀案

例三等奖。2019年，双流共产党员先锋服务联盟暨"红海棠"行动被中共成都市委组织部办公室列为成都市2019年重点基层党建项目。公司党员服务队荣获双流区"最美海棠队"称号，公司一名员工荣获双流区委组织部"最美海棠人"称号。

②激活党性教育细胞。活动延伸触角，下沉中心，前移阵地，活动从社区到学校，从街道到敬老院，将"红海棠"服务送到用户手中，积极解决群众最急最忧最盼的问题，让党支部工作与生产经营中心工作无缝对接，完美融合。通过活动实现党员教育入脑入心入行，用"小故事"讲"大道理"，强化了党员干部的宗旨意识和为民情怀，把活动变成一次生动的党员课堂。活动充分发挥党员示范作用，通过现场开展党员服务的活动形式，实现"亮身份、带作风、促学习"，将服务工作变"要我干"为"我要干"，调动了党员工作积极性，提升了创新力和战斗力。活动增强了党的影响力、凝聚力，成为党员教育的平台、凝聚民心的纽带、服务群众的阵地，有效降低了用户投诉率39%，为双流加快推进中国航空经济之都成型成势提供载体支撑和服务保障。双天司党委2017年荣获西南油气田公司"先进基层党组织"称号，2017年荣获华油公司"先进党组织"称号。

③激发企业人才活力。"红海棠"活动给公司员工搭建起展示自我的平台，提升了员工业务水平、沟通交流和解决突发问题的能力，在活动中有效提高了人才培养的针对性和实效性，培养了公司员工良好的组织纪律和顽强的工作作风，全面提升综合能力。公司员工将活动中的收获和感悟融入工作和生活之中，激发面对困难迎难而上、击浪而歌的昂扬斗志。活动对服务质量下降的问题实现"靶向治疗"，把工作效率和服务效果的提升作为行动标准，降低了用户投诉率，改善了用户评价，有效实现公司提质增效，维护了区域燃气市场经营权，为华油公司打造了一支组织健全有力、管理扎实有效、队伍素质优良、文化氛围浓厚、工作业绩一流的基层单位。

2. "六度"法让思想政治工作落地生根

（1）形成背景。

2014年，西南油气田华油公司重庆凯源公司CNG分公司党总支承担"思想政治工作在员工队伍的管理研究"课题时，引来议论纷纷。有不少人认为"这课题没有研究价值，浪费科研经费"。还有人泼冷水"思想政治工作就是要嘴皮子嘛，哪能研究出成果"等。

CNG分公司党总支面对人们的议论与不解，首先深入基层一线开展思想政治工作调研。当问及思想政治工作的重要性，部分员工的评价是一般，认为企业安全、经济指标才是硬杠子。通过调查发现，大部分政工干部的工作手段比较缺乏新意，仍停留在过去的通过开会来传达文件精神，以及阅读报纸，制作横幅等形式，这样丧失了吸引力。通过问卷调查，员工获得信息渠道网络占80％、报刊占15％，而人与人交流仅为5％。员工时时处在网络信息包围下，思维活跃，观念新潮，思想价值观念正产生着深刻变化，从单一化趋于多元化，使得传统的、常规的工作方法已经不能满足时代发展的需要。

调研结束后，CNG分公司党总支及时召开了"思想政治工作为谁做？做什么？怎么做？思想政治工作如何才能创新创效，受到广大职工欢迎，推动企业科学发展"思想政治研讨会，推出了"六度"工作法，保障思想政治工作落地生根。

（2）主要做法。

CNG分公司主动适应新形势新要求，勇于创新思想政治工作方式方法，以"六度"为载体，从思想政治工作的"广度、厚度、深度、热度、高度、硬度"六个方面入手，结合单位实际，努力探索新时期思想政治工作新途径，为企业改革发展提供了强有力的思想支撑和政治保证。

①拓展广度，扩大思想政治工作涵盖面。在企业生产经营管理活动的过程中，应当引入思想政治工作，并穿插于企业生产经营的各个环节中，以充分调动员工的积极性。在互联网高度发达的今天，利用不同的媒介平台，例如微博、微信等互联网平台，通过声音、光影、色彩等形式丰富员工的认识度，激发基层员工对思政工作的参与感。

②增强厚度，提高思想政治工作实效性。改变过去思想政治工作中传统的"单打一"的模式，强调思想政治工作必须服务于企业中心，从而解决两层皮，实现灵肉一体化；在体制机制上，改变过去思想政治工作"是政工干部的事"的状况，由点及面，从局部到整体，由平面到立体网络，做到党政统一领导，各级干部为主体，专职政工人员为骨干，全体职工共同参与。

③挖掘深度，提高思想政治工作针对性。建立员工思想动态定期分析制度，增进对每名员工的了解，党总支通过每季度召开例会对员工的思想动态进行分析研判。采取座谈交流、家访等方式，与员工进行沟通交流，收集针对性的意见或建议，支持员工的合理思想诉求，扩大思想政治工作的影响力。将员工反映的突出问题进行梳理，并分析解决。公司领导和机关部门人员群策群力，有针对性地提出意见建议，着力解决员工反映的问题。建立反馈落实机制，由对口部门将研判结果积极反馈给班组，对反映问题逐一答复，确保问题解决不偏不空、精准精细。

④保持热度，丰富思想政治工作人情味。CNG分公司党总支着力打造"暖人心"文化，提出做思想政治工作要"由板着面孔到笑脸相对，由单纯说教到言行合一，多些人情味，淡化火药味"。通过开展交心沟通、思想关爱、人文关怀、精神激励等活动，构建团结互助的工作氛围，建立和谐包容的关系，增加员工的集体感、荣誉感、认同感和归属感，增强员工岗位责任感、事业心和执行力。

⑤提升高度，加大思想政治工作助推力。一是面向未来发展，将思想政治工作融入企业近期目标、远期规划和长远蓝图之中，让职工能真切感受到企业的发展前景和美好未来。通过阶梯式的稳步推进，不断增强思想政治工作创新力。二是建立健全一个能让全体员工广泛参与的平台，在平台内进行以社会主义核心价值观为主要内容的宣传和实践，形成良好的社会风尚，营造良好的文化氛围。三是举办劳动竞赛等活动，给员工一个能够展示自己的平台，引导他们通过科学技术手段提升自己的劳动意识和技能，为企业的创新发展贡献自己的一份力量。

⑥强化硬度，考核思想政治工作常态化。积极推进思想政治工作与业务工作"三同"，即在部署、考核、奖惩这三个方面都要协同。建立健全思想政治工作的约束制度，并在实际工作中引入检查考核机制，量化考核指标，层层明确责任，签订思想政治工作考核责任书，将思想政治工作的作用发挥到极致，并与相关部门领导的政绩挂钩。这样一来，之前思想政治工作的可有可无的问题得到了有效解决，也从制度层面上确保了工作的有序推进。

（3）取得成效。

CNG分公司"六度"工作法在内容和形式上有一定创新，具有较强的针对性、实用性和可操作性，保障了思想政治工作落地生根，是新时期思想政治工作的探索和实践的成果，值得广大思想政治工作者学习借鉴。

8.2 华油公司特色安全环保文化

8.2.1 华油公司特色安全文化模式

华油公司以信息化技术条件为支撑，打造全员参与、全过程管控、全方位督查、全天候监管的安全管理模式。创新安全管理新思维，以特色管理铸就安全，以安全文化开创新篇，实现华油公司由制度管理向安全文化管理的蜕变。

1. "全员参与"安全管理

华油公司"全员参与"安全管理。公司开展"我为安全作诊断"和"全员视频督查"活动,倡导全员参与安全管理,查找身边隐患,在公司所属各部门、各专业中心内,对每一部门、中心、岗位、个人、设备、流程逐一地开展查找身边"十大薄弱环节"。每位员工都要从自己的岗位工作特点出发,紧密联系自身专业岗位实际,从人的不安全行为、物和环境的不安全状态以及管理的缺陷等方面,认真查找身边QHSE薄弱环节,找准具体表现形式,提出具体的改进或防范措施,并通过安全过程管理系统上报,通过审核后得到安全奖励。活动的开展充分、有效地调动了全员督查的积极性。

与此同时,公司还开展了管理人员下基层活动,要求机关管理人员每周去一次定点联系的作业站,开展安全监督指导和服务基层活动,并为每名机关员工开设远程视频督查账号,使机关人员可以随时调取作业站视频影像,进行远程督查。为保证"全员"下基层和视频督查工作取得实效,公司组织机关管理人员开展分级安全管理培训,下发岗位操作手册和视频督查操作规程,使机关管理人员具备现场安全督查的能力。

2. "全方位"即监督安全生产的各个方面

首先,扩大督导范围,加大检查频次。督查工作覆盖公司所有生产经营场所及施工现场,并加强"公司—中心—区域"三级安全总监队伍建设。公司设专职安全总监,以"专业指导、严格监督、快速反应、注重实效"为原则,"以安全总监阵地在一线"的工作定位,并建立安全总监月度例会制度,定期开展专业学习和专项培训,使安全总监队伍专业水平明显提高。

3. "全过程"即在生产环节中全程监督

对日常作业过程进行监督管理,以互查互评形式开展督查工作,促进相互交流进步,并且客观打分排名。将QHSE管理能力综合评价分为A、B、C、D四个级别,分别为A级单位(风险可控级)、B级单位(低风险级)、C级单位(高风险级)、D级单位(失控级)。重点考评区域合法依规运行能力、组织建设能力、QHSE教育培训能力、风险控制能力、安全运行能力、环保运行能力、职业健康运行能力、应急管理能力、监督检查管理能力、改善提升能力、设备设施监管能力等方面。

4. "全天候"即在24小时内不间断监督

设立"两级视频督查小组",不仅是外在监管也包括内在约束,形成有监督、有自觉的全天候模式。首先是公司级视频监控督查小组,办公地点设在公司办公大楼应急指挥中心，配备专业级监控终端，采取全天 24 小时轮巡监控的方式开展督查。其次是基层视频督查小组。公司加大视频监控设备投入，新增、更换高清摄像头，在每个区域办公地设置视频监控督查点，由区域委派兼职督查员对本区域内全部站点开展监控督查，按详细记录督查问题并下发整改通知单。

8.2.2 华油公司特色安全环保文化建设典型事例

1. 新媒体背景下安全宣传手段多元化

（1）形成背景。

为了进一步提升华油公司整体的安全生产管理水平，让广大员工树立安全责任意识，消除不规范行为，以确保公司的 QHSE 管理体系更加完善稳固，形成稳定、良性、长治久安的安全生产与安全管理局面。并利用新媒体等手段展开安全宣传，挖掘华油公司特色，形成独具特色的华油公司安全宣传体系。

（2）主要做法。

①挖掘安全文化理念，提炼安全文化口号。

一个企业安全文化的核心内涵是对安全文化理念的正确认识，要充分了解华油公司全体员工关于安全管理这一问题的看法和见解，并总结出全体员工都认可的安全文化理念。在此之后，对符合华油公司安全文化理念的内容进行传达和落实，让全体员工认真执行操作。

一是提炼安全文化口号。各单位结合自身特点总结提炼 5 句安全文化口号、标语、警句，要求生动简洁，浅显易懂易记，一目了然。公司质安部、党群部利用公司微信公众号开展投票排名，总结提炼出公司的安全文化口号。

二是设立安全宣传标志，宣贯公司安全文化口号。各单位结合基层站队 QHSE 标准化、企业文化建设的工作进度，在可能存在安全隐患的场所附近设立安全警示标志，确保人员和设施安全。此外，各单位质安部将相关工作开展情况纳入统计，上报公司质安部。在此期间注意节约成本，避免相关重复建设。

三是多渠道开展安全宣传。制作公司安全宣传海报、传单，充分利用广播、电视、公共交通、网站、微信新媒体、手机 App 等方式开展内外安全宣传，提高公司影响力，提高公司干部员工安全执行力，提高用户的安全意识。

各单位每月至少撰写一条安全宣传信息并上报至公司主页，内容包括但不限于 QHSE 体系建设、基层标准化建设、入户安检、管道巡护、社区宣传等；

各单位每季度通过微信公众号至少推送 2 篇安全宣传的信息。若没有公众号，各单位每季度应向华油公司微信公众号投稿一篇。该项活动直接将信息报送至公司办公室，各单位质安部负责统计信息数量，每季度季末上报公司质安部。

公司质安部、QHSE 监督站至少每季度完成一篇反映公司整体安全生产情况的信息报道，并推送至分公司主页。

各单位采取广播、电视台等渠道，利用好地方政府的公开平台，每半年至少开展一次燃气安全宣传。

质安部及时与相关部门对接，在成都市中小学生安全教育平台完成燃气安全使用及管道保护等知识的推送，利用好政府公开平台，进一步扩大公司影响力。

②构建一套安全培训体系。

一是提高常态化安全培训的质量。抓好 QHSE 三项工具、交通消防应急、承包商管理等常规安全培训工作，做好从培训需求计划上报到培训实施、培训考核、培训效果评价等全过程的培训工作。

二是创新安全培训形式与手段。探索利用微信小程序、公众号开展安全培训，并结合 QHSE 体系审核的要求，对基层领导、机关干部开展履职能力评估。抓好安全培训 App 的上线使用。由公司质安部牵头，各单位配合完成培训题库、培训课程的录入，完成安全培训 App 的上线。由质安部、QHSE 监督站制定安全培训 App 的管理使用制度，对培训频次、培训时间进行要求，严格按照管理要求利用手机 App 开展安全培训，及时反馈运行情况。抓好安全环保履职能力评估。利用公司 QHSE 审核对基层主要领导、分管安全生产领导、安全生产部门技术干部开展安全环保履职能力评估。根据实际情况，选择软件答题、微信小程序答题、纸质答题等方式以评促训，履职能力评估结果在 QHSE 分析会予以公示。建立完善公司安全培训师队伍。由公司人力资源部、培训中心牵头，会同质安部，完成对公司的内部安全培训师目录的再次梳理，建立完善公司安全专家人才库，修订完善相关的制度与要求。邀请专业水平高、经验丰富的专家参与公司 QHSE 体系审核；统筹利用好公司高级技师、专家资源，邀请专家参与公司各类安全培训工作。

三是完善安全培训教材。完善操作员工在线培训系统。由质安部牵头，公司人力资源部、培训中心配合，完成对操作员工在线培训系统的培训课件的再次整理与修订，各单位完成相关岗位人员的培训。修订完善"三手册、一图册"。各单位结合 QHSE 基层站队标准化建设进度，持续对"三手册、一图册"开展修订完善，并利用其对全体干部员工开展培训，切实提高岗位员工的安全意识、安全制度执行力。公司把"三手册、一图册"的培训使用情况纳入QHSE体系审核、QHSE监督的重点关注内容。

四是建立健全安全培训的轮训机制。公司质安部、QHSE监督站每年组织一次专题培训，针对公司安全管理基础薄弱的单位进行定点帮扶。QHSE监督站完善监督人员轮训方案，开展安全监督人员轮训，整体提高公司安全管理人员的履职能力。

（3）取得成效。

华油公司通过创新新媒体背景下安全宣传手段多元化，强化了员工安全管理意识。创新安全文化宣传活动，持续推动QHSE管理体系和基层站队QHSE标准化建设，强化环保管理、质量抽查和能源管控措施，确保了公司安全环保形势平稳，保证了员工健康安全和生产经营平稳有序。

2. 重庆CNG分公司特色安全文化建设

（1）形成背景。

2019年，在华油公司党委、行政的正确领导和职能部门的指导下，通过安全文化的理念、宗旨的传播与灌输，给重庆CNG公司员工与广大驾驶员营造一个安全交流的氛围与平台，逐步实现人人自觉重视安全，重视安全学习，力争懂安全，自愿宣传安全，不断提高员工的安全责任意识、安全预控能力以及客户车辆的使用安全意识，减少了事故发生的概率。

（2）主要做法。

①安全主题活动。

A. 常态化开展安全主题活动。

按照华油公司要求，常态化开展"环境日""安全月""质量月"及"识风险、写风险、控风险"等职工讲述比赛，开展"交通安全日"等公司传统的安全主题活动，做好统筹安排并扎实开展活动，不断提高活动质量与效果，让全体员工认识风险并把控风险。

B. 开展"安全月"和"环境日"活动。

积极推动"安全生产月"活动的有序开展，各单位悬挂开展安全生产月活动宣传横幅。6月14日为安全生产宣传咨询日，活动主题围绕"防风险、除隐患、遏事故"，向驾驶员及周边友邻单位宣传安全知识并解答加气站安全问题。

C. 开展"质量月"活动。

在"质量月"活动期间，通过对全体员工进行质量安全事故的宣传和警示，使员工认识到质量问题的重要性。不仅如此，各单位还对每名员工进行质量安全培训，并制定相关规定，落实质量安全生产责任。在质量安全管理力度得到加强以后，从加气现场到机房内外以及站房的卫生条件有了翻天覆地的变化，环境水平的改善也为员工提供了一个良好的工作条件。

D. 开展"识风险、写风险、控风险"职工讲述比赛。

按照管理技术、操作服务、监督人员三个不同组别，班组层面活动共计开展8次，参与人数共计30人；CNG分公司机关活动开展1次，参与人数13人，公司45岁以下青年全部参与该活动。重庆CNG分公司一选手获得华油公司职工讲述比赛（泸州赛区）的二等奖头衔。

E. 创新日常安全管理活动。

各单位领导主动在会议上分享安全经验，起好带头作用。按华油公司规定，全年至少两次。在CNG分公司生产经营暨QHSE分析会议上，单位领导在生产会上做安全经验分享多次；在其他会议上各位领导也不失时机地讲解相关事故事件教训进行分享。CNG分公司领导及各办主任每季度亲自参加一次作业许可、事故事件、变更管理审核。

F. 开展安全类论文撰写征集。

活动期间，共计收到QHSE论文5篇、消防论文1篇，均已上报华油公司质安部。

②安全宣传活动。

A. 发掘安全文化口号。

活动期间收到安全口号43个，结合自身特点总结提炼出1句精选口号（风险管控需到位，遵章守纪保平安）上报华油质安部，组织员工在活动期间为其在四川华油微信公众号上投票，获得三等奖。

B. 设立安全宣传标志。

结合CNG分公司基层站队QHSE标准化建设，在可能存在安全隐患的场所附近设立安全警示标志，确保人员和设施安全。

C. 安全信息宣传。

2019年度撰写安全信息7篇，上报至华油公司。

③安全培训。

CNG分公司有在册职工103人。其中，103人（副科级及以上5人、管理及技术人员54人、操作岗员工44人）已全部接受事故事件管理提升培训。

重庆CNG分公司A类作业签发人、项目负责人等关键环节的人员全部接受过作业许可培训。

在华油公司安全培训App正式上线后，重庆CNG分公司立即组织员工下载学习，103名员工全部安装成功，并全部完成线上考试。

华油公司对CNG分公司进行QHSE体系审核时，对主要领导、分管安全领导、分管生产领导、安全生产部门技术干部开展安全环保履职能力评估，通过综合能力测试系统进行线上测试，得分99分。

CNG分公司结合QHSE基层站队标准化建设进度，持续对"三手册、一图册"开展修订完善，并利用其对全体干部员工开展培训，切实提高岗位员工的安全意识、安全制度执行力。1—6月组织修订CNG分公司QHSE管理手册、加气站操作手册；7月底各加气站完成对该站员工"三手册、一图册"的培训，共计培训人数230人。

④安全奖惩。

一是安全环保履职考核。重庆CNG分公司完成了安全生产责任制清单的编写工作，并发文发至各办公室、各加气站，对全体干部员工进行照单考核，实施严格兑现。

二是强化QHSE全方位管理、全员安全管理，强化隐患排查与整治，在上级的检查、审核、评比中获得较高评价。严格执行上级各项QHSE管理制度和要求，在QHSE管理各面积极开展工作，力争精细化管理。在华油司内审中成绩较好，在西南油气田公司内审中未发现严重问题，在西南油气田公司1—4月"三项工具"审核中成绩优秀。在华油公司QHSE专项奖评比中，上半年得分94.67分，获非天然气公司第二名；2019年度评比中得分89.27，获非天然气公司第二名。

（3）取得成效。

通过以上工作的开展，有序推进了QHSE体系的建设，进一步提升了CNG分公司安全生产管理水平。广大员工的安全意识也得到了很大进步，对消除安全隐患和维护生产过程的长治久安有着积极作用。

8.3 华油公司特色高效文化

8.3.1 华油公司"流程优化再造"高效特色文化模式

近年来，华油公司进行了一系列大刀阔斧的深化改革行动，目的是精简公司人员结构，简化各项工作流程，提高对用户的服务质量。在此之前，燃气新用户的报装流程一共分为9个阶段，对一些不熟悉业务流程的用户群体来说，有着极大的办理困难。为了解决这个问题，华油公司删繁就简，只保留了5个阶段的流程，为用户缩减了差不多一半的办理时间。不仅如此，华油公司还加强了对用户的服务反馈效率，对于用户燃气业务咨询做到及时回复，其他业务办理或投诉均严格控制了时间界限，以保证用户的需求能够尽快解决。

同时，华油公司升级了服务窗口，将报装业务引入了每一个窗口，有效分流了前来办理燃气报装业务的人群。公司还定期对窗口的业务员进行培训，培训内容主要包括对用户的礼仪服务以及强化对业务流程的熟悉程度。此外，公司还设置了对外的宣传板块，利用电子屏幕对燃气业务的价格进行公示以及滚动式地宣传公司的文化、政策等。为了给更多的燃气用户带来便利，公司还上线了"华油燃气"公众号，使广大用户足不出户便可实现业务办理，如缴纳欠费等操作。

"安全责任重于泰山"，华油公司牢记这一观点，时刻将燃气用户的生命财产安全放在首位，始终保持每家每户应检尽检的高标准，将排查到的隐患扼杀在摇篮之中，受到了广大用户的信赖与支持。同时，为了保证服务质量，华油公司对工程部的员工有着严格的要求，对用户从安装到售后全过程进行回访和管控，以此作为工程人员的考核指标，切实提升整个公司的口碑和影响力。

对于社会层面来说，华油公司与民生有着密不可分的联系。习近平总书记曾强调"人民至上"的理念，华油公司也将不忘初心，一步一个脚印地做好这件民生大事，为广大燃气用户带去便利和温暖，以可靠的质量和优质的服务为人民交上一份完美的答卷。

8.3.2 华油公司高效特色文化建设典型事例

1. 精细化促管理提质，信息化助管理增效

（1）形成背景。

2020年度，在西南油气田公司党委、行政正确领导下，华油公司主动作为，肩负起"黄金终端主力军"的历史使命，不惧疫情和销售压力的双重冲击，深刻领会"战严冬、转观念、勇担当、上台阶"主题教育，做好"提质增效"专项工作行动，为加快推进"西南第一、国内一流"，早日实现建成"全国燃气企业前十强"的目标奋进。

（2）主要做法。

①积极开展党建工作，助力公司提质增效。

2020年支部组织了提质增效"安全篇"和"管理篇"全员大讨论及征文

活动；开展"守纪律、讲规矩、强意识，喜迎建党100周年""强基固本展作为，提质增效勇担当"等教育活动；组织与基层党组织一对一共建工作，让机关党支部深入基层，了解基层，建立与基层单位的密切联系。

②做好预算控制工作，确保整体经营目标圆满完成。

完成上级下达的各项经营指标任务，是华油公司全体员工共同努力的目标。公司通过层层分解指标，严肃刚性考核，开展可控成本模型研究等方式，提高预算管理水平，发挥预算指挥棒的作用，确保整体经营目标圆满完成。主要工作有：一是层层分解指标。华油公司每年年初，按照上级主管机关下达的经营指标，通过预算委员会和各基层单位的多次对接，分解经营指标到各单位，确保指标压力、责任落实到位。二是严肃刚性考核。华油公司对下达指标采取刚性考核的原则，预算指标完成情况与绩效考核强挂钩，严肃考核纪律、严格执行考核管理制度。三是建立弹性预算考核体系。华油公司从2017年开始推行以固定预算指标（净利润）和弹性预算指标相结合的指标体系。弹性指标分别为燃气千方变动指标和单户安装利润指标，涵盖了公司主营业务天然气销售和天然气安装。在弹性预算执行过程中，公司不断优化弹性指标核定参数，深挖成本空间。2020年开展了标准成本模型的科研项目，分区域、分公司规模分别建立天然气销售成本标准模型和天然气安装施工成本限额。通过标准化成本模型，集团内各单位进行对比分析、查找差距，既能确保下达指标的合理性，也能促使各单位向区域标杆单位靠拢，从而进一步提高管理质量、增加经济效益。

③积极落实"提质增效"，打好疫情下的效益保卫战。

面对2020年初以来受疫情影响的复杂严峻形势，华油公司大力弘扬大庆精神、川油精神，通过六个方面的措施积极落实"提质增效"专项行动。一是严控投资成本，压减投资金额。华油公司通过建立设计考核机制，提升设计质量避免投资浪费、健全概算管理机制、严把限价采购底线、健全结算审定机制等方式，确保投资压缩到位。二是深耕燃气销售，扩大市场区域。华油公司通过优化供气系统，最大化提高供气能力、做好客户移交接收工作、推动川渝及滇黔桂天然气市场的竞争与合作、大力发展潜在用户等措施，确保销售目标顺利完成。全年新增工业用户111家，新增日用气量21万方/日。三是加强生产经营管理，严控成本开支。华油公司通过加强输差管理、管线管理、燃气安装工程管理、抢维修管理、合规化管理、食堂管理、办公耗材管理及会议培训开支等，严控成本开支，确保五项费用硬下降。四是利用新兴技术，降低经营成本。华油公司利用北斗定位技术自主测绘管燃气管道，该项措施约节省测绘费

1000 元/公里；利用 CNG 智能节电项目减少 CNG 站用电能耗，该项措施使得 CNG 站能耗下降约 10％；推进 SCADA 建设无人场站优化人员配置，推广第三方移动缴费，约降低人工成本 60 万元。五是多维度拓展业务，拓展收入渠道。华油公司持续做好便民服务，通过销售燃气保险、灶具等增值业务产品，拓展收入来源。六是用足用好国家减免政策，降低成本。华油公司积极申报社保、电费、税收优惠政策，全年减少社保成本 1.1 亿元；股息红利优惠、西部开发政策减免税金 3.09 亿元；增值税优惠政策减免税金 460 万元；节约电费成本 97.94 万元。

④建设财务共享系统，开启财务管理信息化新篇章。

建设财务共享系统是华油公司 2018 年开始筹建的重点财务工作。公司积极探索集团化财务管理新模式，主动适应集团经营区域扩展、财务人员不足情况下的财务核算向财务管理转型的迫切需要。通过调研和筹备，公司于 2019 年 3 月在全公司范围内试运行，并同年 4 月正式运行。随着共享系统的建立，华油公司的财务审批等流程，在操作层面上充分体现了与制度对标，进一步提升了合规管理水平；同时，由于信息化的加强，财务管理工作得以进一步提升。

在推进财务共享工作中，华油公司主要做好了以下四方面工作：一是做好服务器部署和数据备份工作。华油公司提前部署、周密安排，在分公司资本运营部的对外投资公司信息系统基础资源平台上，完成了共享应用系统部署工作和数据迁移工作，并同时完成系统安全等级保护评价工作，确保共享系统数据安全。二是稳步推进共享系统运行工作。华油公司采用以点及面、稳步推进的策略，通过在凯源公司试点，待厘清工作流程和系统缺陷后，在全公司范围内统一推进。同时，兼顾做好培训、宣贯和反馈工作，全公司范围内共计开展培训 52 次，提出系统优化建议 26 条，确保共享系统运行稳定可靠、易于理解、便于上手。三是完善拓展共享系统使用功能。华油公司通过收集部门和员工意见，不断完善和拓展共享系统使用功能。目前已实现手机移动填单、审批功能，公司车辆调度功能，ECT 发票二维码扫描数据转入功能，待摊费用自动计算摊销等，力求共享系统最大限度提高管理效率和便捷程度。四是强化管理规范共享系统使用。华油公司通过制定规范对上传影像的内容、质量做了明确要求；对出差行程变更、办公费分摊、单车管理、系统管理事项申请等提出规范操作指导要求；对通过共享系统生成的凭证摘要确定统一格式，力求共享系统使用的准确、规范、统一。

财务共享系统被引入后，华油公司日常的财务管理水平得到了显著提升。

一是规范制度执行。对差旅费报销标准与集团文件不相符的需要，若未通过管理流程获得集团认可或备案，共享系统不会调整标准。二是审批流程清晰，管控到位。通过前期初始化确认审批流程和正式运行后的不断完善，业务人员保存提交相关单据后立即可以了解审批节点和人员，同时审批节点也不断与各项管理制度密切结合，避免出现审批不全或漏审批的情况。三是规范核算科目使用。通过统一规范的核算凭证模板，降低了因处理不规范而形成的管理风险。四是提高财务管理智能化。通过系统进行增值税发票自动查重功能，规避增值税发票重复录入的问题；通过移动审批，缩短了单据审核周期。

⑤以精细化为方向，显著提升财务管理水平。

精细化是未来公司发展在管理上提出的新要求，华油公司通过四个方面的强化，切实做好财务管理精细化，提升财务管理水平。一是深入研究行业新政策，发挥参谋作用。2019年末至2020年初，四川、重庆先后出台规范燃气工程安装收费的通知，特别是重庆取消了原重庆地区燃气安装初装费1500元。华油公司组织人员认真研讨分析，分别从政策解读、集团统筹安排、转变经营理念等三个方面提出下一步工作建议，形成专项汇报，稳定公司整体盈利水平。二是强化合规管理意识，发挥引领作用。利用财务初始化机会，在全公司范围内收集整理核算建议，形成指导性文件，宣贯并规范核算方式；根据公司开展便民服务业务、内部燃气购销业务等经营管理要求，形成对应的财务核算指导意见并下发执行。三是持续做好会计稽核工作。形成日常财务抽查和月度检查相结合的监督制度。持续开展月度核算通报制，对核算中的"低老坏"问题强化监督，并与管理效能考核挂钩。现场调研时开展日常财务工作抽查，主要针对价格执行情况、重点工作执行情况进行抽查，对存在的问题现场分析、限期整改、严把闭环管理。四是提升财务月报服务质量，形成服务目的不同的汇报资料。在上报月度财务管理报表及整体经营情况分析之前，编制月度财务简报，快速将每月整体经营情况、财务指标完成情况、本月重点工作完成和次月工作安排形成简要材料，便于管理层及时了解当月公司经营概况。

⑥积极配合审计检查工作，并督促完成闭环整改。

2020年公司配合华盛审计中心完成2019年度工程竣工决算审计项目148项，涉及单位15家；配合华盛审计中心完成佳利德威公司、华瑞公司、郫都区兴能公司、江油恒丰天公司、自贡西部公司等5家单位主要领导的任期审计或离任审计；按华盛审计中心安排，完成2019年度7家单位主要领导的离任审计；配合资本运营部完成终端成本要素及效益审计的专项审计；配合完成审计处对成都市双流区兴能天然气有限责任公司非居用户开户专项审计及整改。

通过各类审计和检查，发现单位管理中存在的短板，在严格要求接受检查各单位闭环整改的基础上，提炼总结，举一反三，在集团范围内专项宣贯，强化合规合法经营管理理念，规避经营风险。

⑦做好依法纳税，确保企业合法依规。

华油公司经营区域跨度大，税务管理工作难度大，为顺利完成公司税务申报、合理提升筹划收益，公司主要完成了以下四个方面的工作：

一是持续做好税收优惠政策使用。公司股息红利所得税优惠、所属单位西部大开发企业所得税优惠延续、所属单位安装业务增值税简易征税及进项税额加计10%抵扣、所属单位国内旅客运输服务进项税抵扣等政策适用工作。二是做好个税代扣代缴工作，保障员工利益。2019年是第一个个人所得税汇算年度，为了宣贯个税汇算政策，财务税收工作人员到机关每个部室进行政策解读和操作指导，积极帮助员工享受个税抵扣政策。三是指导各单位享受特殊期间优惠税务政策。疫情期间，国家抗疫优惠税收政策不断出台，通过分析各类政策特点，强化新政策宣贯，在华油微信公众号中开设的"税到家"栏目推广税务知识，对与新个税和新企业所得税的政策进行讲解，合理筹划，积极享受财税政策。四是做好各项税务基础工作，要求各单位按时申报纳税，提交各类申报资料，在纳税信用评级中被评为A级。

（3）取得成效。

华油公司实施全过程精细化管理以来，建立健全了财务管理的运行机制和管理办法，财务管理模式由早期粗放式管理逐步转变为精细化管理，管理重心也由结果管理转向为过程管理，全面推动了公司管理向"规范化、流程化、系统化和科学化"迈进，为华油公司高质量发展提供了坚实的保障。

2. "五新"成果解决生产难题——佳源公司分析处置"抽吸"现象产生的输差

（1）形成背景。

（背景1）某公司2019年8月在DN100终端城镇燃气管网上接管，安装一套计量柜。流量计采用DN80的涡轮流量计计量，测量范围32~650m^3/h。此计量柜下游有两家用户，两家用户分别都安装了自己的调压计量柜。其中一家计量采用DN80涡轮流量计计量，测量范围13~250m^3/h；另一家采用DN80的罗茨流量计计量，测量范围2~250m^3/h。供方计量柜与用户计量柜相距500m。3套计量柜同时设计、安装、完工交接到投运，供需双方输差一直较大。2019年8月18日—2020年5月22日，供需双方绝对输差116793m^3，相对输差为31.50%。

(背景 2) 金堂配气站共有 8 家用户。H-1 后有 4 家用户，属西南销售用户；H-2 后有 4 家用户，属佳源公司直供用户。H-2 后端其中一家用户南组团计量采用 DN80 涡轮流量计计量，南组团后端（站外）有 9 家用户，每月南组团和 9 家用户比对输差。2009 年 12 月建站以来，金堂站 H-2 后端用户南组团相对输差较大，月输差波动范围：13%~23%。

(2) 主要做法。

佳源公司"及时有效分析处置输差 3 法"分别是排除法、比对法、经验沿用法。

①排除法：按照设计流程（背景 1），供方计量仪表选型在下游只有一家用户用气时仪表工况范围有些偏大，计量应偏低。现场实际却是计量偏高约 30%。

2020 年 5 月 26 日，佳源公司组织相关人员分析产生输差的各种原因后，将相关人员分成两组逐一对产生输差的原因开展排查。一组人员用检漏仪检查表与表之间的管线、供需双方撬装柜是否存在泄漏，用探管仪检查表与表之间的管线是否存在私拉乱接。另一组人员负责检查供需双方流量计选型、安装是否合规，供需双方仪表 K 系数设置是否与检定证书一致。排查结束后，排除了是以上原因产生的输差。

按照设计流程（背景 2）供需双方对南组团计量仪表进行多次检查并送检，对安装方式也进行检查，由于该用户下游有 9 家用户，计量未出现停用。排除了由以上原因产生的输差。

②比对法：针对背景 1，调取供需双方计量仪表每天的历史数据及仪表启停记录进行分析和比对，发现在同一时间段用户未用气，而供方的计量仪表反复启停 10 多次并记录累计天然气 125 立方米。比如 2020 年 5 月 25 日 2∶58∶36—7∶30∶23用户未用气，在此时段只有 1 条启停记录；供方计量仪表 2020 年 5 月 25 日 3∶17∶35—7∶30∶26 出现 11 条启停记录并产生气量 125 立方米。用户开始用气时类似的情况会因上游用气工况的变化产生时间不等的启停记录及"抽吸"气量。

针对背景 2，分析金堂站南组团输差原因，是因为 H-1 后端用户明达玻璃用气量占整个站场用气量 70%，用气规律是 20 分钟一个周期，瞬量从 20 万立方米到 26.5 万立方米波动。该用户在波动周期，其他用户用气曲线都会随之轻微波动。特别是对夜间回零的用户影响最大，差压会出现负值。2016 年 10 月对金堂站工艺流程进行改造，直接跳开 H-1 后端大用户明达玻璃，从进站预留头接管、调压、进入 H-2 后再计量。把原来 H-1 进入 H-2 的流程作为备用流程。改造完成后金堂站南组团输差立即恢复正常。

③经验沿用法：通过排除法和比对法分析后，确定是由于供方计量前未安装调压阀（或止回阀），上游管网工况发生变化时产生"抽吸"现象而重复计量。

根据30多年的工作经验，在供方计量上游安装一台DN150的止回阀，或者在计量上游安装一台DN50的调压阀，供需双方输差立即解决。

（3）取得成效。

①时间就是效益，"及时有效分析处置输差3法"做到"及时有效"。

无论是供方还是需方，当输差产生后不及时解决，不仅经济利益受损，还会造成不良的社会后果，影响企业形象。佳源公司员工利用一天的时间，分工合作，准备充分，技术过硬，及时有效地处置某公司从投运以来9个月由于"抽吸"产生的输差共计116793立方米。

②能力就是效益，"及时有效分析处置输差3法"做到"会分析"。

当输差产生后，"会分析"是能力的体现。能力来源于平时专业知识的学习，技术规范的理解，法律法规的解读，现场经验的积累。输差产生的原因有很多，在处理输差的时候一定要"会分析"，找准切入点。

③输差就是效益，"及时有效分析处置输差3法"做到"会处置"。

计量就是一个单位的"一杆秤"，输差就是就是这杆秤的价值。输差产生后不会处置，时间不会倒流，输差将会随之叠加。处置输差就像一场战斗，只有知己知彼方能百战不殆。分析一个原因，解决一个问题，观察输差变化情况；再分析一个问题，再解决一个问题，再观察输差变化情况……直到彻底解决输差问题。

④工程设计的优劣就是效益。"及时有效分析处理输差3法"做到"把好工程设计源头关"。

一个用户工程或者是站场建设工程，设计委托方和设计方如果不严格把关，认真分析用户用气情况及工艺流程，我们的"这杆秤"就会偏离方向，如果产生双方不能接受的输差，供需双方在人力、物力、精力和财力上都会付出较大的代价。

"把好工程设计源头关"，一是提供盖章的用户用气参数单。参数单上必须提供最大瞬量和最小瞬量，提供最高压力和最低压力，提供负载设备的种类、个数及每一个负载的用气大小范围；二是调压阀的安装位置，没有考虑安装调压阀的计量柜可考虑安装止回阀；三是计量仪表的安装方式及要求。

8.4 华油公司特色服务文化

8.4.1 华油公司"优化营商环境＋提供便民服务"相结合的特色服务模式

华油公司采用"优化营商环境＋提供便民服务"的特色服务模式，研读国家相关政策和法律法规并落到实处，加快燃气用户报装、验收通气工作效率，通过梳理关键节点，完善工作制度，出台了《进一步优化燃气接入营商环境管理办法》。办法要求终端公司落实专人负责，对客户项目工程进度进行跟踪、监督及协调，最终达到优化办理流程、缩减服务时间、提升服务质量的目标；不定期召开用户座谈会，"开门纳谏、不怕挑刺、主动寻短板、提升服务质量"，持续提升客户满意度，助力当地政府建设一流国际化营商环境。同时为有效延伸燃气业务价值链，全面启动和推广户内燃气管线改造及燃气报警器、燃气厨电设备、燃气保险销售等燃气增值业务，提高公司盈利水平和能力。

8.4.2 华油公司特色服务文化建设典型事例

1. 机关客服"四式"服务模式

（1）形成背景。

为了给广大市民提供更加优质高效的服务，华油公司提供了"亮牌式""顾问式""结对式""志愿式"这四种方式，根据用户的不同需求精准配对，大大提升了用户满意度，也凸显了创先争优的工作质量。

（2）主要做法。

① "亮牌式"服务重提效。为了发挥党员的先锋模范作用，实行党员主动亮牌的新方式，在遇到工作难题时党员首先站在一线，为用户提供更加可靠便捷高效的服务。各单位还要鼓励党员勇于争先，乐于奉献，并纳入考核，确保取信于民，服务于民。

② "顾问式"服务惠客户。作为与民生息息相关的能源公司，应根据不同用户群体的需要，展开关切，并制定出更加适宜的燃气合同。不仅如此，公司定期展开燃气安全隐患排查，为用户讲解燃气安全知识等工作，倡导用户节约能源，走可持续发展道路。

③ "结对式"服务暖人心。通过帮扶结对的方式，与医院、学校、社区等

公共服务单位建立沟通桥梁，定期组织帮扶结对活动。活动内容主要包括对燃气安全知识的传播、提高用户的安全意识、宣传公司的企业文化等，受到了用户的广泛支撑。

④"志愿式"服务注活力。为了凸显党员"为人民服务"的宗旨，结合每名党员的自身实际情况，对用户开展志愿服务。由于党员先锋队的存在，在一些燃气使用高峰期等重大情况面前，挺身而出，圆满解决了问题，获得了群众的一致好评。

（3）取得成效。

通过针对特定客户，采取对应服务方式，增加顾客满意度，提升服务质量和水平。

2. 龙天司优化营商环境

（1）形成背景。

成都经开区（龙泉驿区）是国家级经济开发区，是成都市"东进"战略、成渝双城经济圈建设战略核心区域所在地，龙泉驿华油兴能天然气有限公司负责龙泉驿区燃气供应工作。

优化用气营商环境是我国营商环境改革的重要内容，是助力经济社会发展的重要举措，也是满足人民群众美好生活需要的客观要求。为贯彻落实国家、省、市、区优化营商环境政策，推进用气报装改革，进一步优化报装流程、精简申报材料、压缩获得用气时间、降低用气成本，提升客户用气获得感和满足感，满足人民对美好生活的用气需求。区经信局会同龙泉驿华油兴能天然气有限公司积极对标北京、上海等国内先进地区的理念和服务做法，积极探索优化用气营商环境的工作举措，全面开展"获得用气"便利化改革，创新推出一系列制度举措，助推成都经开区营商环境再上新台阶。

（2）主要做法。

①疫情期间保障能源充足，降低用能成本。

疫情防控期间，采取了气费优惠、欠费不断供、减收违约金、主动清退预存款等一系列措施保障企业用气需求。对于一些受疫情冲击影响较大的行业，在2020年2、3月份实行9折优惠。据统计，在此期间共计109户符合政策规定的商户享受了气费优惠约29万元。此外，华油公司还为符合违约金减免政策的用户减免违约金31.4万元，退回用户预存款3.5万元；还将非居民销售价格由2.76元/方降低为2.44元/方，共为企业降低燃气费用3031万元。

②加快受理速度，精简用气报装环节与申请资料。

目前，华油公司新用户的报装办理流程简化为受理申请、验收通气两个主要步骤。龙泉驿华油兴能天然气有限公司在政府要求报装材料2项前提下，根据自身情况，主动服务，进一步精简报装材料，用户获得用气线下报装所需资料仅1项，即"用气申请人主体证明"，资料只需提供复印件1份。对于办理过相关业务的客户，只需线上线下预约申请，不再重复提交资料，报装资料可精简为0项。线下报装所需资料及份数均在营业厅、微信公众号等线下线上渠道进行了公示，便于客户知晓。

③提升管理手段，实现燃气报装高效办理。

通过用户咨询、政务共享等方式，提前联系用户，预约现场勘查时间，并根据预约时间完成现场勘查工作。新用户从开始办理至结束业务流程，最长不超过6个工作日，对于一些工程量比较小的，甚至可以做到4个工作日内即可完工。2020年共办理214户非居民用户燃气接入服务，获得用气时间从2019年的15个工作日缩短至3~6个工作日，用气报装平均时限3.7个工作日。

④优化用气报装服务，降低成本。

龙泉驿华油兴能天然气有限公司采用就近接入气源的方式，实行"零上门、零审批、零成本"三零服务，其余管网建设成本均由公司自己承担。对于无外线工程，公司通过优化设计方案，优选设备材料及通过统一招标采购降低材料成本等措施，主动降低安装费用，进一步加大对非居民用户燃气安装优惠力度。

⑤主动靠前服务，从"企业等气用"转变为"等企业用气"。

获取用户用气需求后，主动做好红线外管网建设；主动加大对区域内潜在燃气用户建设情况的摸底调查及政府新建项目的联办审批，提早对接，提早谋划。根据成都市东拓区（13.5平方公里）待建区域规划，结合已建管网，主动随市政道路建设一同进行气源管线的投资建设，以满足后期道路周边燃气用户的用气需求。设置专人专岗，为新用户从签订燃气合同到使用后的全流程跟踪式回访服务，并将报装业务办理、燃气费用缴纳等功能引入微信、支付宝等信息化平台，实现用户对燃气业务需求的一站式掌握。

⑥建立信息化公开平台，提升服务透明度。

通过微信公众号、政务大厅、线下营业厅等各类渠道主动公示办气用气流程、时间和费用；升级公司客户服务热线，龙泉驿华油兴能天然气有限公司24小时热线电话号码有4001609996和962676两条，并单独设有24小时抢险电话13882013288。增加营业所网点至9个，覆盖所有供气街镇；开通多种便民收费渠道，可通过营业厅、红旗连锁、微信生活缴费、支付宝生活缴费、微信公众号（微网厅）、光大银行、建设银行、华夏通、工单系统、云闪付、天府市民云等11种线下、线上渠道进行缴费。

⑦深入推进"互联网+智慧燃气"建设,助力城燃信息化发展。

龙泉驿华油兴能天然气有限公司以用户需求为导向,在燃气产业链中积极融入互联网与智能化等先进理念,利用当前计算机前沿技术,例如大数据分析、云计算平台等,并结合最新的服务理念,完善远程抄表、智能监测、智能查询、在线支付、阶梯气价、大数据分析、安全知识学习和安全体验等功能。公司已达到实现燃气用量数据分析、燃气管网安全检测、燃气工程监督管理、燃气应急指挥调度等目标,建设有智能管道巡线系统、SCADA系统、安检系统、RTU远传抄表系统、AFC系统、工单系统、客户信息管理系统等,基本实现"一键、自动、信息、预警、安全、远程、体验"等智慧应用。

⑧完善售后服务机制,全面提升优质服务水平。

为反映龙泉驿区广大燃气用户对燃气服务行业的评价和满意程度,促进燃气服务行业质量改进,进一步提高服务质量水平,龙泉驿华油兴能天然气有限公司于2020年10月对龙泉驿区燃气服务质量进行了测评,形成了1份满意度测评报告;改进投诉处理机制,投诉件回访时限压缩为3个工作日,应急事件要求24小时内回复,全年从各个渠道共计接件1504件,回访回复1504件,回访率100%,满意率99.99%。

(3) 取得成效。

为了深入贯彻党中央、国务院关于深化"放管服"改革,创造良好的营商环境的战略部署,进一步落实《优化营商环境条例》和各级党委政府、上级公司优化获得用气营商环境、提升"获得用气"水平等工作要求,龙泉驿华油兴能天然气有限公司积极对标获得用气最优区域,找出自身短板,制定了《龙天司优化燃气接入营商环境实施细则》,每月初召开营商环境分析会。根据营商环境3.0文件要求,龙泉驿华油兴能天然气有限公司主要从提升获得用气便利度、简化申请资料、降低用气报装成本、优化办理流程、高效政务服务五方面着手,提高燃气接入服务效率和服务水平,助推成都经开区营商环境再上新台阶。

3. 华天兴能燃气有限公司大力拓展燃气便民服务

(1) 形成背景。

为便于公司更好地和用户接洽,推动公司从单一的天然气销售向综合性服务商转变,公司以便民服务为抓手进一步强化综合服务。

(2) 主要做法。

①业务总体管理要求。

一是按"五定"要求，在市场营销部设立增值业务班组，牵头建立完善公司便民服务运行机制。进一步梳理业务流程，按照依法合规、安全受控、用户自愿、便民利民的原则，主动作为。

二是公司要转变观念，促进广大职工提高认识，燃气便民服务是公司业务链的重要组成部分，提高业务推进的积极性和主动性；要分析掌握区域特点，充分利用自身优势，做精做强所辖区域内燃气便民服务。

三是公司要发挥长期从事城镇燃气的专业优势、市场优势、信誉优势，主导实施户内燃气管线改造和燃气保险销售服务业务等燃气便民服务，配合实施燃气报警器销售（或自闭阀）和燃气设备销售业务等。

四是以公司燃气市场和区域客户资源优势为载体，与华瑞公司协同，进一步加强沟通，建立完善常态化的沟通协调机制。认真研究、谋划以华瑞公司为主导的燃气报警器销售和燃气设备的销售。

五是市场营销部牵头梳理业务流程，不断总结成功经验，积极协调和解决业务相关方在实施过程中存在的问题。

六是公司要加强业务及产品宣传推广，开展线上线下全方位立体推送宣传。公司要利用微信公众号开展业务及产品线上推送宣传。公司要依托用户对公司专业性、安全性的认可，以及群众对党员亮身份的信任，开展燃气安全宣传+便民服务、党建活动+便民服务等线下体验式宣传。

七是按照华油公司客户服务礼仪标准，持续完善和改进燃气便民服务的标准服务流程和用语，进一步提升服务意识和服务质量，积极推行优质服务，利用服务窗口、客服平台塑造良好的服务形象，让顾客在服务中享受美感、提高心理舒适度。

②户内改造业务。

一是业务管理模式：用户可以通过营业厅、962676、网络进行改管业务的申请，抢险维修中心负责受理业务，派工给综合服务承包商组织施工（精装房除外）；综合服务承包商由华油公司统一招标确定，抢险维修中心在华油公司统一招标确定的综合服务承包商中选择不超过三家；户内改造业务涉及的材料由华油公司统一招标，物资分公司按常规料统一采购，由抢险维修中心负责现场材料的管理。

二是业务管理要求：执行好《四川省燃气管理条例》的相关规定。针对户内改造业务，公司加强与地方政府主管部门的沟通协调，将户内改管的安全性及各项优势向相关部门宣传解释到位，主动争取地方政府理解和支持。抢险维修中心要加强综合服务承包商管理，提高综合服务承包商服务质量，主推暗埋暗封业务，提高综合服务承包商积极性。公司要进一步梳理不同用户群体业务流程，对精装房、清水房、老旧小区等不同用户群体，采取不同营销及推广方式，满足不同消费群体的需要。精装房用户由市场营销部牵头，提前介入，直接与开发商进行沟通，经比选后提供方便快捷的"一条龙服务"，力争把表后暗埋暗封、报警器（或自闭阀）、燃气具、燃气保险列入其精装购置范围。表后暗埋暗封施工由公司表前施工单位承担，该施工单位由公司在华油公司公开招标的中标单位中选择。其余产品安装由华瑞公司按招标合同或合作协议执行。清水房用户由市场营销部牵头，在开发商交房前提前在室内张贴挂表业务办理及便民服务等宣传资料；在用户申请挂表业务时，线下由燃气公司业务人员向用户推荐户内改造、报警器、燃气具、燃气保险等业务，线上由呼叫中心座席向用户推荐，对推荐未成功的业务由综合服务承包商上门服务人员再次向用户推荐。在开发商交房时，由市场营销部与开发商协调，将户内改造、挂表等业务宣传资料作为交房资料的一部分，发放给业主进行提前宣传告知；在用户装修期间，抢险维修中心组织综合服务承包商进驻小区或在小区物管处发放宣传册，开展销售、安装、改管、燃气保险等便民服务宣传。老旧小区整改换表时，抢险维修中心要督促施工方加强对便民服务的宣传及推广，督促相关方建立流动服务队，在整改换表时进行上门推送相关业务。非居用户如学校和单位食堂等，由市场营销部组织开拓商用灶具、整体厨房、燃气保险、报警器（或自闭阀）等产品，提供一站式、套餐式销售服务。非居户内改造施工由抢险维修中心安排综合服务承包承担，其余产品安装由华瑞公司按招标合同或合作协议执行。

③燃气保险销售服务业务。

一是业务管理模式：燃气保险销售服务业务实施主体为客户服务中心，燃气保险销售机构招标由华油公司统一组织，销售服务合同由市场营销部与保险销售机构签订；公司为保险销售机构提供服务支撑。

二是业务管理要求：公司要正确认识燃气保险销售服务是公司降低室内燃气安全风险，促进社会稳定，提高企业经营效益的一项重要业务。公司要强化业务规范管理，客户服务中心按照"主动推荐、用户自愿"的原则，开展燃气保险销售服务业务。客户服务中心要督促保险销售机构严格将燃气保险产品信息、购买原则、购买及退保方式等内容在各营业厅公示。燃气保险销售业务由公司营业窗口工作人员销售，督促保险销售机构完成对保险销售人员的上编工作。市场营销部要加强对保险销售机构保险销售工作的监管，督促保险销售机构做好售后服务、二次续保、投诉及理赔处理等工作。

④燃气报警器（或自闭阀）销售业务。

一是业务管理模式：燃气报警器（或自闭阀）销售业务实施主体为华瑞公司，燃气报警器和自闭阀产品采购及安装招标由华油公司统一组织，物资分公司与产品供应商签订采购合同，并以华瑞公司为主体向用户销售，市场营销部配合。

二是业务管理要求：销售的燃气报警器（或自闭阀）应符合国家相关的安全标准，且由供应商负责安装。

⑤燃气设备销售业务。

一是业务管理模式：燃气设备销售业务实施主体为华瑞公司，市场营销部负责向用户推荐燃气设备，并将有意向的用户信息告知华瑞公司配合完成销售业务。

二是业务管理要求：市场营销部配合按照"不刻意，不放弃"的原则稳步推进燃气厨电设备销售，重点做好地暖设备、商用灶具等用户接受度高的产品。

⑥户内燃气设计。

一是设计方式：针对清水房，公司按"一个委托涵盖两个项目"的方式下达委托，两个项目即标准设计册和燃气便民服务设计册。标准设计册包括庭院管道及室内燃气管道明装设计，燃气便民服务设计册包括室内燃气管道明装设计图、室内燃气管道暗封设计图、室内燃气管道暗埋设计图。抢险维修中心督促实际施工的综合服务承包商现场人员应利用室内燃气个性化定制图册和燃气便民服务设计册，积极向用户宣传，优先推荐燃气便民服务设计册中室内暗封、暗埋设计方案。若用户有个性化定制要求，综合服务承包商现场人员应根据用户具体需求制定施工方案，由技术人员把关，利能公司定期在竣工验收资料上盖章。针对精装房，设计委托按正常民用委托方式下达。在满足安装条件、符合安全用气的前提下，市场营销部优先推荐开发商选择暗埋敷设的方式。若无法满足暗埋设计条件，可采用暗封与暗埋相结合或暗封的设计方式。针对单散户内改造项目，实际施工的综合服务承包商现场人员应根据用户具体需求制定施工方案，由抢险维修中心人员把关，利能公司定期在竣工验收资料上盖章。

二是设计费用：利能公司以半年为时间节点，按照竣工验收盖章的实际暗埋暗封安装户数为准（精装房暗埋暗封除外），向公司进行取费，设计取费按18元/户计。

⑦工单调度系统。

工单调度系统作为公司规范户内改造业务、加强综合服务承包商监管、提高用户业务办理体验的一项重要工具，对燃气便民服务有积极推动作用，公司要使用好工单调度系统。具备条件时上线移动扫码支付、报表统计等功能，用户只需电话申请或微信公众号申请就可直接办理完结户内改造、启封通气、二次挂表业务，无须多次到营业厅办理和缴费。公司在系统上实现对相关业务的网上派工、施工影像资料记录、材料使用统计、收费明细汇总统计、承包商工程量汇总统计等。公司要严格按照上级要求，将户内改造、启封通气、二次挂表业务纳入系统运行，户内维修业务暂不纳入工单调度系统运行管理，暂由公司按原业务模式运行。抢险维修中心负责对工单调度系统中相关业务进行调度和审核，市场营销部负责对日常系统中运行的各项业务进行线上监管，问题统计、反馈以及对上级下发的文件进行传达。根据工单调度系统移动扫码支付功能需要，客户服务中心须在开发商楼盘交房前完成客服系统中用户建档工作。

8.5 华油公司特色人力资源管理文化

8.5.1 华油公司"人才强企战略＋公平竞争机制"特色人力资源管理模式

华油公司以企业文化建队育人，充分利用网络、报纸、橱窗等有效载体和手段，强力宣贯"忠诚企业、技术过硬、执行有力、风清气正、团结和谐"的华油队伍建设目标及"专心学习、真心干事、诚心待人、开心生活"的和谐团队标准，使之内化为员工的共同价值理念，外化为推动公司发展的强劲动力。

1. 大力推行"人才强企"战略

一个企业最宝贵的就是人力资源，企业能否走得更远，走得更高，往往与人才的培养与发展密不可分。为了维持企业的正常运转与创新发展，也需要源源不断地引入新鲜血液，为企业的人才储备增添新的活力。华油公司正是基于此，用自己的实际行动证明了公司对人才的重视，从而回馈社会，造福于民。

为了解决人才紧缺这个问题，华油公司管理层出台了一系列举措来保障人力资源体系的建设。公司完善了现有的人才政策和培训体系，提倡把知识变为生产力，这样才有了华油公司的辉煌发展业绩。因此，对于华油公司来说，对人才的重视和培养不只是站在公司角度出发，而是站在每位员工的角度，为了个人的职业发展和价值需要,充分诠释了"人是生产力第一要素"这句话。

2. 积极塑造"公平竞争"的用人机制

当公司引进的人才达到饱和时,还要考虑每名员工的职业发展诉求。华油公司秉持"多劳多得""按劳分配"的制度,鼓励员工依托自身能力和努力程度,与其他员工展开公平竞争,合理优化公司的人力资源结构。此外,华油公司按照现代企业制度的要求,补充和完善相关政策与规定,促使公司管理架构的推陈出新,让公司逐步成为一家大型的综合性燃气企业。

8.5.2 华油公司特色人力资源管理文化建设典型事例

1. 培养高素质的人才队伍,为企业奠定坚实的发展基础

(1) 形成背景。

西南油气田华油公司重庆凯源公司 CNG 分公司是一家员工近 300 人,生产作业现场冬冷夏热,且实行倒班工作制的专业化基层单位。由于工作性质特殊,刚到 CNG 分公司工作的员工很多都不太安心,尤其年轻人更是想尽办法尽早脱离"苦海"。如果员工队伍不稳定,人才培养更是无从说起,企业的健康稳步发展无疑就成了一句空话。

看到员工队伍中存在的不稳定因素,考虑到 CNG 分公司下一步的长远发展,CNG 分公司党总支曾多次在班子会上提出:CNG 分公司要长远发展,必须培养自己的专业技术、技能人才队伍。简单操作岗位可外包,但核心技术必须掌握在自己人手里。多年来,CNG 分公司通过各类技能比赛为员工搭建成长平台,并有计划、有步骤、有的放矢地培养后备人才,希望他们能够在实际工作中锻炼成长。通过 10 余年的实践证明,CNG 分公司人才强企的工作思路推动了 CNG 分公司的稳步发展和员工队伍的和谐稳定。在华油公司 CNG 站操作工技术比赛中,CNG 分公司选手赢得了一、二、三等奖和优秀团队奖的好成绩;在西南油气田公司 CNG 操作技师考试教材编写老师中,CNG 分公司专业技术人员占了 36%。在华油公司"五新五小"成果发布会上,CNG 分公司 2 项成果获"一等奖"、2 项成果获"二等奖"、1 项成果获"三等奖"、1 项成果获"优秀奖",团体获"五新五小"先进集体的好成绩。同时,CNG 分公司技术人员研制的"高效节能冷却器"还荣获了国家专利。

(2) 主要做法。

习近平总书记曾指出:千秋基业,人才为本。要加快实施人才强国战略,确立人才引领发展的战略地位,努力建设一支矢志爱国奉献、勇于创新创造的

优秀人才队伍。企业的发展同样也离不开人才的支撑，CNG 分公司人才的成长历程，也让这里的年轻人看到了希望。

①搭建成长平台，让技能人才脱颖而出。2008 年 8 月凯源公司第一届 CNG 站操作工业务技术比赛拉开了序幕，以后每 2~3 年开展一次，目前已经开展了 4 次 CNG 站操作工技术比赛。在几次技术比赛中，一批默默无闻的一线技术尖子率先脱颖而出，先后走上了管理岗位。之后又涌现出了西南油气田公司"十佳青年"、华油公司劳动模范。这一个个人才的成长成熟，都凝聚着组织的培养和个人的辛勤付出。

②设计职业规划，让技术人才逐步走向成熟。无论是新进的大学生或是以往的专业人员，CNG 分公司党总支对工作兢兢业业、业务技能较强的人员都做了职业生涯发展规划，并定期给组织部门汇报人才的培养考察情况，积极推荐他们到重要岗位锻炼成长。通过多年的锻炼，已经有 2 位专业技术干部从股级岗位走到了副科级岗位，1 名副科级人员走到了正科级岗位。他们的专业技能在多个场所得到了领导和业内同行的充分肯定，同时，也为 CNG 分公司的发展奠定了人才基础。

③做好人文关怀，真正成为他们的良师益友。在对青年大学生的培养过程中，班子成员把他们列入技术攻关小组，亲自带着他们研究设备的工艺流程及其缺陷攻克，让他们在研究过程中充分发表个人意见。在加气站大修改造过程中，有意识地让他们担任项目负责人，工程的计划安排、组织实施、人员协调、设备调试、竣工验收、工作前安全分析（JSA）、恢复生产等全过程的参与让他们在实践中得到了锻炼。对锻炼相对成熟的大学生，CNG 分公司领导班子把他们安排在生产办、加气站担任负责人，让他们更多地积累实际工作经验，不断提升自身综合业务能力。同时，班子成员还鼓励他们积极参加"青年科技论文"发布会和演讲比赛，通过技术比赛选拔出来的好苗子，CNG 分公司领导班子通过"职工讲坛"、安全经验分享、岗位应急演练等活动载体，有的放矢地给他们压担子，让他们参与或亲自组织相关活动，从而锻炼他们的语言表达能力和组织协调能力。通过"五型班组"交流会的方式，让他们相互学习交流，找准自己的"短板"，取长补短，共同提高。同时，CNG 分公司领导还鼓励他们积极参与技师和西南油气田公司"十佳青年""百优班组长"评选。

（3）取得效果。

CNG 市场在经历新能源汽车的投入、轨道交通的发展以及网约车出现等多因素的冲击后，市场发生了较大变化，许多支撑不下去的加气站纷纷关闭。然而，重庆凯源公司 CNG 分公司 2018 年度再次创下单日销售量达 24 万立方米历史新高的好成绩。成绩的取得离不开 CNG 分公司全体员工的辛勤付出，更离不开高素质人才的强力支撑。

2. 华天司管理人员"两考核、两挂钩"绩效考核机制

（1）形成背景。

为建立规范科学的评价考核机制，充分调动员工积极性，推动公司高质量持续发展，公司制定了该实施细则。"两考核"是指考核对象为公司中层管理人员和一般管理人员，"两挂钩"是指考核结果与月奖和年度绩效预支奖挂钩、与个人岗位（职务）挂钩。

（2）具体做法。

①考核原则。

坚持客观、公正、公开、公平原则。

②考核对象。

公司所属中层管理人员（含临时负责人、享受相应待遇人员、技能专家）；

公司所属一般管理人员（含管理岗位上未聘用人员）。

③考核主要内容。

对公司中层管理人员主要考核公司重点工作落实及本部门（单位）和本人"德、能、勤、廉"履职情况；

对一般管理人员主要考核工作态度、职责履行、工作效率与质量、团结协作、遵章守纪等情况。

④考核方式与时间。

每半年一次集中现场述职测评打分（上半年 7 月 10 日前、下半年 12 月 10 日前）与重点工作一事一考核相结合（重点工作是指涉及发展稳定、生产经营安全等单独事项）。

测评考核由公司领导班子成员和所属管理人员及非管理岗员工代表组成，重点工作一事一考核由公司领导班子研究决定。

半年述职考核实行百分制，打分权重根据平时工作熟悉掌握程度，本着客观公正的原则设置如下：考核中层管理人员，公司领导班子占比 60%（主要领导 35%、分管业务领导 10%、其他领导 15%），中层管理人员占比 25%，一般管理人员及员工代表占比 15%；对一般管理人员考核，公司领导班子占比 40%（主要领导 20%、其他领导 20%），所在部门和单位领导占比 30%，其他中层管理人员占比 15%，一般管理人员及员工代表占比 15%。一事一考核主要实行罚分制，每次视其情况记 1 至 8 分；取得重大成效确需奖励的，按公司单项奖管理办法执行。

考核结果认定以述职测评打分减去一事一考核罚分,最后得分为本人实际得分。

⑤考核结果运用。

主要与岗位(职务)、绩效奖挂钩:

中层管理人员每月绩效奖以考核后的实际分数计算本人应发金额,一般管理人员按本部门(单位)考核办法执行。凡半年考核结果排名前3名,绩效奖从下半年或次年第一个月起增加奖励额度,中层管理人员每月增加1000元,一般管理人员每月增加700元,排名后3名的对应扣减相等额度(一般管理人员与本单位或部门月度考核扣减额度对比,取其高),直至下一个考核期结束。对后3名人员均要进行提醒谈话。

凡一年连续两次考核排名后3名且得分均在80分以下的,不仅扣减绩效奖,而且按相关规定调整岗位,正职降为副职,副职降为一般管理人员,一般管理岗调整到操作服务岗,未正式聘任到管理岗借用人员退回原操作服务岗位。

年底一次考核既是半年考核,又是全年考核,其考核结果同时与年终相关单项奖挂钩。

(3)取得成效。

华天司实行管理人员"两考核、两挂钩"绩效考核办法以来,极大调动了管理人员积极性。

8.6 华油公司特色管理文化

8.6.1 华油公司"制度化、流程化+原则性、灵活性"特色管理模式

近年来,面对激烈的市场竞争,华油公司把管理创新作为推动企业发展的内在动力,以体制创新为基础,以产业创新为依托,以有效创新为目的,优化管理,提升管理水平,增强核心竞争力,取得了良好的经济效益和社会效益。

1. 两化特色管理

(1)制度化管理。

实行经常化、制度化、科学化的全员管理制度,加强组织纪律、思想道德、团队精神、爱岗敬业教育,提高员工的执行力。在华油公司中,企管法规

部负责整个公司的管理政策的制定与实施，首先需要进行新规新政的起草，并交由主管部门审核和通过。除此以外，还需要华油公司职能部门对制度的有效执行进行监督和落实，并纳入考核，这样可以保证整个公司处于高效的制度化管理中。

（2）流程化管理。

制定并实行覆盖各岗位各工种的工作规范、管理制度、考核标准、评价办法，做到岗岗有标准、人人有规范、处处有监督、事事有考核。构建起一套完整的业务流程，健全业务从实施到配套一体化，提高业务流程的效率。华油公司管理处负责承担起对业务流程的制定、把控以及对整个生命周期进行监督和维护。除此以外，华油公司会一年一度地对业务流程绩效进行考核，根据时代和公司需要，提出改进意见，以维持公司平稳健康地发展。

2. 两性特色管理

（1）管理原则性。

管理的原则性是指在管理过程中运用一定的科学手段，对事物的运行规律做出合理的认识，将规章制度作为管理行为的重要依据。

（2）管理灵活性。

管理的灵活性是指在管理过程中做到灵活多变，因地制宜，因人而异，根据具体情况来制定相应的管理策略。管理的本质强调以人为本，更注重在管理过程中满足不同种类人的需求。

综上所说，管理的两种性质其实是相辅相成的，既要在坚守原则的情况下保持灵活性，也要在多变的场景下维护原则，达到"你中有我，我中有你"的特色管理模式。

8.6.2 华油公司特色管理文化建设典型事例

1. 建设和谐型团队，打造技能型员工——"五型班组"建设经验

（1）形成背景。

常言道：基础不牢，地动山摇。班组就是企业这棵大树的根基，根深才能树高，枝繁才能叶茂。每个班组、每名员工都是企业增强核心竞争力、提高经济效益和社会效益的重要力量。多年来，CNG分公司将班组建设作为夯实企业发展根基的重要工作之一常抓不懈，通过技能比武、工程字书写比赛、"五型班组"交流会、"我的班组我来说"班组文化展示等活动的开展，提升了一

线班组自主管理能力,陈家坪加气站还荣获"全国安全文化"展示比赛二等奖。同时,培养了中石油集团公司"优秀共产党员"、西南油气田公司"劳动模范""模范共产党员"何成伟,西南油气田公司"十佳"优秀青年张世醒,西南油气田公司"百优班组长"肖清勇等一批优秀班组长,为公司发展储备了后备力量。

(2)主要做法。

①以学习实践为基础,建设学习型班组。

由于近年来人员变化较大,新进机房人员偏多,这在一定程度上给生产安全工作带来了难度。因此,各加气站经常性地开展岗位技术练兵活动,把理论知识与实际操作技能要求相结合,提高业务技能学习的有效性。进一步完善激励机制,积极倡导和鼓励员工岗位成才,营造良好的学习氛围,实现"要我学习"到"我要学习、我会学习"的根本转变。公司通过《CNG前沿》及时发现和总结班组建设工作中的先进典型和经验,定期组织"示范"班组与其他班组进行学习交流、取长补短,以提高全公司班组建设的总体水平。

②以现场管理为重点,建设安全型班组。

严格执行技术标准、工作程序和操作规程,强化班组执行力;加强全员风险识别能力,参加应急处理培训,提高危机意识;各加气站结合自身实际认真开展全员安全演练,提高安全操作技能和安全意识,努力实现公司本质安全这一目标。把班组建设成为人人有专责、事事有人管、班班保安全的"受控细胞"。

长寿加气站,在西油分公司领导意外到来时,看到的是一片繁忙而有序的场景,工作人员温馨的进站提示和站长的详细介绍,给分公司领导留下了深刻的印象;鹿角湾站、两路站、陈家坪站对站场的突发事件处理及时到位,避免了人员伤亡和财产损失,他们的应急反应处置能力让公交及社会车辆驾驶员纷纷为他们点赞;不少加气站员工以自己认真负责的工作态度,避免了一场又一场事故事件的发生。

③以管理创新为引领,建设清洁型班组。

建设"清洁型"班组的一个重要方面就是生产作业场所标准化,实现科学、整洁、规范、设备无"跑、冒、滴、漏"等目标。要做到这一点,关键就是要一如既往地坚持,一如既往地抓好细节。用科学管理的方式,规范生产现场管理,真正做到现场管理标准化。

④以能耗对标为契机,建设节约型班组。

为贯彻《国务院关于印发节能减排综合性工作方案的通知》,深入开展千家企业节能行动,切实加强企业节能管理,提高能源利用效率,西南油气田分公司要求,各单位要对本单位节能减排工作做统计分析,制定相应措施。对此,CNG 分公司根据本单位情况,对自身能源利用状况进行深入分析,在充分掌握本单位各类能效指标基础上,客观、翔实地制定了节能减排措施,并对部分加气站好的做法进行了推广。比如:充分利用夜间用电低峰时段(电价低)将储气井打满;加强产品气体质量的监测,合理安排再生时间,达到既保证气体质量,同时又不消耗过多的电能;在冷却水温超过 30℃时,视情况开启冷却塔风机;在环境温度高于 35℃时,视情况开启压缩机房防爆风扇;用节能灯替换水银灯、白炽灯,缩短开灯时间,合理利用自然光等一系列行之有效的节能减排方法。

(3) 取得成效。

班组建设工作任务繁重、责任重大,仅有站长、班组长的力量是不够的。因此,在建设过程中,要逐步推行自主管理,充分发挥班员的主动性和创造性,采取大家共同制定班组管理方案、让班员适当分担相应工作内容、承担一定班务工作等方式,使班员在参与中充分地感受班组建设责任的重大,继而全身心地投入班组管理中,全力支持站长、班长的工作,共同抓好班组建设。一是要形成浓厚的民主氛围,通过班员对班组建设过程的全面参与,增强班员的责任意识以及在执行过程中的自觉性,并起到相互监督、相互督促的作用。二是通过建立班组文化阵地、开展员工互助等方式丰富班组建设的内涵,并适时开展形式多样的文化娱乐活动,努力形成互帮互敬的团队协作氛围,进一步增强班组的凝聚力,促进班组的和谐。三是要结合班组和员工岗位实际,通过开展建设学习型班组和争做知识型员工、班组民主管理、劳动竞赛、技术创新、安全生产监督、建设节约型班组等活动,让员工有机会在活动中提高自己、展示自己、体现作为,增强员工自豪感。四是通过开展建设"职工小家"活动,按照员工意愿、依靠员工力量为自己建设温暖和谐的内部小环境,增强员工归属感。五是把班组建设成果同班组的评先与班组成员的收入、奖励等激励机制紧密挂钩,增强员工荣誉感和成就感。

2. CNG 分公司深化基层民主管理,促进企业和谐发展——基层民主管理经验

(1) 形成背景。

近年来,华油集团重庆凯源 CNG 分公司面对企业不断发展的新形势和新情况,本着"顺民意、集民智、扬民主"的理念,不断实践民主管理的新方法、探求民主管理的新思路,推动基层民主政治建设,充分调动了职工群众的积极性和创造性，促进了企业改革发展与和谐稳定。

（2）主要做法。

CNG分公司不断拓宽以职工代表大会为主要形式的民主管理渠道，进一步搭建、探索民主管理的新载体和新途径；推进厂务公开制度化、规范化；强化廉政监督、注重权益维护，不断丰富和增进了民主管理的新内涵和新活力，有效提高了民主管理工作覆盖面和实效性。

①创新组织形式，搭建民主管理的新载体。

CNG分公司结合本单位加气站分布"点多面广"实际情况，在民主管理的组织形式上进行创新，采取"四项措施"延展职工参与民主管理的渠道。一是设立民情综合信息员。在每个部门部室长为民情综合信息员，以座谈、问卷调查、个别谈话等方式，多方面、多层次、多视角收集生产班组反馈的生产难题、管理问题、思想状况等民情信息。CNG分公司采取"三排一抓"（排时间、项目、责任人，抓落实反馈）的方式，一一进行处理和回复。二是利用合理化建议卡。由部门和班组每月定期进行上报，内容涉及生产经营管理、党建工作等各个方面，充分调动了职工的生产积极性。CNG分公司业务单一，影响变动成本主要体现在输差和能耗上，职工建议在每天的日报表中增设输差值和输差率监控，及时找出原因。同时，利用好政府的优惠政策，将8个加气站的供电进行打包后申请到直供电。2018年与2017年相比，单位电费下降0.028元/立方米，节省电费约120万元。三是创建职工论坛。领导班子成员定期在职工论坛上"四交底"：把党和国家的有关政策向职工交底，把企业面临的发展困境向职工交底，把企业的发展向职工交底，把单位经营目标和状况向职工交底。四是定期安全联系。安全联系组定期到班组检查，收集关于安全生产、劳动防护、"低老坏"等方面的意见和建议。在2018年4次季度检查及各监督组的每月检查中发现的隐患或问题33项，都认真进行整改、销项，整改率100%。CNG分公司搭建民主管理载体，职工通过多种渠道深度参与到CNG分公司和班组管理中，使职工树立与企业荣辱与共的意识和共同奋进的团队精神，CNG分公司连续两次荣获得西南油气田公司基层建设"红旗单位"荣誉称号。

②实行厂务公开，探索民主管理的新方向。

CNG分公司将厂务公开作为提升民生管理水平的一个有效手段，并通过召开职工代表大会解决基层员工诉求。不仅如此，华油公司严格执行《华油集团厂务公开实施办法》，在厂务公开形式上进行拓展，以职代会为基本形式，以公开栏为主要载体，以领导碰头会、生产经营会、职工论坛、五型班组交流会等为特色形式，以网站、CNG前沿等为日常形式，善用微信、OA、党建App等新媒体进行公开，努力实现常公开、真公开和及时公开。在厂务公开内容上进行拓展，将职工关心的热点问题，及时进行公开公布，将企业决策、经营管理、维权保障、廉政建设等重大信息和举措进行公布，接受群众监督；将党员发展、职称评定、送温暖对象、奖金分配情况、劳动竞赛评比、先进评选等进行公示，接受群众意见和建议。在厂务公开的深度上进行拓展，努力做到厂务公开"四化"要求，即公开载体标准化、公开内容真实化、公开时间及时化、公开责任明确化，保证职工群众在第一时间，具体、真实、全面地了解到各项信息。在奖金考核中，CNG分公司及时公开信息，征集职工意见，多次修改奖金考核和分配方案，顺利圆满完成绩效考核工作。实践证明，只有更深层次、更广角度地拓展厂务公开，充分保障职工群众的"知情权"，才能使职工群众真正参与融入民主管理过程中。

③强化廉政监督，丰富民主管理的新内涵。

廉政建设是强化民主管理的"催化剂"，CNG分公司坚持紧紧围绕党风廉洁建设和反腐败工作，抓住职工群众所关注的重点、热点，在更广的范围和更深的层次上实现民主监督，确保民主监督落到实处。一是突出廉洁承诺的公开性。年初与各部门、支部签订《党风廉政建设承诺书》，与职工签订《廉洁从业承诺书》，将承诺书在公司公开栏上进行公示，对强化廉洁自律进行公开承诺。二是突出制度建设的规范性。完善党组工作制度、党风廉政建设制度、党员先锋工程建设制度，梳理适用分公司的规章制度并编制成册，对领导干部党风廉政建设责任进行划分，实行"一岗双责"，构筑起"谁主管、谁负责"的责任分解体系。三是突出民主监督的宽泛性。不断扩大民主评议的范围和内容，不仅要评议CNG分公司和部门的工作，也要评议领导班子和领导个人的工作。实践中，选拔后备干部、部门和班组过程考核、领导述职等热点问题，均作为评议的重点内容开展民主评议。四是突出群众监督的实用性。CNG分公司严格参照民主评议结果，对不合格的部门和人员，按照规定严肃处理。职工群众积极参与民主监督，也是职工"主人翁"意识的充分体现，对提高职工民主管理意识，促进民主管理健康发展有积极意义。

④注重权益维护，增进民主管理的新活力。

实践表明，只有充分保障职工合法权益，把职工的呼声作为第一信号，把职工的满意作为第一标准，构建企业与职工互利共赢的利益共同体，才会得到职工群众拥护。CNG分公司把职代会讨论通过涉及职工切身利益的事项作为一项硬指标、硬要求，在职工权益维护上坚持做到：一是做民意导向的决策。

凡是损害职工利益的决策，必须坚决纠正；凡是超过职工承受能力的决策，必须及时修改。近年来，CNG 分公司坚持每年开展 1 次无记名问卷调查，收集职工意见和建议，了解职工思想动向，提供决策依据。二是办惠及职工的实事。CNG 分公司坚持每年为职工办几件实事的原则，比如在生产班组建立标准化现场、配置体育健身器材、建立职工书屋等措施，给职工提供了一个温馨、舒适的工作生活环境；在国庆、春节定期开展困难职工走访慰问活动，组织职工健康休养，每年定期组织身体检查等方式，让职工真正体会到企业的关心关怀。2017 年至今开展爱心捐款 2 次，职工自主捐款总金额为 2.5 万元。为增强机关职工服务一线的意识，体验加气站一线职工的辛苦，2018 年分公司开展一次为期 3 个月的"志愿者在行动"活动，从 7 月中旬开始志愿者分期、分批到加气站疏导交通，确保加气高峰期道路畅通，车辆有序加气。三是有稳定职工的措施。作为工会，要主动帮助工会员工解决合理诉求，防止自身权益受到侵害。有时候职工群众有情绪、发牢骚是非常正常的，关键是合理疏导、耐心解释，要在稳定职工中稳定大局，在凝聚人心中争得理解。在业绩薪酬发放、重大节日期间，CNG 分公司都会主动出击，积极应对，为职工提供具有工会特点的普惠性、常态性、精准性服务，确保队伍稳定。

（3）取得的成效。

通过深化基层民主管理，也促进了 CNG 分公司中心工作良性开展，科学发展、和谐发展形势始终处于良好势头。

①促进了生产与安全。职工以主人翁的姿态融入、参与到工作中。他们既是企业发展的受益者，也是积极的参与者，为 CNG 分公司生产与安全做出了最为重大的贡献。CNG 分公司实现了自 1999 年成立以来连续 20 年安全环保无责任事故目标。"十三五"期间，累计平稳销售天然气 2 亿立方米。

②提升了经营管理水平。CNG 分公司先后荣获中国石油天然气集团公司先进集体、中国石油天然气集团公司基层建设"千队示范工程"示范单位、西南油气田公司基层建设"红旗"单位等荣誉称号。

③转变了职工工作作风。通过不断深化基层民主管理，机关职工服务意识进一步增强，一线班组职工工作效率进一步提高。以往职工经常是"领导要我干"，按领导的意图办事，现在是"企业要我干、职工要我干"，按照职工群众的意愿办事，积极参与办事；对职工的困难和问题，以往是"被动应付"，现在是"主动出击"，以职工为本的思想得到充分体现。

④营造了和谐稳定氛围。CNG 分公司发扬民主，进一步巩固职工主体地位，坚持做到"决策重民意、用人重民心、管理集民智、生产靠民力、生活重

民生",进一步营造了稳定和谐的氛围,大局观念、协作意识深入人心,职工之间团结、友爱、互助。

(4) 几点启示。

①紧密结合中心工作,民主管理才会更有着力点。基层生产单位民主管理最终是为了提升管理水平,实现科学发展。因此,一切民主管理的方式、方法和具体措施,都应当围绕中心,服务大局,为企业发展奠定基础。

②树立科学发展意识,民主管理才会更有深层次。民主管理不能局限于讨论、座谈和开展活动等表面工作,要认真思考如何实现民主等核心问题,深入挖掘民主管理的内涵,科学把握民主管理的精神实质,实现民主管理与推动工作的互动统一。

③坚持以职工为根本,民主管理才会更有凝聚力。要始终坚持"以人为本"的理念,尊重职工意见、重视职工诉求、了解职工心声、满足职工心愿,切实维护职工合法权益,使职工真正树立"主人翁"的责任感和使命感,为企业发展贡献力量。

④增强持续创新能力,民主管理才会更有源动力。做好民主管理工作必须摒弃传统的工作思路,切实增强创新能力,不断探索民主管理的新途径、新方式,从而增强民主管理的有效性。

⑤提升职工能力,民主管理才会更有生命力。开展职业能力大比拼,培养高精尖人才队伍;创建"走出去""请进来"等平台拓展职工眼见,培养政治素质和专业技能较强的职工代表,提升职工代表参与企业民主管理的能力,杜绝"举手、握手、拍手"的职工代表现象,确保基层民主管理工作不流于形式。

⑥突出制度建设作用,民主管理才会更有规范性。做好民主管理工作必须依托制度保障,切实加强民主管理的制度化建设,加大民主管理的力度,只有这样才能促进民主管理的规范开展,确保各项工作的落实。

8.7 华油公司特色科技文化

8.7.1 华油公司"智慧燃气"特色科技模式

近年来随着一些高新技术的不断发展完善,为燃气行业提供了更多的可能,同时也使得"智慧燃气"有了充足的理论与技术支持。借助现代计算机高科技手段,可以将远程抄表、智能监测、智能查询、在线支付、阶梯气价、消费预测、大数据分析、安全知识学习和安全体验等功能熔于一炉,以达到实现燃气用量数据分析、燃气管网安全检测、燃气工程监督管理、燃气应急指挥调度等目标,最终实现"一键、自动、信息、预警、安全、远程、体验"等智慧应用。

在21世纪的今天,燃气数字化对一个供气公司来说有着举足轻重的地位。一方面,实时掌握用户的用气数据,可以有效应对可能发生的故障或者其他意外情况;另一方面,可以形成良好的用户服务系统,通过大数据分析的手段,为用户精准提供更加可靠优质的服务。目前,华油公司借助北斗系统、SCADA应急抢险系统等信息化手段进行燃气管道的定位和日常排查,提升了管道的铺设、维护服务的效率和质量。整体而言,形成了初步的智慧燃气框架,进一步保障数量庞大的地下管网设施安全可控,同时在节约资源的情况下,实现了资源的高效利用和价值的最大化,为华油集团公司的安全供气、稳定供气提供了强有力的技术保障。

8.7.2　华油公司特色科技文化建设典型事例

1. 北斗卫星智能管道巡查系统

(1) 形成背景。

随着社会经济的发展,我国的城镇化率也在日渐攀升,居民对于燃气的需求也在逐年增大,作为将燃气送往千家万户的管道设施,发挥着不可替代的重要作用。当前,由于道路设施的维护维修,导致一些城市的道路经常被挖掘,这给燃气管道设施的安全运行带来了不小的挑战。有时候,由于施工工人的挖掘失误,触碰到燃气管道,会导致燃气泄漏等安全事故发生。为了有效解决这个问题,华油公司采用了当前业界前沿的北斗卫星智能管道巡查系统,该系统能够通过智能化分析,对城市管网进行动态监控,并设立预警机制,将安全隐患扼杀在摇篮之中,以维护管道设施的正常运行。

(2) 主要做法。

①系统构成。

该系统主要由四个关键部分组成:第一部分是传感设备,通过在燃气管道周围安装温度、压力传感器以及报警器,可以及时监测管道的运行状态并预警。第二部分是北斗通信终端机,负责将管道前方的实时数据传输到系统后台。第三部分是北斗指挥机,负责将系统后台接收到的前方数据进行简单处理,并在地图上精确显示出燃气管网的运行状态。第四部分是终端管理系统,负责控制各项监控子系统的安全运行,主要包括智慧区域、管道阀井以及燃气中心的监控子系统。

一是智慧区域燃气监控子系统:区域燃气监控子系统的主要功能是监控人群较为集中的燃气使用区域,通过各项传感器,将管网运行的实时数据回传至系统后台,在发生疑似泄漏情况时,利用报警器拉响安全警报,并在地图上显示精确的位置信息。

二是智慧管道阀井监控子系统:管道阀井监控子系统的主要功能是监控燃气管道的阀井区域,通过收集阀井附近的可燃气体的浓度,将实时数据回传至系统后台,来监控地下管道有无泄漏发生。

三是智慧燃气中心气站监控子系统:燃气中心气站监控子系统的主要功能是监控燃气中心气站区域,通过各项传感器,将管网运行的实时数据回传至系统后台,从而做到有效监控该区域。

(3)取得效果。

北斗系统的成功应用,标志着我国自主研发的导航系统在民用设施中取得了重大进展和突破。通过这种高科技手段,改变了燃气管网设施传统的人工定期监测的模式,有效减少了燃气泄漏的发生,对未来燃气安全事故进行科学、合理的预防监测有着重要意义。

2. SCADA应急抢险信息系统

(1)形成背景。

目前,我国城市燃气的主要供应流程为:先通过不同压强的管道连接站场,例如传统的配气站等,再通过撬装、调压箱等一系列生产单元,将安全、稳定的天然气流送到千家万户。随着我国燃气市场的蓬勃发展,华油公司引进信息化手段,引进了SCADA应急抢险信息系统,以提高公司在面临紧急情况时的处理水平,减少安全事故的发生。

(2)主要做法。

早在"十二五"期间,西南油气田分公司就开始考虑采用更加高效的应急抢险系统,而后便开始了对SCADA系统进行初次探索。"十三五"早期,公司已经累积了相对丰富的经验,实施了对SCADA系统的规划部署和标准制定。

①SCADA系统建设总体规划与技术方案。

华油集团公司燃气业务SCADA系统主要分为三个部分:第一部分是现场层,负责对生产数据的收集、整合,从而对各个生产单元的运行状态进行把控；第二部分是基础数据层，负责将收集到的数据进行处理并发布在网页，为后续的管道管理和客户管理提供有力支持；第三部分是系统应用层，主要负责对系统页面以及端口进行设置，以维持公司正常的监视、控制流程。此外，为了维持系统稳定性，各个部分的网络均采用独立的专用局域网，以免受到干扰。

②数据传输网络建设。

当前，数据传输多采用有线和无线两种方式。当站场的数据量比较庞大时，且传输距离较远，传输质量要求比较高时，多采用有线的传输方式；对点位的数量比较多、单点位数据传输量相对较小的生产单元，则一般采用无线的传输方式。不仅如此，基础数据层与各生产单元之间还应具备断点续传功能，这样能保证数据收集的全面性。

③信息采集技术分析。

城市燃气 SCADA 系统的建立，离不开橇装、调压箱、调压柜等基本生产单元。但在实际生活中，这类生产单元存在着地处偏远、周边环境恶劣、设备安装难等问题。基于这种状况，展开对三种生产单元的生产状况的掌握和了解，研究符合 SCADA 系统的建设标准的一体化信息采集方案显得尤为重要。

（3）取得效果。

近年来，国内外的众多燃气公司越来越重视对 SCADA 系统的建立，华油公司便是其中走在前列中的一员。公司通过对前端生产单元的数据进行收集整理，创建了 SCADA 系统调度中心，实现了对生产单元的监控和关键位置的有效控制。并在此基础上，建立了基于 SOA 架构的数字化管理系统，真正实现了燃气数字化，使各项业务流程变得更加高效便捷，显著提升了公司的管理水平，更降低了燃气安全事故的发生。

第9章 西南地区天然气产业终端销售企业文化建设配套及保障措施

天然气产业成长呈现新趋势,西南地区天然气产业终端销售企业应加强对企业核心理念、职能理念、子理念进行系统、全面的梳理和完善,赋予其时代内涵,使之拥有积极向上的生命力。为了使西南地区天然气产业终端销售企业的企业文化更好地落地,实现从精神到行为到物质上的浸润与影响,西南地区天然气产业终端销售企业还应加强配套及保障措施的建设。

9.1 "务实党建"促进发展,五个"坚持"引领精神

党建工作和企业文化建设看似内容不一样,但拥有相同工作对象,即企业里的所有员工。所以,为了做好人的工作,西南地区天然气产业终端销售企业应坚持注重顶层设计,以"务实党建"引领为主线,打造业务与文化齐发展。当前终端燃气市场面对的国内外形势复杂多变,各企业应以全面从严治党为主线,以"务实党建"为思路,从制度设计、机构设置、党政融合、人才培养、服务群众上做到党建与中心工作同频共振,以"勇敢担当"的精神文化强党性,以"奋斗+落实"的行为文化鼓斗志,持续提升企业全体员工干事创业的主动性,全面打造提质增效的发展新格局。

一是继续坚定企业党委在企业文化建设中的主体地位,确保文化建设的政治定位与政治方向,用党建引导企业文化建设,保证文化建设能够落到实处;二是要推动党建工作与企业文化的深度融合,利用党组织的执行力与企业文化的传播力强强联合,通过润物细无声的方式,实现党的思想教育内化于心,外化于行。党建工作的实效性得到增强、文化建设的活力得到激发,两者的结合可更好地提升企业主营业务的发展空间。

党组织会增进党员与群众之间的距离联系,提升组织的凝聚力;同时,党的思想宣传工作会加强党员与群众之间的情感联系,提升组织的战斗力。一个企业无论是党员还是群众的工作激情、奉献精神,都将是企业获取胜利的因素

之一。新时代、新形势下,西南地区天然气产业终端销售企业更要强调将党建工作走进企业管理当中,用优秀的党建文化引领企业文化的形成。通过党建工作为企业文化指明发展的正确方向,提供坚实的组织保障,以社会主义核心价值观塑造终企业积极向上的企业文化,勇担国家与社会责任;将生产经营一线作为企业的基层党组织,实现党为人民办实事,巩固国有企业党组织在人民心中的地位,获取不断壮大党员队伍的机会。

9.1.1 坚持加强党的政治建设

管党治党是最根本的政治责任,只有把党的领导融入企业治理各环节,才能推动全面从严治党在各领域各方面各环节全覆盖。西南地区天然气产业终端销售企业当前以及今后一个时期内的首要政治任务就是:学习并贯彻习近平新时代中国特色社会主义思想,教育引导党员干部用党的创新理论成果武装头脑,善于用政治眼光观察和分析生产经营问题,从讲政治的高度抓好改革发展,切实提高风险抵御能力,学会化解不同阶层、员工之间的矛盾,解决工作生产中的实际问题。认真贯彻落实《中共中央关于加强党的政治建设的意见》《中国共产党重大事项请示报告条例》等相关组织纪律规定,进一步明确政治站位,严明企业里的政治纪律,营造良好的企业政治生态环境。

9.1.2 坚持严肃党内政治生活

加强对新形势下相关党内外各种准则、制度执行情况的监督与检查,花大力气纠正党内政治生活的形式化、教条化,着力纠正民主集中制、民主生活会中出现的不规范问题。有效地用好批判与自我批判,让党员干部和普通党员均不定期接受政治体检,保持党内政治生活的时代强音。深入推进政治学习与教育的常态化,将学习的内容、教育的效果往心里走、往实里走。

9.1.3 坚持推动责任有效落实

紧紧扭住责任制这个党的建设"牛鼻子",抓住"关键少数",抓牢考核"指挥棒",通过召开专题党委会、党建工作分析会等,落实并压紧相关党建责任,每位党员领导、干部主动挑担子,思想上更重视党建,行动上更立足党建,凝心聚力上更充分发挥党建引领的组织作用。建立健全党委对基层党组织党建工作的责任传导、分类指导、督促检查、综合考评等工作机制,推动党建工作责任制有效落实。

9.1.4 坚持注重党内外思想教育

思想是行为的先导，各级党组织要以扎实有效的思想工作凝聚共识，推动高质量发展。意识形态的管理都要服从于党，定期进行各基层工作汇报，建立"统一领导、齐抓共管、协调负责"的工作格局。以"四个自信"为指导，坚持"创新、协调、绿色、开放、共享"五大新发展理念，加强责任教育，扎实开展"转观念、勇担当、高质量、创一流"主题教育，引领推动企业朝着更有质量、更有效益、更可持续的方向发展。以"石油工人心向党"为主题，开展特色鲜明、形式创新的党史学习，引导全体干部员工学史明理、学史增信、学史崇德、学史力行。开展"守纪律、讲规矩、强意识"党员学习教育活动，不断增强党员纪律意识和规矩意识。

9.1.5 坚持正风肃纪的作风建设

作风建设，是一个企业攻坚克难的重要力量保证。西南地区天然气产业终端销售企业要以"零容忍"原则坚决查处作风飘忽不定、失职渎职的党员干部，准确有效地利用"四种形态"，确保风清气正的根本好转，形成清正廉洁的政治生态环境。

1. 深化制约监督严执纪

始终保持严的主基调，聚焦突出问题，将监督渗透到生产经营各环节，构建企管、纪委、人事、审计多部门合规监督体系，推动各类监督相互协调。要把一些苗头性问题禁止在摇篮之中，深入查处违纪和隐性变异问题，对反复出现、普遍发生的问题开展专项整治，完善监督制约机制。加强纪检干部队伍建设，把政治监督融入日常、做在经常，加强常态化管理和经常性政治生态研判，要使谈心谈话、提醒教育常态化，促使党员领导干部在工作和生活中随时接受监督，并对之习以为常。运用访谈讨论、坦诚交谈、关键时间监督等多种方式，实现作风检查端口前移。及时严肃查处，违规收受送礼、违规发放补贴、违规挪用公款、婚丧嫁娶敛财等突出问题，确保清洁健康的政治环境。

2. 细化巡察问题抓整改

抓好上级党委巡察、西南地区天然气产业终端销售企业党委巡察发现问题的闭环整改和成果运用，定期进行"回头看"，敢于亮出党内监督利剑，敢于接受群众检查。将内部自我检查与上级党委巡查相结合，以落实主体责任为重点，整个任务落实到具体的责任人，找齐短板、强化弱项，有效解决虎头蛇尾等问题,保证整改的效果。深化整改,坚决整治文字整改、虚假整改,把巡察整改通报的典型问题作为"活教材""清醒剂",对取得阶段性整改成果举一反三、引以为戒。强化廉洁教育转作风。推广"大学习、大讨论、大整改"活动经验做法,做好交心谈心和上级政策的宣贯讲解,及时消除不稳定因素,坚决扭转信访举报高位运行的不利局面。抓好党纪党规、法律法规教育,在党建工作分析会中增加案例教育环节,发挥正反典型的示范警示作用。针对重点领域存在的廉洁风险与经营风险,健全发现问题、纠正偏差、精准问责有效机制,消除管理隐患,杜绝违纪违规违法问题,营造全面从严治党良好氛围。驰而不息抓好作风建设,突出抓好机关作风建设,大力整治形式主义、官僚主义,让干部员工将更多时间和精力用在推进工作、抓好落实上。

9.2 健全组织结构,制度促文化约束

健全的组织结构可以保证企业文化有效地落地。西南地区天然气产业终端销售企业应该成立以企业核心领导人总负责的企业文化改进委员会,并由各企业主要领导干部参加,全面负责企业文化的推进、改进与督查工作;企业可考虑在企业党群工作部内成立一个企业文化部,由企业专职党委副书记分管,企业党群工作部部长负责,由办公室、人事部、纪检部、财务部以及各子公司、子单位的经理、党委书记等人参加,负责企业文化改进、协调、推广工作。专门设立一个企业文化部门,全面负责企业文化推广的日常工作。该常设机构要确保合理的配置文化资源,产生有效的文化增长,形成文化与管理的高度有机融合,促进文化管理的一致性。西南地区天然气产业终端销售企业都有各自的下属成员单位,也应该设立专业的文化管理部门,负责企业总体企业文化的推广和本单位企业子文化的建设。

企业的各项规章制度是一种强制性的约束,企业文化是一种非强制性的约束。因此,要做好制度与文化的相适应。制度是企业精神和战略思想的具体体现,制度和流程也是落实企业价值观的影响保障。企业的制度文化主要通过企业体制、企业组织结构、各项规章制度得以体现。西南地区天然气产业终端销售企业制度改进与管理方面可以采取以下方法与流程。

9.2.1 强化基层党建工作责任制度

以基层党建工作实施细则为主线,进一步完善组织制度,持续做好基层党

组织同步设置，构建机构设置合理、工作安全规范的基层党组织，建立一套自上而下、统筹兼顾、职能齐全的科学严谨体系。不间断地开展基层党建工作核查，设立专项考核标准。以党支部达标为基点，推优升级，推动党支部建设的持续高质量发展。按属地将党员分散的基层党支部划分成立党小组，因地制宜加强相对偏远地区的党建工作，强化党员管理，确保理论学习不间断、组织程序不缺失。抓实党建信息化平台的建设和推广应用，更好地占领新时代党建新阵地。

9.2.2 细化印章公文管理制度

各单位、各部门的印章管理要从严，以审慎的态度使用印章。按相关制度要求，规范填写用印申请单，经主办部门领导、业务分管部门领导、企业领导签字同意后方才用印。不盖未经领导同意的私自用章，杜绝空白页用章，保证安全规范使用管理印章。同时，在代表企业形象的公文文书上要严格把关。坚持"确有必要、注重实效"的原则，加强综合统筹，增强文件制定工作的科学性和计划性，发扬"绣花"态度和"工匠精神"，将"事"和"字"、"人"和"责"深度融合。进一步加强公文的政治审核，紧盯公文起草、核稿、签发等关键步骤，严格公文的意识形态、文字符号、内容校核，做好企业的整体公文质量。加强对公文运行效率的考核，严格公文发行数量和接触范围，签发的公文一定是必需的，且具有实质内容的。

9.2.3 严格资产预算与管理制度

坚持下达指标采取刚性考核的原则，预算指标完成情况与绩效考核强挂钩，严肃考核纪律，严格执行考核管理制度。做好西南地区天然气产业终端销售企业财务预算申报对接工作。做好相关经济信息的收集、汇总、分析工作，通过数据分析及时与上级主管部门沟通。各企业可以利用财务共享系统坚持做好不调标的工作，例如对差旅费报销标准与企业文件不相符的需要，若未通过管理流程获得企业认可或备案，即不能进行报销。利用财务初始化机会，在全企业范围内收集整理核算建议，形成指导性文件，宣贯并规范核算方式；根据企业开展便民服务业务、内部燃气购销业务等经营管理要求，编制对应的财务核算指导意见并下发执行。建立"日月"监督制度，每日进行随机抽查，每月进行全面检查。持续开展月度核算通报制，对核算中的"低老坏"问题强化监督，并与管理效能考核挂钩。现场调研时开展日常财务工作抽查，主要针对价格执行情况、重点工作执行情况进行抽查，对存在的问题现场分析、限期整改、严把闭环管理。

9.2.4 建立完善网络信息化制度

西南地区天然气产业终端销售企业都有自身独特的情况，网络结构都相当复杂，信息系统较多，特别是SCADA和客户信息系统等重要的生产经营系统安全保护等级较高，信息安全管理压力很大。各天然气产业终端销售企业应持续完善网络安全管控模式，加强网络安全宣贯，落实网络安全责任，以信息基础设施管理为关键基础，分等级进行保护，建立网络安全协同一体化保障能力。结合每个企业的实际情况，编制《××天然气产业终端销售企业网络安全管理实施细则》。

推进网络安全全员教育，压实网络安全个体责任。树立信息网络安全并不只是信息管理部门的事，网络安全与生产安全同等重要的理念。按照"主管、运行、使用"三个层次进行分层负责，无论是各级组织，还是管理人员，或者是一般员工，均要逐一承担起自己相应部分的网络安全责任。按照国家信息安全工作对信息系统等级保护测评的相关要求，加快完成部分的等级保护测评工作。新建信息系统在规划阶段即考虑系统等级保护级别，在上线前完成定级备案、测评以及整改等一系列工作。选择合适的时机，做好网络与信息安全突发事件的应急演练工作。不定期对各单位电脑终端、操作系统、服务器、网络设备等组织网络安全进行抽查，提高网络安全和生产安全受控能力。

9.2.5 探索客观公正的考评机制

西南地区天然气产业终端销售企业根据企业发展的战略，应该探索客观公正的绩效考评机制，将薪酬与绩效相结合，考虑多种分配制度、激励机制、留人策略、用人体系，考虑员工的个性化需求，量身打造员工的职业生涯安排与计划，真正为员工搭建发展平台。西南地区天然气产业终端销售企业各部门、各成员单位企业文化改进及执行情况纳入各单位部门考核体系进行量化考核；各下属单位企业文化工作的效果列入人力资源部对其进行的绩效考核体系。对于改进企业文化有突出贡献和建议被采纳的，给予物质和精神激励。定期对企业文化改进情况进行一次总体评估，确保企业文化改进持续健康地发展。

总之，应完善管理制度的体系，建立一套科学、合理的企业文化管理制度和流程，以保障有效地开展企业文化落实活动；创新企业理念、不断完善企业行为、深化企业文化发展战略的深刻内涵，不断对企业的规章制度、运营方式、管理行为等进行渗透，逐步建立起符合组织总体发展战略目标的管理制度，使企业文化真正成为指导、规范、激励员工的重要力量。利用不同学习方式、培训主题等，加强不同文化相互吸收与融合。培训机制主要从领导层面出发，通过对中层以上管理人员进行培训，提高他们的多元文化工作能力；在人才从企业外部向内部引入过程中，以各企业自有的文化优势，对新员工进行文化熏陶，将先前文化和新观念下的价值观融合，组建一种新的企业文化。严格相关的技术管理与安全生产的规章制度，按章办事，人人平等。

9.3 加强企业文化培训，促进员工文化认知

西南地区天然气产业终端销售企业在企业文化落地过程中，需要系统地开展企业文化培训，强化员工对自己所在企业文化价值体系的全面认知，让每一位员工的价值理念拧成一股绳。

9.3.1 健全企业文化内部培训体系

西南天然气产业终端销售企业应建立起三级培训结构体系——高层次培训、骨干重点培训、全体员工培训，组建企业内部自己的培训队伍，丰富培训课程的内容和角度，然后按照层次结构分批进行企业文化的内部培训。比如，可以诚邀管理和人力资源领域的专家进企业讲课，带来关于企业文化、内部培训等方面的前沿理论；邀请国内外知名企业领导分享其长期以来的工作经验；还可以邀请普通员工谈谈自己对企业文化的理解和看法。

9.3.2 丰富企业文化的培训形式

西南天然气终端销售公司要结合企业文化实践活动，编制一张文化传播网络；利用好这一张网，全方位进行企业文化内外部宣传，从而搭建起得到全员认可的企业文化培训平台。对高层次人才，定期举办不同主题的企业文化研讨会，讨论学习企业文化的前沿理论和经典案例；针对中层干部，在专家的帮助下，重点讨论企业文化建设过程中遇到的实际困难和突出问题，学习企业文化宣传和实施的方法和技巧；针对普通员工，组织大型企业文化认知、识别、培训以及宣传讲座，特别是对新进员工，应将企业文化培训纳入其员工入职培训的专题，提升新员工的企业文化意识，增强新员工的归属感。

9.3.3 建立员工成长计划

西南地区天然气产业终端销售企业应充分利用现代信息技术，采用线上教学、线下讨论等多种方式，营造良好的全员学习环境，培养员工终身学习的意识，最终建立符合时代需要的学习型组织。紧紧围绕各企业的发展目标、岗位标准和员工自我发展需要，建立员工成长档案，指导员工制定不同周期下的职业生涯发展规划，并以此开展必要的员工培训，使每一位员工都能够触及新知识、新技术，在工作中学习、在学习中进步。打造一支高水平的营销团队，既能懂得市场营销，同时精通消费者消费规律与消费心理，通过提供满意的产品、服务或者解决方案，提升消费者的让渡价值；改进一支优秀的现场技术服务团队，确保客户正确使用产品；整合各种资源，保证客户使用无忧。

9.3.4 注重干部培养和分层培训

注重干部的基层工作经历和履职历史，敢于从生产工作一线选拔勇担当、善作为的年轻干部。突出素质、能力、业绩等要素，制定各级人才综合考核评价办法，强化结果运用，激励发挥更大作用。合理化基层班子的结构和设置，打造一批素质高、技能硬的干部队伍。健全人才培养体系，开展分层分类精准培训，提升员工队伍素质，为高质量发展提供坚强人才保障。对于基层党组织书记以及相关政工人员，要加强对其综合能力与素质的培训，提升政治素养和党务工作能力，在党建与业务深度融合上走在前、带好头。抓好干部员工廉洁教育和作风建设，落实党员教育培训"四年计划"，持续强化领导干部政治素养、党务工作者能力素质、干部员工执行力，大力发扬务实作风。

9.4 抓安全文化培育，塑优秀班团文化

西南地区天然气产业终端销售企业的企业文化均是由众多子文化集合而成的。除对安全子文化详细建设外，西南地区天然气产业终端销售企业还应注重对班组文化、团工文化、子公司文化等子文化的培育，从而形成一个完整的、系统的企业文化。

9.4.1 以小见大提升文化战斗力，培育特色班组文化

班组是由一定数量的人员组成，在统一指挥、分工明确、团结合作的基础

上,合力完成一项任务的工作组。班组文化是总体企业文化下的一个子文化,以班组为核心,实现企业文化在基层的落地与发扬。"文化到员工,管理靠班组"这一目标靠的就是优秀的班组文化。部分基层员工因工作岗位等客观原因,造成思想上对企业的远离,通过班组文化建设,可以拉近基层员工与企业的距离,提升认可度,增强团队凝聚力。如同"把党支部建在连队上",班组文化将企业文化建在班组上,可统一员工的思想高度,解决员工的实际难题,营造活力向上的工作氛围,提升工作效率与产出。

西南地区天然气产业终端销售企业应将班组文化融入工作全过程。拓展班组文化建设,应该坚持"全员参与、工作融合、团队落实"的基本原则。利用多种途径,将企业文化中的核心理念和价值观与实际工作结合起来,使不同的人对同一个句子或者词汇产生一致的认识和理解。企业文化的非制度化约束力,需要与企业不同的管理层次组合在一起,而发挥其作用。那么,班组文化建设过程中,应以企业系统企业文化为指导思想,按照一定的工作关系和比例,制定班组文化与企业文化相融合的体系。例如,在贯彻企业安全文化理念时,应注重员工上岗前的预警教育工作,让每一名员工学会并习惯对相关设施设备进行检查;深入地了解自己的工作性质和内容,确保员工操作程序的万无一失,若发现问题,能立即修正问题。当工作中出现了普遍性问题,应及时启动高级报警系统,全面优化生产过程、操作程序和设施设备,并对员工进行知识的补充、技能的提升和安全意识的强化,从客观和主观两方面同时解决这一安全问题。操作结束,并不意味着工作的完成,还应加强每位员工的"工作反思",让员工积极发言,敢于说出遇到的困难,乐于分享工作经验,避免同类事件的发生。每位员工要主动在自我的心中树立起安全意识,并落实在工作行动上。当员工的工作积极性得到了提升,整个企业就会朝着一个良好的态势发展。

班组文化建设应注意不要为了文化而做,避免文化建设与日常管理相冲突,因地制宜、因事而需,让班组文化建设与日常管理工作相协调,让班组文化建设成为班组管理的一种有效手段,在管理中形成文化,在文化中实现管理。

天然气产业终端销售企业应将企业文化建设与天然气销售工作深度融合,加强班组文化建设,提升企业文化战斗力。企业应有注重培养基层班组自主管理的习惯,形成独具特色的班组管理模式,推进企业文化建设向基层管理深入。

1. 特色班组文化主要内容

西南地区天然气产业终端销售企业特色班组文化内容主要包括班组宗旨、精神、制度、行为、氛围、激励等。其中，"班组宗旨"是要告诉组内员工"我们为什么存在""存在的目的是什么"。例如，作为改进型班组，由于班组宗旨不一样，可以争做生产效率改进、产品质量改进，以及服务水平改进等。"班组精神"是要告诉组内每位员工在思想上达到的认知境界，实现思想上的战略统一。"班组制度"是对组内每位员工在行动上的要求和准则，这也是降低班组管理成本，提升班组运行效率的内在保障。"班组行为"是班组精神与制度的载体和体现。"班组氛围"是班组成员对班组文化最直接的情感表达。"班组激励"是班组文化以人为本的物质体现。

2. 特色班组文化主要形式

西南地区天然气产业终端销售企业要想班组文化建设取得理想的效果，应当基于上述基本内容，思考当下员工乐于接受的活动方式而展开各项文化活动。

（1）班组集体活动。

销售企业各班组应定期举行各种团队活动，例如户外拓展、真人 CS、湖畔烧烤、主题辩论赛等。

（2）班组文化墙。

班组文化墙应借助文字、表格、图片、数据等多种手段，以时间轴、诗歌、新闻报道等多种形式展示班组的宣言、口号、通知、成果等，并将班组的典型事例和先进人物上墙予以宣传和学习。西南地区各个天然气产业终端销售企业应根据班组文化建设的实际情况，不定期更新和丰富班组文化墙的内容。

（3）班组文化自媒体。

现今，自媒体的形式多种多样。班组博客、微信公众号等平台将是新形势下班组文化建设的主要阵地。西南地区天然气产业终端销售企业的各班组可以通过上传全组成员的集体照、个人照，并附个人简介，做好班组文化的对外宣传；班组举行的重要事件、获得的重要成果也可以通过班组自媒体进行报道。

（4）班组文化故事集。

身边的故事是企业文化的载体形式之一。班组成员可以将自己的工作点滴、工作感悟、生活趣事等形成文字，交由班组文化建设部门；再由该部门对收集到的各个故事、案例进行整合，按一定的出版周期，对《班组文化故事集》进行发行。

(5) 活动积分激励计划。

个性化的活动积分激励计划,也是有效挖掘班组员工积极性的途径之一。通过激励计划,让每一位员工都主动参与到班组文化的建设中。比如,可以设置不同的积分兑换奖励:从技能培训、知识讲座、对外交流等学习类奖励,到超市优惠券、实物、假期等休闲类奖励。从不同的层面刺激员工的积极性。

除了上述形式以外,班组文化还可以体现为班组 Logo、班组口号、班组"比、学、赶、帮"、明星组员评选等多种形式。总之,西南地区天然气产业终端销售企业需要根据自身情况,量体裁衣,做好自己的特色班组文化建设。

9.4.2 以年度特色主题文化活动培育团工"家"文化

作为天然气产业终端销售企业,各个企业离不开服务二字。各企业的工会也应坚持以服务企业中心、服务企业改革、服务职工群众为宗旨,深入开展职工"家"文化建设,从而不断增强企业的吸引力、凝聚力和战斗力。西南地区天然气产业终端销售企业在培育团工"家"文化时,应注意结合工作职责和职工所思所盼,提升团工之家的功能性、实用性和服务性。在这样的大家庭中,每位员工能实现民主、获取学习、收获温暖、实现发展、共建和谐,每一位员工如同彼此的亲人,对企业有着依赖和归属。

1. 强化民主管理,建设"民主之家"

通过职代会、工代会等形式,打通民主管理渠道。做好集体合同、劳动合同执行情况的监督检查,使广大职工的合法权益得到进一步保障。职工提出的要求、建议、问题应及时跟踪,并进行调查后答复,做到事事有人管,条条有人解。注意拓宽企业业务的信息公开渠道,比如企业内部网络、正式会议、员工座谈会、政务公开栏等,坚持把涉及广大职工普遍关心的问题、切身利益等重大问题进行公示公开,加强领导干部与职工群众的双向沟通,拉近距离,让职工深刻感受到自己是大家庭中的一员,同心协力保证企业的稳定与发展。

2. 发挥教育引导,建设"学习之家"

坚持政治定位不动摇,加强工会工作人员的思想淬炼和政治历练,提升其政治素养。无论是专职干部,还是兼职干部,都需进行强化培训,对上级政策方针、精神讲话等有深入的理解和认识,持续提高综合能力。工会专兼职干部应努力做好组织动员工作、协调沟通工作、真情服务工作、依法维权工作。注重职工书屋的教育作用,充分利用这一阵地培养知识型员工。

3. 坚持以人为本，建设"温暖之家"

通过全心全意服务，体现企业大家庭的温度。持续完善帮扶制度和困难职工建档工作，定期走访和慰问困难职工，及时了解职工自身和家庭的有关情况，进行精准帮扶；若职工突患重大疾病，应打破常规、特事特办，第一时间送上组织关怀。在重要时点、节日，开展主题慰问活动，如夏日送清凉、冬日送温暖、金秋十月助力入学、突然公共事件下的关心慰问等。建立关心关爱长效机制，企业发展成果惠及全体员工，让职工之家的温暖落到实处。深化女职工关爱行动，开展女职工大病互助保险、健康体检、特殊保健用品发放、劳动保护等工作，维护女职工的合法利益和特殊利益。

4. 围绕中心工作，建设"发展之家"

围绕企业生产经营实际，组织开展"开源节流降本增效"、市场营销等多种形式的劳动竞赛，切实有效发挥劳动竞赛在生产经营中的推动作用。开展输气工、管道保护工、采输仪表工大型职业技能竞赛，以学带干、以干促学，营造比学赶超的良好氛围。鼓励员工善于从工作中挖掘实用性建议，鼓励"小发明""小创造"，激发员工技术创新的激情。通过技能大赛、劳动比赛等活动载体，调动广大员工自我提升的积极性、主动性，引导员工为企业发展贡献一份力量。

5. 丰富文体生活，建设"和谐之家"

把广泛开展文体活动作为丰富职工文化生活、增进团结、凝聚人心、稳定队伍的大事来抓。在已成功开展的文体活动的基础之上，企业如何进一步突出文化的内涵，如何把现有的、零碎的文化活动形成系列，产生品牌效应，使其具有"以文化促销售"的功能，以文化活动与时俱进为标准，应迈开另辟蹊径的脚步。企业开展的各项特色主题文化活动，可以以时间为序，在传统节目中结合时代元素，让企业员工可期可盼。

例如，每年的一月，都可以"未来可期"为导向，开展企业内外部的元旦、春节联欢会。联会一年一个主题，通过丰富多彩的文艺节目会演，总结致谢过去一年职工的辛勤劳动，展望下一年更好的光景。企业员工在欢声笑语中感受企业大家庭的和谐、开放。同时，对一年之中有亮点的人物、部门进行评选，并在联欢会上进行隆重表彰，营造尊重包容、和谐温馨、快乐工作的氛围；每年年中，可以以"荣耀与梦想"为导向进行系列表彰大会，选择主题鲜明的板块例如党政板块、科技板块、女工板块、青团工板块等表彰具有代表性的员工。通过不同类型的代表，增加影响面。在这些表彰中，以感动、感悟为主旋律，通过正能量的传递，实现企业优秀文化的渗透；在每个季度进行的技能比赛中，以赛促练、以赛促进，激发员工主动干事业的热情。

无论何时何地何种形式举办主题文化活动，企业都应注意保持以先进典型带动共同进步的初心，保持与时俱进的时代内涵，将品牌文化活动作为企业文化集中展示的大舞台。

9.4.3 以统一性、补充性原则培育子企业特色文化

企业在强调一致性的同时，要注意子公司和下属单位的独特性，保持企业文化的多样性。每个子公司或者下属单位由于所处的市场地域、历史发展沿革、组织结构、业务对象等众多因素的不同，都具有自己的个性。如果将企业整体企业文化直接套用在各子公司或者下属单位身上，将"统领性"混淆成了"同一性"，就违背了企业文化建设的初衷，丧失了企业文化对企业发展的促进作用。

企业要坚持"一主多元、各具特色"的原则，以"统一性、补充性"为原则，大力培育多元化的子公司特色文化。要鼓励基层从自身实际出发，仔细认真分析和总结企业、单位的发展历程和未来趋势，深入挖掘子公司文化积淀，在统一要求的指导下，探索培育具有子公司特色、可操作性强和适应性强的特色文化。培育多元化的子企业文化，要坚持在企业主体文化的主导下推进和进行。由此，经过上下的共同努力，企业体系不但具有整体优势，而且具有个性，可形成完整、全面的立体型企业文化建设体系。

1. 坚持三个统一实现母子公司文化的对接

每个销售总公司的企业文化是其各子公司和单位的子文化源头、基础和基因，决定子公司文化的体系、结构和发展方向。在构建子公司企业文化时，必须始终以销售总公司的企业文化为主体，强调母公司的文化权威、领导力和统一性。首先要统一核心价值观。例如，以华油公司为例，其企业价值观是"为美好生活争气增气"以及"敢于担当、用心服务、务实创新、追求一流"的企业精神。其次，要做到企业使命的统一。子公司应坚定不移地秉承落实华油公司的使命，创"西南第一、国内一流"的燃气企业，将企业文化与文化使命合二为一。最后，要做到企业愿景的统一。企业愿景是企业发展到不同时期的一种理想，是企业期望实现的中长期战略目标，是要实现的基本计划。子公司的发展应始终符合总公司的整体发展方向，逐步确保企业的共同愿望转化为员工的个人愿望，从而对员工产生激励、导向作用。

2. 把握两个特征实现母子公司文化的融合

子公司需要有自己的特色文化，子公司要与销售总公司文化保持高度的一致性，保持销售总公司的共性特征。各子公司要严格按照销售总公司统一的文化建设规划和建设要求，坚决贯彻销售总公司的核心理念、视觉形象等企业文化建设的主体部分，贯彻落实好销售总公司的基本文化建设规划和建设要求，形成上下统一的企业文化氛围、统一的企业CIS、统一的企业市场品牌。同时，子公司要充分发挥自身生产经营过程中形成的独特性和创造性，突出子文化的鲜明个性。结合自身实际，深入挖掘子公司企业文化沉淀和行业地域文化特点，提炼总结子公司的企业使命、经营管理原则和员工行为规范等；通过员工喜闻乐见的活动，积极开展文化建设与推广，不断探索和培育具有子公司特色的企业文化，反哺于公司文化，推动销售总公司企业文化的发展。

9.5 树典型人物，发挥示范引导作用

9.5.1 以感动人物和温馨部室评选为载体，实施典型示范工程

一个先进典型就是一面旗帜，应给先进典型的发掘和升华提供与之相适应的生存土壤和文化氛围，使先进典型多渠道走进员工，影响员工，带动员工。例如，华油公司在保留原党团系统、行政系统、科技系统、女工系统年度先进评选的同时，可以打造身边典范示范工程。公司评选提拔底层员工，通过典型人物和事件来弘扬"敢于担当、用心服务、务实创新、追求一流"的企业精神。

树典型活动来源于员工，又走向员工，以平凡的人、平凡的故事产生情感上的共鸣，扩大影响力，解释幸福的真正意义。公司各个层面应努力从不同的角度做好人物和故事的挖掘，提炼和升华内在的含义。比如，在每年度的优秀人物评选过程中，鼓励个人和单位积极申报、推荐，通过各种途径对候选人物、部室的典型故事、材料进行展示，实现相互学习，感受典型的风采和正能量，从而达到由点及面的效果。

9.5.2 以总结挖掘思想文化故事为载体，实施优秀文化传播工程

与西南地区天然气产业终端销售改革发展相伴的是企业优秀文化，企业的文化力、技术力、管理力融合后形成的丰厚底蕴，是社会宝贵的精神和物质财

富。为传播优秀文化,企业可以开展各种征文征集活动,挖掘和总结身边团队和个人的典型案例,反映所经历、所见、所闻的感动故事。通过经典故事实现企业文化内涵的升华,可以通过企业网站、公众号、企业文化手册扩大优秀文化传播的覆盖面,提升其影响力,让更多的企业员工加入这场"精神盛宴"之中,推动文化"落地生根"。

发掘出的文化故事,鲜明、具象地解释了企业文化的核心内容和主要特征,更重要的是,可以继承和传播不同时代的企业优秀文化。这些思想文化故事可以包括:围绕企业的战略目标,进一步拓展生存发展空间的故事;进步提高企业核心竞争力的故事;围绕集中整体、分层能级,推进市场营销、技术营销一体化的管理理念,进一步提高市场营销能力的故事;围绕开展"专业化、市场化、合规化"建设,进一步提升企业综合竞争力的故事;工程干到哪里,企业社会责任延伸到哪里的故事;等等。这些思想文化故事出自一线,反映了员工在工作和生活各个方面的感受;每一个活生生的思想文化故事,都是增添优秀文化传播的元素和新资本。

9.6 丰富物质文化,建立统一行为识别系统

9.6.1 完善企业文化经费预算

基于西南地区天然气产业终端销售企业的发展和战略目标的提速要求,企业将设计和规范资金使用权限的审批制度,逐渐放宽资金合理的使用权限,进一步调动广大员工和各部室的积极性。在文化建设过程中,应遵循企业文化改进为企业发展战略服务、为广大员工服务、为企业保驾护航的原则,建立企业文化专项资金,逐年加大投资力度,为企业文化的实施提供尽可能多的物质条件,确保企业文化改进的系统性。

同时,企业党群工作部应于每年年底前制定企业文化经费预算,并纳入企业预算。建立企业信用管理信息系统,建立质量认证体系等,改善员工的工作环境设施。

9.6.2 以多彩文化产品实现软文化和硬实力的融合

新的营商环境对企业管理能力、经营能力、技术能力等有了新的要求,企业文化力的客观基础发生了变化,所以,西南地区天然气产业终端销售企业的

企业文化工作创新思维应紧紧抓住为企业硬实力打造提供支撑和服务这一主线，全面实施软硬实力融合工程，将丰富多彩的文化产品与企业硬实力打造得浑然一体。

在对现有企业文化产品资源仔细调查和分析的基础上，西南地区天然气产业终端销售企业应整理文化宣传的亮点和特点，以经营创新成果、自主创新技术积累、品牌工程优势技术等多视角展示优秀企业文化，提高文化产品的产出频率。比如，以华油公司为例，可以将其企业文化产品细分，定位为七大类二十多个小项：第一，专题片，包括企业形象宣传片、品牌工程品牌技术专题片、企业成立周年专题片等。第二，宣传画册。企业发展历史画册、大型活动画册、大型项目完成画册、品牌特色画册、品牌技术画册、企业简介样本、企业形象宣传片及其他多媒体展示文件等。它是企业沟通、市场开拓和项目展示所需的一部分企业资料。第三，企业形象展厅。将企业按功能区域进行策划与设计，每年根据重点工程项目等需求不断丰富和更新。第四，手册、书籍编写出版。第五，户外广告、行业和地域主流媒体宣传特集。第六，创建企业特色微信公众号，每周定期发布3~4条企业重大经营活动动态、重点工程项目进展等情况。第七，每年制作两期客户杂志，加强企业品牌形象宣传，扩大企业社会影响力。

企业文化产品的生产可记录企业的发展历史，传承优秀的企业文化，创造工艺、技术、人才的品牌，实现物质与非物质之间的有效联系。

9.6.3 以新媒体的强互动性提高企业文化建设全员参与性

国有企业一直以来都非常重视宣传媒体的构建。报纸、期刊、广播、电视等是企业进行自我管理的主要媒体，一方面负责企业文化的设计、推广和传播；另一方面，这些媒体自身也是企业文化建设的重要部分，对企业文化的发展有着重要且广泛的影响。

以网站、移动新闻、微博客、抖音为代表的新媒体近几年得到快速发展，一方面对传统媒体发起了挑战；另一方面也在丰富和扩大传统媒体的功能，使企业文化构建的手段和载体更加丰富化、多样性。新媒体使企业文化宣传形式更灵活，沟通更有效；增加了对年轻一代的影响力，有利于优秀的企业文化遗产的创新和发展，更好地适应新时代、新市场和新发展需求。新媒体的互动性很强，可以更好地刺激员工的自主参与性，主动地学习、接受和宣传企业文化。在做好企业文化建设与时俱进和创新功能的同时，应注意新媒体的开放性具有一定的不可控性。当传播的内容过于多元化，不同的声音也会越多，可能会出现一些杂音或者噪音，从而对企业文化产生负面的影响。所以企业文化的构建需要新媒体的充实和加持，也需要注意新媒体和新文化之间互相影响、相互促进、相互改善。

1. 注重新媒体平台的开发和利用，实现媒体传播多元化、现代化

目前，企业应用最广泛的新媒体平台有企业门户、企业移动新闻、企业微博、企业邮箱、企业公众号等。门户网站是新媒体平台最基础的形式，同时也与报纸、杂志等传统媒体相连接。一个企业的门户网站是企业文化建设的重要阵地，将传统的忠实读者、阅读氛围，甚至必要的企业通知和新闻，转移到网络平台上，实现向上资源的共享，向下功能的拓展。利用微信公众号、企业微博等新途径，吸引员工、信息沟通，实现民主表达、舆论引导。所以，企业要重视和有效发挥新媒体的宣传作用，使之成为企业文化建设的助力器和放大镜。西南地区天然气产业终端销售企业应整合新闻宣传力量，建立基层单位骨干宣传矩阵，加快推进新闻宣传"中央厨房"融媒体平台建设，传播正能量、唱响主旋律。利用各个企业的微信公众号、门户网站等平台，全景展示企业文化建设成果，深入推进企业文化建设，凝聚团结奋进新动能。

2. 注重对新媒体平台的维护和管理

维护新媒体平台现在是很多企业的短板；网站已经建好，但内容更新不频繁；微博开了，但没有"谈话"和"问题"。西南地区天然气产业终端销售企业要发挥新媒体的作用，还是要在维护管理上下功夫，要利用好这个窗口展示企业自己的良好形象。新媒体是信息交换的平台，只有丰富新鲜的信息才能吸引人们的目光；新媒体是一个倾听的频道，官方媒体有时需要与员工交流；新媒体是观察舆论的前哨，只有经常注意舆论的动态，才能采取有效预防措施，做好舆论导向。西南地区天然气产业终端销售企业要下大力气对新媒体平台进行维护管理，及时更新内容，时刻关注舆情，及时回应群众呼声，扎实发挥好新媒体在企业文化建设中的积极作用。

3. 重视新媒体人才队伍的培育和使用

新媒体是一个以信息技术为基础的平台，信息技术人才是平台运营的核心，所以，新媒体应用和管理的核心是人才的选、管、育、用。新媒体人才需要懂技术、懂市场、懂文化。企业一方面要善于发现和引进人才，另一方面还要灵活培养和运用人才。通过新媒体人才队伍建设，全面提升新媒体的运营效果，从而实现西南地区天然气产业终端销售企业的企业文化建设。

参考文献

车晓波. 我国天然气行业的未来十年［J］. 能源，2018，11（11）：78-81.

陈春花. 从理念到行为习惯：企业文化管理［M］. 北京：机械工业出版社，2016：52.

陈迷. 干部工作政治话语变迁：基于中共十四大至十九大政治报告的分析［D］. 武汉：华中师范大学，2019.

陈文宝. 浅析未来中国天然气市场发展方向［J］. 中国战略新兴产业，2018，6（12）：87-91.

储德银，刘文龙. 政府创新补贴、企业文化与创新绩效［J］. 经济管理，2021，43（2）：71-87.

崔守静. 推动班组行为文化建设［J］. 现代班组，2014，8（6）：32-34.

戴厚良. 牢牢把握新时代巡视工作的政治方向　扎实推进巡视巡察高质量全覆盖——在集团公司贯彻落实全国巡视工作会议精神暨2020年第一轮巡视动员部署会上的讲话［J］. 石油政工研究，2020，36（3）：6-10.

单卫国，何春蕾，新冠疫情对国际天然气市场的影响和中长期气价走势分析［J］. 天然气技术与经济，2020，36（4）：34-38.

付映杰. 民营企业党建对企业可持续发展的促进作用研究［D］. 温州：温州大学，2013：42.

高鹏，高振宇，赵常鑫，等. 2020年中国油气管道建设新进展［J］. 国际石油经济，2021，29（3）：53-60.

高芸，王蓓，蒋可，等. 2019年中国天然气发展述评及2020年展望［J］. 天然气技术与经济，2020，14（1）：6-14.

韩锡璐. 新时代制度治党理论与实践研究［D］. 长春：长春理工大学，2019：18.

何晋越，乔玲茜，何涓涓. 2019年川渝地区天然气勘探开发进展及2020年展望［J］. 天然气技术与经济，2020，14（3）：7-12.

何姗姗. 开展党员志愿者活动建立党员为民服务有效渠道［J］. 西江月，

2014，34（9）：45-48.

何余贵. 电力企业精神文明建设与企业文化的融合策略［J］. 企业文化，2021，33（3）：69-70.

胡雪峰，刘建平，付坤. 企业文化建设示范单位现场会在川中油气矿召开［J］. 经营管理者，2017，33（5）：28-31.

黄典剑. 安全风险分级管控和隐患排查治理双重预防机制建设探讨［J］. 中国安全生产，2017，24（2）：56-61.

黄鹏. JD油田公司企业文化建设研究［D］. 成都：西南石油大学，2016：22.

姜锋，张大伟. 开展党员志愿者活动，建立党员为民服务有效渠道［J］. 新长征（党建版），2013，34（2）：34-38.

康少波. 动态推进基层班组文化建设［J］. 中国电力企业管理，2019，37（11）：70-71.

黎建民. 安全风险分级管控和隐患排查治理双重预防机制建设的研究［J］. 四川水力发电，2019，38（8）：45-48.

李宏勋 孙起瑞. 中国天然气产业的市场前景及对策建议［J］. 西南石油大学学报（自然科学版），2000，41（6）：45-48.

李升. 多措并举抓学习，学用互促显成效——合肥燃气集团党委中心组学习的几点做法［J］. 科学中国人，2015，23（6）：71-75.

梁波. 新媒体时代下国有企业文化宣传工作的发展［J］. 企业文化，2021，33（4）：75-76.

刘彬等. 中国天然气文化研究［M］. 北京：科学出版社，2014：139.

刘焕阳. DX公司企业文化建设案例分析［D］. 大连：大连理工大学，2017：14.

马新杰，江星燕，魏文栋. 我国天然气产业现状及未来展望［J］. 生产力研究，2018，33（1）：86-89.

毛莉佳. 协同治理视角下基层工会的社会整合机制研究——以宁波市北仑区"小三级"工会建设为例［D］. 杭州：浙江工业大学，2019.

齐振兴，朱必祥. 组织文化、知识管理与零售企业创新绩效分析［J］. 企业管理，2020，41（21）：122-125.

邱岩峰. 中国城镇燃气企业发展现状与形势分析［J］. 国际石油经济，2020，28（4）：82-89.

任莎齐. 新时代意识形态工作探索［J］. 石油政工研究，2019，35（2）：41-42.

苏百惠. Y公司企业文化建设方案研究［D］. 西安：西安科技大学，2014：35.

唐政. 江苏省企业文化示范单位（扬子大桥）现场会召开［J］. 江苏企业管理，2015，35（2）：56-61.

田丽媛. 浅析企业组织文化与领导力——评《企业文化生存与变革指南》［J］. 企业管理，2018，39（7）：114-115.

王爱军. 天脊集团积极构建安全风险分级管控和隐患排查治理双重预防机制［J］. 化工安全与环境，2017，30（7）：56-62.

王锋. 企业文化是企业的精神内核［J］. 企业家信息，2018，25（5）：83-84.

王吉. 论班组文化建设［J］. 现代经济信息，2014，35（16）：145-146.

王佳. 以企业文化推动企业精神文明建设［J］. 时代报告，2020，11（4）：150-151.

王冷懿. QHSE管理体系在贵州燃气集团企业文化建设中的应用研究［D］. 贵阳：贵州大学，2015：26.

王茗，刘晓林. 齐鲁文化大道展风采——山东第二次全省职工文化企业文化建设现场交流推进会在青岛召开［J］. 现代企业文化（上旬），2014，7（2）：23-28.

王瑞莲，姜富川，邢鹏飞. 西南地区天然气管道现状及发展趋势［J］. 天然气技术与经济，2018，12（06）：68-71+84.

王旭东. 企业文化落地：路径、方法与标杆实践［M］. 深圳：海天出版社，2020：124.

邬瑞娜. 中石油江西A公司企业文化建设研究［D］. 南昌：南昌大学，2018：16.

薛旭. 川东北天然气项目运营中的跨文化管理研究［D］. 昆明：云南大学，2018：28.

杨佳霖等. 班组文化建设使文化管理接地气［J］. 施工企业管理，2016，32（9）：102-104.

杨世海. 着力"五个加强"提升党建工作水平［J］. 中国煤炭工业，2020，36（4）：52-54.

姚建军. 打造企业文化传播新媒体矩阵［J］. 经济管理，2019，41（4）：92-93.

张辰晨. 浅析未来中国天然气发展方向［J］. 中国化工贸易，2018，10（8）：67-71.

张继辰，王乾龙. 阿里巴巴的企业文化［M］. 北京：电子工业出版社，2015：86.

张彦如. 影响企业文化建设的新媒体因素研究［D］. 沈阳：辽宁科技大学，2019.

张云龙. 凝聚三为文化,彰显国企担当——2016全国企业文化示范基地(珞璜电厂)现场会在重庆召开[J]. 现代企业文化,2016,16(10):78-82.

张云龙. 凝聚三为文化,彰显国企担当——2016全国企业文化示范基地(珞璜电厂)现场会在重庆召开[J]. 现代企业文化,2016,9(3):45-48.

赵治强. 以企业文化为载体推进党建工作开展[J]. 城市建设理论研究,2015,5(12):4996-4997.

郑功. 安全风险分级管控与隐患排查治理双重预防机制体系建设[J]. 化工管理,2020,33(7):34-38.

朱振东,唐政. 江苏省企业文化示范单位(中核华兴)现场会在宁隆重召开[J]. 江苏企业管理,2015,35(11):65-68.

祖培法. 中美大型石油企业文化的比较研究[D]. 东营:中国石油大学(华东),2005:34.

Edgar H. Schein. 企业文化生存与变革指南[M]. 杭州:浙江人民出版社,2016:113.